北朝社会における南朝文化の受容

外交使節と亡命者の影響

堀内淳一

東方書店

目次

【カバー画像】
鉸具（中国北辺出土、魏晋南北朝時代）
東京国立博物館蔵　Image: TNM Image Archives

序章　南北朝交流史の問題と展開

一　問題意識と課題の設定

三世紀から六世紀にかけての中国は魏晋南北朝時代と呼ばれ、分裂と混乱の時代であるとされる。西晋（二六五～三一六）末期の永嘉の乱（三一一）以降、中国北部では匈奴・羯・鮮卑・氐・羌といった非漢族政権が樹立され、一方、中国南部では東晋王朝が健在であった。華北では五胡十六国と呼ばれる諸政権が乱立したが、北魏が北涼を滅ぼした（四三九）ことによりひとまずの統一をみた。一方、江南では四二〇年に東晋の将軍であった劉裕が禅譲を受け、宋（南朝宋、劉宋）を建国した。華北と華南に二つ（時期によっては三つ）の政権が並立する、いわゆる南北朝と呼ばれる状況は、北朝から出た隋が、南朝最後の王朝である陳を五八一年に併合するまで、およそ一五〇年近く続いた。この中国王朝の分裂は、前の漢代や後の隋唐時代と異なり、この時代を特徴付ける大きな要素の一つである。

南朝と北朝は、その建国の経緯から、文化・民族に至るまで、多くの点で異なっている。南朝は、永嘉の乱を避けて江南に逃れた華北漢族と江南の在地豪族の連合政権として発足し、当時まだ開拓されていない土地であった江南地域を開発していった。一方で北朝は大興安嶺の北部にいた騎馬民族である拓跋氏が華北へ進出し、他の五胡十六国の国々を併合して統一したものであった(1)。

後漢末から唐初にかけて、三〇〇年にわたって政治的、民族的、文化的に分裂が続いた。しかし、隋による再統一ののち、唐以降近代に至るまで（南宋の一五〇年間をのぞいて）中国ではこのような大分裂期が再現されることはない。なぜ、この時代だけが政治的に分裂した状態が長期にわたって継続し、そして、隋代になって再統一できたのであろうか。

魏晋南北朝時代を挟む二つの統一王朝——漢と唐——の間に、文化・伝統面での断絶があることは既に指摘されてきたが、漢王朝から曹魏・西晋時代の制度、文化の多くは、永嘉の乱によって江南に移り、東晋南朝へと受け継がれた。[2] 一方で、隋唐王朝はその源流を北朝である北周、西魏、北魏にたどることができる。しかし、北魏の源流はモンゴル高原の東部に由来する遊牧部族であり、それが華北を征服することで、永嘉の乱以降も華北に残っていた漢人貴族を加えて、胡漢融合の文化を成立させたとされる。

最終的に、南朝最後の王朝である陳は、北朝の隋によって征服され、再統一される。しかし、それは南朝的な漢魏以来の文化が、北朝の胡漢融合から生まれた文化によって征服されたものであるとはみなせない。言うまでもなく、北朝の非漢族的な文化の影響が存在すると同時に、隋唐は漢代の文化から多くを継承しているのである。

二　北朝と南朝の間の交流に関する研究史

では、胡族国家に由来する北朝に、いったいどのようにして漢代と共通する社会的・文化的要素が入っていったのか。従来の北朝研究の一つの流れは、北朝の持つ歴史的特質を明らかにすることを目的としてきた。だが、その一方で、漢から唐へかけて成立した東アジア世界のバックグラウンドとなる「中国文化」が胡族国家から出発した北朝でどのように展開してきたのかを把握しようとする試みも重ねられてきている。

南北朝期の東アジアについて、西嶋定生は「中国王朝と周辺諸民族との関係は、こののち晋王朝による短期間の統一期をのぞき、五胡十六国と東晋王朝の時代および南北朝時代を経て、六世紀末の隋王朝の中国統一に至るまで、長期にわたって多核現象を呈するのである。ところが、それにもかかわらず「東アジア世界」の存在が顕在化するのはこの時代のことなのである」と述べ、南北分裂の影響は中国国内にとどまらず、東は日本、朝鮮半島から北はモンゴル高原、西の西域やチベット高原に至るまで、周辺諸国家の独立と新しい国際秩序の形成をもたらしたとしたとする。[3] 北朝における南朝の影響は、単に中国国内の政権間の交流ではなく、民族的、文化的に異なった南北の王朝が、交流によってより普遍的な「世界帝国」の成立へと至る契機であり、東アジア世界規模で見れば、その後の朝鮮半島、中国東北部、日本などへ漢字文化圏が広がっていく東アジア文化の原型となるものであった。

西嶋定生は「中国王朝」と周辺諸民族の関係を問題とした。しかし、西嶋の述べる「中国」は、南朝・北朝を区別しない、広義の意味での「中国」であった。実際には、南朝・北朝ともに、自国の領域内のみを「中国」と見なし、南朝にとっての北朝、北朝にとっての南朝は「中国の外」であると見なしていた。当時の人々が考えていた「中国」――あるいは「八紘」――と西嶋の言う「中国」が異なることについて、平勢隆郎は春秋戦国時代から漢代に至る「八紘」「中国」の指す内容を検討する事で、秦の始皇帝以前から存在した「中領域としての「中国」」と漢の武帝以降にできあがった「大領域としての「中国」」が併存していたことを述べている。[4] 南北朝時代の多核現象を考察する上で、南朝・北朝ともに、独自の「中国」を持っていたことを前提として考える必要がある。

川本芳昭は、北魏の成立と発展を東アジア全域の国家形成と比較して検討している。川本は北魏のいわゆる「漢化政策」を胡族の漢族化ではなく、胡漢の融合によるあたらしい中国人の創造の一部として把握する。そして、同様の文化的融合は、北魏に限ったものではなく、当時、中華世界の辺縁にあった諸地域でも同様に進展していたとする。これらの変化は、中国内外への人の移動がもたらしたものであると述べている。[5]

南北朝の交流と「世界帝国」の成立について先駆的な研究として、陳寅恪が挙げられよう。すでに一九四〇年代に、陳寅恪は隋唐の文物制度の源流として、河西地域に温存されていた漢魏の文化の他に、南朝からの影響があったとしている。[6] 北魏・北斉の文物制度については、「惟北齊儀注即南朝前期文物之蛻嬗、其關鍵實在王肅之北奔」

「魏孝文帝所以優禮王肅固別有政治上之策略、但肅之能供給孝文帝當日所渴盼之需求、要爲其最大原因。夫肅在當日南朝雖爲膏腴士族、論其才學、不獨與江左同時倫輩相較、斷非江左第一流、且亦出北朝當日青齊俘虜之下（見魏書伍伍及北史肆貳劉芳傳）、而卒能將南朝前期發展之文物制度轉輸於北朝以開太和時代之新文化」と述べ、北魏孝文帝（位四七一～四九九）のブレーンとなった王肅が南朝から亡命してきたことを強調している。陳寅恪は王肅のほか、孝文帝の改革に参与した南朝出身の崔光・劉芳・蔣少游・劉昶などが、西晋から東晋、宋、南斉と伝わってきた漢魏の文化を保持しており、これが南朝から北朝へ伝わり、北朝の礼儀制度だけでなく職官などにも影響を与えていたと述べている。ただし、陳寅恪が重きを置いていたのは西魏・北周の文化が、永嘉の乱以来、長らく河西地域に保存されていた漢魏の文化が隋唐に受け継がれていたことを指摘し、河西地域の歴史的な意義を強調することにあった。そのため、南朝からの影響については自明とし、その存在を史料から指摘したものの、文物制度が伝わっていく過程について詳細な検討を加えていた訳ではなかった。

近年では牟発松が漢代から唐代までの変化を「社会の国家化」という概念を用いて説明する。後漢からの魏晋南北朝の貴族の出現は、郷里社会の秩序維持を担っていた豪族層の影響力を、国家が後を追う形で制度化していった結果と説明し、そのような後漢末以降の変化が北朝に伝わり、隋唐の制度へと受け継がれるとする。これは、唐長儒の「唐朝の南朝化」という概念を、より遡って説明しようとするものであった。牟発松は唐長儒が「唐代の南朝化傾向」と述べた現象について、その源流を孝文帝の改革に求め、外交使節や亡命者による南朝文化の北朝への遷移に注目した(7)。南北朝間の文化について、外交使節を通じて南朝の先進的な文化を北朝が吸収し、東魏、北斉の時期に至ると南朝との文化的水準の差はわずかになっていたと述べ、その理由として南朝の中にも王融のように、北魏に先端的な文化を伝えることで「干戈を待たずして」北方を統一しようという意図が南朝にも存在していたことを挙げる(8)。牟発松は北魏孝武帝をはじめとする北族知識人が、南朝の先進的な文化を積極的に取り入れた結果、南朝に追いつくことができ、それが隋唐に引き継がれたという立場をとる。北朝が南朝の文化を学ばねばならない理由については、文化における南朝の先進性と北朝の後進性を前提としている。

日本では、宮崎市定が九品官人法の研究において、北朝の九品中正制度が南朝の制度を受け入れ、発展させたものであるとし、やはり孝文帝期に南朝から北朝へ知識・制度の遷移があったとする。宮崎は、「然るに孝文帝は南朝貴族の最高峯にある劉昶、王肅に接して、當時の南朝には、孝文帝の豫想しなかつた遙かに發達した形の貴族制度が存在することを知り、彼の華化への熱意はいよいよ油を灑がれる結果となつた」[9]と述べ、北魏の官制が王肅・劉昶ら亡命者によって改革されたことを指摘している。劉昶・王肅だけではなく、北魏が華北を統一する以前より、南朝から亡命者の流入が続いていた事例を取り上げて、「南方における革命・内亂のたび毎に、前朝の宗室、或いは失敗者が北方政權の許に亡命するのが常であつた」と述べる。晋宋革命の際における司馬休之・王慧龍、孝文帝改革後の南斉宗室である蕭寶夤らが逃れて北魏に走った事例から、これが孝文帝期に限定されず、北朝では継続的に南朝から貴族の流入があったことを指摘する。ただし、前者は政権が不安定でまだ十分に中国文化を咀嚼するに至らず、後者は既に孝文帝の改革によって、南朝の制度を十分に取り入れた後であったため、どちらもさしたる影響を与えることがなかったとしている。

また、吉川忠夫は、この時代における典籍の南北間の流通に注目した。外交使節を通じて数多くの書籍が流通していており、それが南北朝間の文化交流につながったとしている。この時代の文学については、南朝が北朝を凌駕しており、典籍の移動も主に南から北へのものが多かったが、一方で、北方の書物が南朝へ至る機会もわずかながらもあり、南北朝間の交流は「隋による政治的南北統一を待たずして、南北相互の交流の道は、まったく面識のない個人と個人との間の琴線に触れるようなこのような交流をも含みつつ、徐々にではあるがしかし着實に開けつつあったのである」と述べている[10]。

先行する研究においても、南朝から北朝への制度や文化の流入が重視されてきたが、それは外交使節および亡命者がもたらしたと考えられている。交通・通信の発達していなかった古代においては、国外から影響を受ける機会は非常に限られていた。国外の情報・文化に触れるには、実際に国境を越えて人が往来するしかなかった。したがって、当時の国際的な影響関係を検討しようとすれば、必然的に国境を越えて行き来している人間に注目する必要が出てくる。しかし、南北朝が対立していたこの時代に、人の移動は政治的な理由や地勢的な理由で厳しく制限されていた。南北朝は戦争と和平を繰り返していたが、戦時は当然として、平時においても南北朝間の人の往来を禁止している。また、南北朝の国境は、現在のような国境線が明確に引かれていたわけではなく、広大な無人地帯が広がっていた。[11] このような南朝北朝どちらの支配も及ばない地域には、もともと少数民族に代表される「蛮」が居住していたが、そこに南北朝から犯罪者や逃亡した農民、叛乱軍の指導者などが流入し、南北どちらも手を出せない一種の緩衝地帯と化していた。[12] そのような中間的な領域は、時代が進み、南北両朝の支配領域が拡大していくにつれ減少していくが、それでも国の支援なくして国境を越えることは大きな危険をともなった。[13]

史料上から南北朝間の人の移動の具体像が明らかになる事例は限られている。史料には、逃亡農民や犯罪者が国境を越えて逃れていたことや、商人による密貿易が行われていたことなど、民間での人的移動があったことも記されている。[14] 特に、東晋成立期には、五胡の侵入を避けて華北から大量の人間が南方へ逃れ、これが南朝による江南開発のための原動力となり、同時に北朝に対抗するための軍事力の源泉となっていた。このような南方への流入は、時代が下るにしたがい人数は減少するものの、北魏が華北を統一する頃まで継続的に存在していた。しかし、伝世史料である正史や、出土史料である墓誌から明らかになる人の移動の大部分は、当時の支配階層である貴族についてのものである。[15] これら貴族は政治的な支配階層であると同時に、知識人であり、文化の担い手であり、外交政策の決定者であり、在地の有力者でもあった。[16] 特に、北朝の貴族に関して言えば、後漢末以来、郷里社会での民望を背景とし、さらに郷里社会を越えた広域にわたる婚姻関係、相互評価のネットワークを張り巡らした、自立性の高い存在として理解されている。[17] しかし、本論では、そのような久しく華北に生活基盤を置き、郷里社会に影響力を保持している貴族のみではなく、郷里とのつながりが希薄であり、王朝からの庇護を受ける必要があった南朝からの亡命者も含めて「北朝貴族」として扱う。

さて、貴族が国境を越えて他国へ赴く機会は、どのような形があったのだろうか。南北朝の境界は政治的、環境的に越境が難しい状況があった。これを越えるためにもっとも容易な方法は、外交使節[18]として国のバックアップを受けて相手の国へ赴くことであった。南北朝間の外交使節派遣は史料から判明するだけで二〇〇例を超え、ほぼ一年に一往復の割合で使節が交換されていた。使節の目的も、外交交渉から交易、文化交流まで幅広いものであった。この外交使節を通じて、南北朝は互いの王朝の情報を知る事が可能であった。

外交使節については、清代に趙翼が『廿二史劄記』において「南北の通好、嘗て國の光を増すを使命とせるに藉《よ》り、行人を妙占し、其の容姿観るべくして、文學優贍なる者を擇び、以て聘使に充つ[19]」と述べているように、古くから歴史学者の関心を引いてきた。戦前の日本でも、岡崎文夫や室町栄夫[20]が南北朝間の外交使節交換に言及しているが、その理解は「兩國とも使節の人物には非常な注意を拂ひ、必ず文辭あり、辯舌に巧みな者を以て之に當たらせる。其文章に於て又學問に於て、南朝は固より遥かに北朝に優つて居る[21]」というものであり、基本的に文章・学問という文化の表出に注目していた点で、清の趙翼『廿二史劄記』で述べられている内容を大きく出るものではなかった。

外交使節が王朝によって公的に派遣されている以上、それは官僚制度の中のいずれかの部署が担当しており、その記録が正史や出土史料に残っているはずである。そのような観点から、黎虎は漢から唐までの外交に関する官僚制度を検討している[22]。魏晋南北朝の外交機構については、外交事務を扱う鴻臚寺と、外交政務を扱う尚書主客曹の二つの系統があり、それに中書省や門下省の一部が関与するなど、複雑な様相を呈していたとする。ただし、黎虎の狙いは、外交機構の検討を通じて、外交政策の決定過程を明らかにし、ひいては漢から唐の王朝における政策決定システムに迫ろうとするものであった。そのため、王朝内での各部署の業務や権限の範囲について詳細に述べられているが、南北朝間の交流自体には重きを置いていなかった。

外交使節の具体的な行動については、一九六〇年代に、逯耀東が使者の選考過程、役割、相手国での交渉の実態、交易などについて、基礎的な研究を行っている[23]。また、梁満倉は、通使の記録から、南朝の北朝観が蛮夷から対等の国へと変化していくことを指摘し[24]、王友敏は史書の詳細な検討から使節の具体的な儀礼を復元し[25]、日本では後藤勝が外交使節に関する正史、『資治通鑑』の記事を博捜し、使者の役割を「政治外交上の問題の解決」「南北文化の交流」「南北物資を非公式に入手する機会」の三点であるとした[26]。これらの研究は、蔡宗憲によってまとめられ、外交使節や応接官の具体的な選定方法、南北朝間の移動ルート、所要日数、外交の場での交渉と振る舞いなどについて詳細を明らかにしており、南北朝間の外交使節の実態の解明については、ほぼ論が尽くされている[27]。

黎虎と蔡宗憲の研究によって、外交使節についての実証的な解明は、ほぼ明らかになったと言ってよい。ただし、「外交使節が具体的にどうだったか」を明らかにすることが、そのまま「外交使節がどのような影響を南北朝それぞれに与えたか」を明らかにすることと同じではない。従前の研究を踏まえた上で、それが北朝貴族社会をどのように変容させていったかを議論することは、冒頭で述べた漢から唐への変遷を問題とする上で避けては通れないであろう。

外交使節は国家による「公的な」越境方法であるが、もう一つの貴族による「私的な」越境として、王肅をはじめとする亡命が挙げられている。南北朝並立の状況は、王朝交代や政権闘争によって身に危険の迫った皇族・貴族に、もう一方の王朝へ亡命することを選択させる余地を作っていた。特に、胡漢融合を推進する北魏前期には、北魏が積極的に亡命者を優遇したため、東晋皇族である司馬氏、南朝第一の名門である瑯琊王氏をはじめとして多くの南朝宗族・貴族が華北に逃れている。

南朝貴族の北朝への亡命は、外交使節の派遣と比べれば事例ははるかに少ない。しかし、本論の目的である北朝における貴族層が南朝から受けた影響を考えると、短期的な滞在の後、すぐに本国へ帰還する外交使節に対して、長期にわたって滞在し、北朝貴族とも交友を結び、場合によっては制度、文物の改変にも大きくかかわることとなる亡命者の存在は、決して無視できるものではない。

亡命者についての研究は、既に挙げた北魏孝文帝の改革に関与した王粛・劉昶を取り上げたものが多く、亡命者全体を取り上げた研究としては、王永平が亡命者の類型と、北朝における待遇に言及し、南朝の制度と文化を北朝に伝える役割を強調している他は見受けられない[28]。亡命者に関連する制度面での研究は、佐久間吉也が北魏の客礼を扱っているのが、ほぼ唯一である[29]。亡命者の一族についての個別的な研究は、族譜研究の対象として取り上げられることが多く、守屋美都雄による太原王氏の研究[30]や、河東裴氏を扱った矢野主税の研究[31]、墓誌から北魏における刁氏の通婚関係を検討した王大良の研究[32]などがある。また、個別の研究としては、北朝から南朝への亡命者を扱った榎本あゆちの研究[33]は、南朝の貴族社会や軍隊に、北族的要素が入っていたことを、亡命者を通じて明らかにしている。岩本篤志は、南朝からの亡命者である徐之才が、東魏から北斉への禅譲の過程で果たした役割について論じている[34]。

三　本書の構成

本書では、南北朝の対立が明確となった劉宋王朝成立（四二〇）年前後から、隋による統一（五八九）年を限りとして、北朝貴族社会が南朝との人の往来から受けた影響について考察する。既に人の移動によって南朝の文化、制度が北朝へもたらされたことは指摘されているが、南朝との使者、亡命者の北朝貴族社会内の立場を検討することを通じて、北朝における南朝観の変遷を追う。最終的に南北を統一する隋、その後二八〇年にわたり統一帝国を維持する唐はいずれも北朝から出ている。そのため、北朝の貴族社会が南朝をどのように認識していたかを明らかにすることは、最初に述べたような問題を考える上で、必要不可欠だと考える。

使者と亡命者の他に、例外的な人の移動として、軍隊による大規模な移住の強制がある。魏晋南北朝時代には相継ぐ戦乱により人口が不足になりがちであったため、しばしば都市を攻め落とし、住民を強制的に移住させることが行われていた。南北朝の間では、二度、北朝による南朝支配下の住民の大規模な強制移住が行われた。一回目は、四六九年に北魏が淮北の地を劉宋から奪った時期であり、このとき、淮北の住民は北魏の都である平城（現在の山西省大同市）の近くへ強制的に移住させられた。彼らは平斉戸と呼ばれ、厳しく管理された。もう一つ、五五四年に、西魏が梁の都である江陵を攻め落とした際には、王褒・顔之推ら梁のおもだった貴族数十人が西魏の都である長安へ連れ去られている。従来も多くの研究がこの二つの事件を扱ってきているように、これら強制移住は、南朝が西魏・北周へ与えた文化的影響を考える上で大きな意味を持つが、軍事的に大規模な貴族の移住を強いた例は、南北朝間ではこの二例のみであり、また、五胡十六国時代に行われた大規模な徙民政策の延長上に位置づける必要があるため、別の機会に論じることとする。

上述のような問題意識、範囲設定に基づき、本書は次のような構成とする。

第一章から第三章を第一部とし、外交使節にともなう、北朝における南北朝の接触について論じる。まず、第一章では、使者の人選に注目する。いかなる人物を派遣したか、その基準はどこにあったかを検討することで、北朝が外交において、どのような点を重視し、どのような成果を期待していたかを明らかにする。

第二章では、外交の場で実際にどのようなことが行われたのかを論じる。特に、外交の場で交わされた物品の贈答に注目し、南北朝間外交が、公的な贈答と、私的な贈答の二面を持っていたことを示す。同時に、使者として派遣された人物が、公私両面での目的を持って派遣されており、しかもその両者の区分が曖昧になっていたことを論じる。

第三章では、北朝の使者の帰国後の官歴や業績に着目し、北朝から南朝へ派遣された使者が、南朝から持ち帰ったものは何であったのかを示す。また、その持ち帰った物品・知識がその後、北朝においてどのように消費されていったのかの筋道を示す。

第四章から第六章を第二部とし、使節によって南朝からもたらされた情報や文物が北朝貴族社会に定着していく過程を明らかにする。そのため、南朝の知識のインタプリターの役割を担ったと考えられる、南朝から北朝に逃れた亡命者を取り上げる。

第四章では、南朝から北朝へ亡命した貴族が、（1）どのようにして北朝へ逃れたか、（2）北朝での生活はどのようなものであったか、について明らかにする。その上で、亡命者の子弟の出仕に注目し、その官歴をみることで、亡命者が一つの政治集団を形成していたこと、それが北魏孝文帝の改革を経て、官位面での上昇がみられること、そして、それらが五二三年の六鎮の乱によって崩壊していくことを論じる。

第五章では、前章の具体的な事例の研究として、西晋、東晋の皇族である河内郡温縣の司馬氏を取り上げ、その北帰の様子を明らかにする。

第六章では、北魏宗室の南朝への亡命と帰還を取り上げる。北魏宗室の亡命は、北魏の皇帝権力の弱体化と関係しており、さらに、北魏皇族が南朝へ逃れる際には、亡命貴族集団が関与していた。これらの事実から、亡命氏族の地位が、孝文帝以降も、北魏の皇帝権力によって保護されていたことを論じる。

最後に、史料論に関する補論として南北朝時代から隋唐時代への変化について、隋と陳の間で交わされた外交使節と、それに関して『陳書』にほとんど記載がないことを取り上げる。『陳書』の編纂過程を追うことで、南北朝時代から隋唐時代への移り変わりで、これらの議論のベースとなった正史が、いかにして編纂され、南北朝間の人の移動をどのように記述したのかを検討したい。

終章では、第一章から補論までの議論をまとめ、南北朝間交流が北朝およびそれ以降の時代に与えた影響について、見通しを示す。

【注】

(1) 桑原隲蔵「歴史上より観たる南北支那」(桑原隲蔵『東洋文明史論叢』弘文堂書房、一九三四収録、初出『白鳥博士還暦記念東洋史論叢』岩波書店、一九二五)参照。

(2) 戸川貴行「東晋南朝における傳統の創造について」(『東晉南朝における傳統の創造』汲古書院、二〇一五、初出『東方学』一二二、二〇一一)では、中原王朝の伝統は西晋末の混乱によってほとんどが喪失されたとする。戸川は南朝における国家儀礼の喪失を強調する。しかし、儀礼の具体的な次第が失われたとしても、北方の士人は南朝を「衣冠禮樂」のある所と見なしており、遊牧的習俗が色濃く国家祭祀に反映されていた北朝と比較すれば、後漢から多くの要素が継承されていたと言って差し支えないであろう。

(3) 西嶋定生『中国古代国家と東アジア世界』(東京大学出版会、一九八三)第二篇第一部第一章「序章——東アジア世界の形成」。

(4) 平勢隆郎『「八紘」とは何か』(汲古書院、二〇一二)、第二章「八紘」論と「封建」論、二七二～二七五頁参照。

(5) 川本芳昭『魏晋南北朝時代の民族問題』(汲古書院、一九九八)および『東アジア古代における諸民族と国家』(汲古書院、二〇一五)。

(6) 陳寅恪『隋唐制度淵源略論稿　唐代政治史述論稿』(生活・読書・新知三聯書店、二〇〇一、初版　商務印書館、一九四六)一三～一五頁。

(7) 牟発松「略論唐代南朝化傾向」(『漢唐歴史変遷中的社会与国家』上海人民出版社、二〇一一所収。初出『中国史研究』一九九六—二)参照。ただし牟発松は同時に北朝から南朝へ外交使節・亡命者を介して与えられた影響についても「南、北朝在制度文化上的互相影響略論」（『高敏先生八十華誕紀念文集』線装書局、二〇〇六）において指摘している。

（8）牟発松「王融『上疏請給虜書』考析」（前掲書（7）所収。初出『武漢大学学報（哲学社会学報）』一九九五―五）、「南北朝交聘中所見南北文化関係略論」（前掲書（7）所収。初出『魏晋南北朝隋唐史資料』一四、一九九六）。

（9）宮崎市定『九品官人法の研究』（同朋舎、一九五六）四四頁、三九五頁。

（10）吉川忠夫「北魏孝文帝借書攷」（『東方学』九六、一九九八）、「島夷と索虜のあいだ」（『東方学報』（京都）七二、二〇〇〇）。

（11）陳金鳳『魏晋南北朝中間地帯研究』（天津古籍出版社、二〇〇五）。

（12）北村一仁「「荒人」試論――南北朝前期の国境地帯」（『東洋史苑』六〇・六一、二〇〇三）、「南北朝期国境地域社会の形成過程及びその実態」（『東洋史苑』六三、二〇〇四）、「論南北朝時期的〝亡命〟」（『魏晋南北朝隋唐史資料』二一、二〇〇五）参照。

（13）前掲注（11）陳金鳳書参照。

（14）葛剣雄（主編）『中国移民史』（福建人民出版社、一九九七）、第一〇章「永嘉乱後的人口南遷」および第一三章「一六国与北朝的移民」、『中国人口史』第一巻（復旦大学出版社、二〇〇二）五六〇～五七九頁参照。

（15）ここで言う「貴族」とは、政治的支配階層全体を差し、いわゆる漢人門閥貴族に限定しない。

（16）貴族が政治的支配階層であると同時に、学者であり、文人であり、大土地所有者であるという、様々な顔を持っていたことについては、森三樹三郎『六朝士大夫の精神』（同朋舎、一九八六）参照。

（17）川勝義雄『六朝貴族制社会の研究』（岩波書店、一九八二）参照。

（18）史料上で南北朝間の公式の人の派遣を表わす単語として「聘使」「使者」「使節」等の語が用いられている。本書では、派遣された人の集団全体を「使節」、その中で中心的な人物（正使や副使）を「使者」と呼びわける。これは、外交上の具体的な事例を論じる際に、使節全員に関わる場合と使者個人に関わる場合との両方が存在するからである。

（19）趙翼『廿二史箚記』巻一四「南北朝通好以使命爲重」。

（20）室町栄夫「南北朝支那に於ける外交使節の素質」（『歴史学研究』一―四、一九三四）。

（21）岡崎文夫『魏晋南北朝通史』（弘文堂書房、一九三二）二九六頁。

(22) 黎虎『漢唐外交制度史』(蘭州大学出版社、一九九八) 参照。
(23) 逯耀東「北魏与南朝対峙期間的外交関係」(『従平城到洛陽――拓跋魏文化転変的歴程』中華書局、二〇〇六。初出『新亜書院学術年刊』八、一九六六)。
(24) 梁満倉「南北朝通史芻議」(『北朝研究』一九九〇―三)。
(25) 王友敏「南北朝交聘礼儀考」(『中国史研究』一九九六―三)。
(26) 後藤勝「聘使交換より見た南北朝関係」(一・二)(『聖徳学園岐阜教育大学紀要』二〇・二一、一九九〇・一九九一)。
(27) 蔡宗憲『中古前期的交聘与南北互動』(稲郷出版社、二〇〇八)。
(28) 王永平「北魏時期南朝流亡人士行跡考述」(『北朝史研究』商務印書館、二〇〇四)。
(29) 佐久間吉也「北魏の客禮について」(東京教育大学東洋史学研究室編『東洋史学論集』清水書院、一九五三)。
(30) 守屋美都雄『六朝門閥の一研究』(日本出版協同、一九五一)。
(31) 矢野主税「裴氏研究」(長崎大学学芸学部『社会科学論叢』一四、一九六五)。
(32) 王大良「従北魏刁遵墓志看南北朝世族婚姻」(『北朝研究』一九九二―二)。
(33) 榎本あゆち「帰降北人と南朝社会」(『名古屋大学東洋史研究報告』一六、一九九一)、「南斉の柔然遣使　王洪範について――南朝政治史における三斉豪族と帰降北人」(『名古屋大学東洋史研究報告』三五、二〇一一)。
(34) 岩本篤志「北斉政権の成立と「南士」徐之才」(『東洋学報』八〇―一、一九九八)。

第一章　南北朝間の使節よりみた「文化」の多様性

はじめに

一般に「六朝」は呉・東晋・宋・斉・梁・陳の江南に成立した六つの王朝を指すとされる。六朝の文化、文学といえば、建康（現在の南京）を中心として栄えた、華やかな貴族文化を連想させる。しかし、魏晋南北朝の文化の理解は、南朝だけでは十分とはいえない。六朝に続く隋・唐はいずれも北朝から出ており、北朝が隋唐の文化に与えた影響も少なくない。従来の研究の多くが南朝文化を重視するのは、暗黙のうちに、南朝文化の北朝に対する優位を前提としていたためである。しかし外交使節の記録にあらわれる、「文辞」や「弁舌」の内容を具体的にみてみると、「文化」そのものについての捉え方が、南朝貴族の考えるものと北朝貴族の考えるものでは異なっていたのではないかと思われてくる。

本章では、南北朝間の使節に関する記事をもとに、外交の場における「文化」が実際にはいかなるものであったのかを考えてみたい。南北の士人が直接対面する使節交流の場でこそ、南朝と北朝の共通点と相違点がはっきりと現れるためである。

一　使者の選定とその背景

使者が体現している「文化」について検討する前に、使者がどのように選ばれ、いかなる背景を持っていたかを確認する必要がある。(1)使者選定の具体例として、劉宋の劉善明が、後廃帝（位四七二～四七七）の元徽元（四七三）

年、北魏への使者を推薦した記録から検討する。

元徽の初、北使を遣はすに、朝議は善明をして人を擧げしめ、善明は州郷の北平の田惠紹を擧げて虜に使はしめ、贖《あがな》ひて母の還へるを得。（『南斉書』巻二八　劉善明伝[2]）

劉善明は母が北魏の捕虜となり、それを朝廷の士人たちは憐れんでいた。そのため「朝議[3]」は使者の人選を劉善明に委ね、劉善明は田惠紹を推薦して、北魏の捕虜となっていた母親を贖わせた[4]。田惠紹は、このとき員外散騎常侍の官職を帯び、使節の正使となっている（『魏書』巻九七　島夷劉裕伝）。劉善明に委ねられていたのは正使の人選であり、そこから「朝議」が使者の人選を行っていたことがわかる。また、劉宋末には王儉と虞玩之が正使の人選を巡って争った記事があり（『南斉書』巻三四　虞玩之伝）、この場合も使者の選考にかかわっていたのは王儉ら有力な貴族であった。

一方、北朝では、北斉の天平四（五三七）年、東魏から梁へ派遣する使節を選ぶ時の事例がある。

天平の末、魏は梁と和好せんと欲し、朝議は將に崔㥄を以て使主と爲さんとす。㥄曰く「文采と識は、㥄は李諧を推さず。口頰の顳顬《へんぺん》たるは、諧 乃ち大いに勝る」と。是に於いて諧を以て常侍を兼ね、盧元明に吏部郎を兼ね、李業興に通直常侍を兼ねて聘せしむ。（『北史』巻四三　李諧伝[5]）

朝議によって推された崔㥄は自分の代わりに李諧を推薦し、そのまま李諧が正使となっている。ここでも実質的に使者の選考にあたったのは「朝議」であり、崔㥄のような有力な貴族であった。また、『魏書』巻四六　高推伝には、游雅が高推を薦めて使者の選考に応じさせている事例もみられる(6)。

これらの記録には、皇帝の意向が現れず、また、南北双方の記録を見ても、皇帝が直接使者を指名した記録はみられない。これらの事例から、使者を選ぶ際には、朝議や有力な貴族が推薦権を持ち、皇帝はそれを承認するだけであったと考えられる。貴族による使者の選考基準には、個人的な資質だけでなく、血統や家柄など、使者にふさわしい「家風」が求められた。

（李渾の）子の湛、字は處元。文史を渉獵し、家風有り。太子舎人と爲り、常侍を兼ね、聘陳使副たり。涇陽縣男を襲爵す。渾と弟の繪・緯は倶に聘梁使主と爲り、湛も又た使副と爲る。是を以て趙郡の人士は、目して四使の門と爲す。（『北斉書』巻二九　李湛伝(7)）

趙郡の李氏は華北漢族の中でも有数の名族である。その李氏であっても四人の使者を出したことは、郡の士人に「四使の門」と注目されるだけの大事であった(8)。北魏では邢祐、邢産父子が使者となり、それを時人は美としたとあり（『魏書』巻六五　邢産伝）、邢産の従兄弟である邢穎、その子の邢巒も使者に選ばれている。また、趙郡の李氏と並ぶ名族の范陽の盧氏のように、盧玄・盧度世・盧昶・盧元明と四代にわたって使者を輩出している家柄も存在した（『魏書』巻四七　盧玄伝）。

南朝でも南郡の蕭氏から蕭琛、蕭琛の孫蕭密、蕭密の族兄蕭允の三人が聘北使に選ばれており、また南斉で相継いで使者となった范縝・范雲は従兄弟同士、梁で使者となった劉孝儀・劉孝勝は兄弟であり、明僧暠と明少遐も、三代離れているものの同族である。

北朝、南朝ともに、同じ一族から使者の選ばれる例が数多くみられるが、その傾向は南北でやや差がある。南北を比較すると、北朝の方がより限られた氏族が使者の職を独占しており、南朝では北朝の李氏や盧氏のように一族から四人、五人もの使者を出すような家系は存在しない。また、北朝では特に家柄の良い李氏や盧氏などが使者に選ばれたのに対し、南朝で使者に選ばれた蕭氏・范氏・劉氏・明氏などは、必ずしも南朝の中で優遇されていたわけではなかった。蕭氏と范氏はもとより南方の出身、劉氏と明氏は遅くに南渡した一族である。実際、南朝で最も良い家柄とされた王氏や謝氏、庾氏から使者となった者はほとんどいない[9]。これらの差は、北朝が南朝に対して使者を選ぶ基準と、南朝が北朝に対して使者を選ぶ基準がそれぞれ異なっていたことを示すといえよう。

では、なぜ同じ一族の人間が選ばれるのだろうか。使者として相応しいとされる資質のうち、外見的な部分は、血縁とともに引き継がれることもあったであろう。しかし、それ以上に、使者としての教養、所作といった要素が、家庭内の教育や、家に伝わる書籍といった形で特定の家柄に伝えられたことはその有力な原因といえる。使者は他国へ行った際に、最新の情報や典籍を持ちかえり、あるいは自らその見聞を記録し、それを一族に伝えた可能性がある。北斉で蔵書家として知られた人物の多くが南朝に使者として赴いたことがあり、それを限られた人間に見せていたことは、その蓋然性を高めるものである[10]。

また、役割を終え、帰国した使者が、その見聞を本にまとめることも多く行われていた。陳の姚察は北周に使いして『西聘道里記』を著し、江徳藻は北斉に使いして『聘北道里記』三巻を著した。『隋書』経籍志には同様の書物として劉知師『聘遊記』三巻がみられ、また北斉の李繪による『封君義行記』や李諧『李諧行記』といった書名が並んでいる。これら南北朝の使者の手による書物は、一族のあいだで回覧され、使者としてのノウハウが一族のあいだで蓄積されたのであろう。当時の書物は、印刷技術のない時代であるから、誰でも容易に見られるものではなかった。しかし、著者の一族であれば、著書を目にする機会は多かったであろう。当時の文化が「書物」という形で一族内に蓄積されていたことは、使者の職が特定の貴族に偏る一因であったろう[11]。

このように、使者が貴族によって、特定の家系から選出されることは、官職の世襲を前提とし、「文化を占有している者」が「国家を代表する権威」を帯びるという貴族制の理念に極めて適合しているといえる。

二　使節による文化交流の具体的事例

南北朝時代、南朝、北朝ともに、国内的には自らの国を「中華」とみなし、相手の国を「索虜」「島夷」と蔑称で呼んでいた。中華思想において、文化の優劣はそのまま「中華」という権威の所在と関連している。自国の文化が相手よりも優れていることを示すことは、自国の正統性を証明し、相手の正統性を大きく傷つける意味を持っていたのである。

北斉の実質的な建国者である高歡は、官吏の汚職を取り締まるように言う杜弼に対し、

江東に復た一呉兒の老翁の蕭衍なる者有り。専ら衣冠禮樂を事とし、中原の士大夫は之を望みて以て正朔の在る所と爲す。我れ若し急ぎ法網を作り、相　饒借せずんば……士子は悉く蕭衍に奔らん。（『北斉書』巻二四　杜弼伝[12]）

と語っている。この記事は当時の胡漢対立が激しくなった東魏の国内事情を反映したものであり、そのまま前後の時代に延長することは出来ないが[13]、漢人士大夫が南朝に正朔の所在があると認めた理由が「衣冠礼楽」にあったことは注目されてよい。「衣冠礼楽」という文化の問題は中原の士大夫の去就を左右するほど重要な要素と見られて

いたのである。

それゆえ、南北双方の皇帝は、使者の挙動に大変な注意を払っていた。


宴日、齊文襄（高澄）は左右をして之を覘はしめ、賓司の一言勝を制すれば、文襄は之が爲に掌を拊つ。魏使の梁に至るも、亦た梁使の魏に至るが如し。梁武親ら與に談説し、甚だ相 愛重す。（『北史』巻四三 李諧伝[14]）

高澄が使者と賓司の一言毎に一喜一憂したのは、それが単なる宴席上の会話ではなく、両国の権威高揚のために重要な意味を持っていたからである。梁の武帝（位五〇二～五四九）の場合も、皇帝自らが北朝からの使者と相対することで南朝の文化を体現した効果は計り知れなかったであろう。

では、そのような文化の優劣を競う争いが、使節交流の場でどのように現れたか。まずはその具体例として、北朝東魏の李業興の遣使をみてみる。

李業興は上党郡長子の人で、代々儒学を家学としていた。北魏の天平四（五三七）年七月、東魏と梁との間で和平が成立し、正式に使節が送られることが決まると、李業興は副使に選ばれた。

江南に到着した李業興一行に、梁の武帝蕭衍は側近の朱异を遣わして質問させた。


（蕭）衍の散騎常侍の朱异（李）業興に問ひて曰く「魏の洛中の委粟山は是れ南郊なるや」と。業興曰く「委粟は是れ圓丘、南郊に非ず」と。异曰く「北間 郊・丘は異所なり。是れ鄭の義を用ふ。我が此中は王の義を用ふ」と。業興曰く「然り。洛京の郊・丘の處は専ら鄭の解を用ふ」と。异曰く「若し然らば、女子の傍親に逆降するも亦た以て鄭に従ふやせざるやを以てす」と。業興曰く「此の一事は、亦た専らは従はず。若し卿 此間に王の義を用ふれば、禫を除くは應に二十五月を用ふべし。何ぞ王儉の喪禮の禫は二十七月を用ふるを以てするや」と。弅遂に答へず。（『魏書』巻八四　李業興伝[15]）

李業興は北方の大儒、徐遵明の弟子で、『春秋左氏伝』のみならず、諸子百家・図緯・風角・天文・占候・算暦にも通じていた。一方、朱弅もまた、若くして五経、特に『礼』と『易』を治め、五経博士である明山賓の推挙を受けて顕貴に至っており、南朝の儒学の中心的人物であった。

朱弅と李業興は南北の学風の違いについて議論している。北朝では後漢の鄭玄の学が、一方の南朝では三国魏の王肅の学が、それぞれの主流であった。これは後漢から曹魏において鄭玄の注釈が主流であったのに対して、西晋では外戚でもある王肅の注釈を採用したことに由来する。北魏の儒学者は、山東や隴西の出身が多く、これらの地域は漢魏の遺風を強く残していた。一方、東晋南朝の儒学は西晋以来の王肅の解釈を受け継ぎ、そのため南北朝間で経典の解釈が異なることとなった[16]。

鄭玄と王肅の解釈で、顕著な差が現れる部分の一つが、ここで李業興と朱弅が議論している「丘・郊の問題」「女子逆降の問題」「三年喪の期間の問題」などである。鄭玄は丘と郊を別のものとし、王肅はこれらが同一であるとする。また、鄭玄は公や大夫の位にある者は女子のために喪に服さずとしたが、王肅と同じく古文派であった西晋の荀顗はそれを礼制から省こうとする。鄭玄はまた、三年の喪の期間を実質二七ヶ月であるとしたが、王肅は二五ヶ月と解釈している。

ただし、李業興と朱弅が互いに相手が同一の解釈に基づいていないことを非難し合っているように、これらの北朝―鄭義、南朝―王義という原則が完全に守られているわけではなかった。それでも、李業興や朱弅は、解釈から外れた事例も含めて、両朝の学風の差異をはっきりと認識していたのである。

李業興は、朱异に次いで梁の武帝とも議論をしている。まず、武帝は李業興に、何を得意としているかを尋ねている。

蕭衍親ら業興に問ひて曰く「聞くならく卿は經義を善くす、と。儒・玄の中、何にか通達する所ぞ」と。業興曰く「少くして書生と爲るも、止《ただ》五典を讀むのみ。深義に至りては、通釋を辨ぜず」と。（『魏書』巻八四 李業興伝[17]）

ここでの李業興の言葉は謙遜であろうが、儒教については「五典を読むに止まる」と言いながら、深義、すなわち玄学については「通釈を弁ぜず」と言い、儒学に比べて、玄学の知識の少ないことを自ら認めている点は注目しておきたい。

このような応酬の後、武帝は業興に対して『詩』『尚書』『易』『礼記』について、それぞれ議論を行っている。まず、『詩』については、武帝が『詩』周南を周公の地で采られたもの、召南を召公の地で采られたものとする根拠を尋ね、それに対して李業興は『儀礼』郷飲酒礼の鄭玄の注を引いて答えている。

また、『易』については、

衍又た問ふに「乾卦の初は『潛龍』と稱し、二は『見龍』と稱し、五の『飛龍』に至る。初は名を虎と爲す可し」と。問の意小や乖《はな》る。業興對へて「學識膚淺にして、仰ぎ酬ゆるに足らず」と。[18]

とある。乾卦は『易』の最初の卦である。その中に現れる「龍」という語を「虎」と言ってもよいという武帝の問いかけは、『易』乾の文言伝に「雲の龍に従ひ、風の虎に従ふごとし」と、龍と虎とを併記していることに基づいている。しかし、文言伝が「虎」と述べているのは九五についてであり、初九を「虎」とは述べていない。この点を『魏書』は「問の意小や乖る」と評しているのであるが、李業興はこの問いに学識が浅いため答えられないとして回答を避けている。

『尚書』については、武帝は『尚書』堯典の「正月上日、終を文祖に受く」の「正月」が何正によるのかと問い、李業興は『尚書中候』を引いて夏正としている。また、堯の時代にどの暦が使われていたかを問う武帝に、それが知り得ないことを『周礼』地官媒氏を引いて説明している。

『礼記』については、『礼記』檀弓下の故事を引いて、孔子が古い友人である原壌の不孝を見逃したことについて問うと、李業興は『礼記』の経文からそれに答え、また武帝が原壌の出身を問うと、李業興は鄭玄の注によって説明している。そして、その後も李業興は武帝の質問によどみなく答えた。

しかし、最後に、武帝が再び玄学について尋ねると、

衍又た問ふに「易に太極と曰ふは、是れ有るや無しや」と。業興對へて、「傳ふる所には太極是れ有りと。素より玄學せず、何ぞ敢へて輒酬せん」と。（『魏書』巻八四　李業興伝[19]）

と答え、回答を避けている。

二人は『詩』、『易』、『尚書』、『礼記』と五経のうち『春秋』を除くすべての経典に関して議論を繰り広げている。この中で、李業興は『詩』『尚書』『礼記』については見事な弁舌で武帝の質問に答えているが、『易』に関する質問だけは「學識膚淺にして、仰ぎ酬ゆるに足らず」と述べて議論を断っている。最後の玄学についての質問

も、李業興は「素より玄學せず、何ぞ敢へて輒酬せん」と答え、婉曲的な批判である可能性はあるが、再び玄学は学んでいないと断っている。老荘思想にもとづく玄学は西晋で流行し、その後を継いだ東晋南朝で盛んであり、『易』は玄学のテキストとしても用いられていた。武帝が儒学のみならず玄学までも嗜んでいたことに比べて、李業興は儒教の知識は豊富に持っていても、玄学については議論出来るほどの知識を持っていなかったといえよう。

また、ここでは五経のうち『春秋』だけが扱われていない。「止五典を讀むのみ」と答えた李業興も、『春秋問答』を著した梁の武帝も（『梁書』巻三 武帝紀下）、間違いなく『春秋』についての知識があったであろう。

それにもかかわらず、『春秋』が他の経書と違う扱いを受けている理由として、『漢書』芸文志では『太史公書』が「春秋類」として『春秋』と並べられているように、南北朝時代以前は、歴史は経学の一部と認識されていたことが挙げられる。魏晋南北朝時代はそれが「史学」として認められる過渡期である。[20] 南朝では范曄『後漢書』、沈約『宋書』、蕭子顕『南斉書』が編纂され、また、裴松之が『三国志』の注をつけ、その子の裴駰が『史記集注』を著すなど、史学が隆盛であった。一方、北朝では北魏初期には崔浩が国史事件で誅戮を被り、『十六国春秋』を著した崔鴻は、その内容が罪に問われるのを恐れて終生その書を公にせず、北斉で魏收によって編まれた『魏書』はその制作直後から「穢史」の評価を受け、その偏向を非難されていた。北朝では史書が作られていたものの、常に史学に対して政治的圧力が加え続けられていた。そこには、もともと鮮卑の王朝であった北魏が、禅譲を受けて成立した王朝ではなく、そこから禅譲を受けた北朝の諸王朝も、漢魏以来、禅譲によって王朝交代を繰り返してきた南朝に比べて歴史的伝統を主張しにくいという事情が影響していた。梁の武帝との会見で、李業興が実際に議論しなかったのか、あるいは議論の内容が記録に残されなかったのかは知り得ないが、『春秋』に関する議論が『魏書』に記録されていない背景には、編纂時のそれを典型とする北朝内部の圧力が存在したのではないか。

儒学については、当時南朝で儒学において一、二を争う知識人であった朱异をやりこめることができた李業興だが、玄学について武帝に質問されると、全く返事をすることができなかった。このように儒学に関しては北朝が、玄学に関しては南朝が、それぞれ得意としていた。また、史学については、南北朝が対峙する場で議論に上ること自体が少なかったと考えられる。

このように、南北朝時代は、漢代のように儒教が唯一の価値基準であった時代と違い、儒学・玄学・史学など多様な価値観が並存し、それらが互いに影響を与え合っていた。貴族はそれら多様な学問や宗教を万遍なく学び、幅広い教養を持つよう求められた[21]。

そこで、次の節では儒学、玄学、史学以外の分野、特に文学についてみることにする。

三　使者の体現する「文化」の範囲

前節では南北朝の使者の具体的事例から、当時の儒学や玄学の状況の一端をみた。この節ではそれ以外の文化が南北朝間の交流の場でどのように現れていたかを検討したい。

まず、南北朝時代の文化の特徴ともいえる文学を取り上げる。唐代に編纂された『隋書』文学伝では、南朝と北朝を比較して、北朝は言葉が質実剛健であるが、理屈っぽくて政治に適しており、南朝は言葉の音が綺麗であるが、装飾が意を覆い隠し、詠歌に適していると述べている（『隋書』巻七六　文学伝[22]）。詩賦に関しては、北朝文化は南朝文化の後塵を拝していたといわざるを得なかった。南朝の有名な詩人の作は、北朝にも伝えられており、例えば南斉の王融、梁の徐陵の作などは北朝の士人に愛好された。

上は（王）融の才辯なるを以て、十一年、主客を兼ね、虜使の房景高・宋弁を接せしむ。弁は融の年少なるを見、主客の年幾《いくばく》なるかを問ふ。融曰く「五十の年、久しく其の半を踰ゆ」と。因りて問ふに「朝に在りて主客の『曲水詩序』を作るを聞く」と。景高も又た云ふらく「北に在りて主客の此の製、顔延年（顔延之）に勝ると聞く。實に一見を願ふ」と。融 乃ち之を示す。後日、宋弁は瑤池堂にて融に謂ひて曰く「昔 相如の封禪を觀、以て漢武の徳を知る。今 王生の詩序を覽、用て齊王の盛を見る」と。融曰く「皇家の盛明なること、豈に直だ蹤を漢武に比べんや。更に鄙製 以て遠く相如に匹する無きを慙ず」と。（『南斉書』巻四七 王融伝[23]）

王融の「曲水詩序」は、その評判だけが北朝に届いており、房景高と宋弁は内容を知らなかった。そして、内容を知った宋弁は、漢の司馬相如に匹敵すると王融を持ち上げたのである。「曲水詩序」は彼らの手によって書き写され、北魏へもたらされたであろう。

また、南朝で「宮体」と呼ばれて庾信とともに一世を風靡した徐陵の文章は、「遂に之は華夷を被」ったとあるように（『陳書』巻二六 徐陵伝）、南朝だけでなく北朝でも広く受け入れられていた。このように北朝では南朝文学が持てはやされ、北斉の貴族の間では南朝文人の誰を尊敬するかによって党派を結んで争う状況となった。

邢子才・魏收は倶に重名有り。時俗 準的し、以て師匠と爲す。邢は沈約を賞服して任昉を輕んじ、魏は任昉を愛慕して沈約を毀り、談讌する毎に、辭色 之を以てす。鄴下紛紜し、各々朋黨有り。祖孝徵（祖珽）嘗て吾に謂ひて曰く、「任・沈の是非は、乃ち邢・魏の優劣なり」と。（『顔氏家訓』文章篇[24]）

北斉で一、二を争う文人としてライバル関係にあった魏收と邢卲（邢子才）は、ともに南朝の文人を敬慕していた。魏收は任昉を、邢邵は沈約を、それぞれ信奉し、互いに徒党を組んで相手の尊敬する文人を貶すまでに至った。任昉、沈約はともに南朝の詩人で、『梁書』において「謝玄暉（謝朓）は詩を為《つく》るに善く、任彦昇（任昉）は文章に巧み、（沈）約は兼ねてこれ有るも過ぐる能はざるなり」（『梁書』巻一三　沈約伝）と評価され、時人からも「任筆沈詩」（『梁書』巻一四　任昉伝）と並び称される文人であった。

このように、南朝の詩人の作品が北朝に運ばれ、愛読された例は数多く見られるが、これとは逆に、北朝の詩人の作品が南朝にもたらされた例はほとんどみられない[25]。

また、特に北斉では、南朝への憧れが強く、梁からの使節が都の鄴（現在の河北省邯鄲市臨漳県）に来るたびに、

> 梁使 入る毎に、鄴下は之が為に傾動し、貴勝の子弟は盛飾して聚り観、禮贈は優渥、館門は市を成す。（『北史』巻四三　李諧伝[26]）

と、熱烈な歓迎ぶりを見せた。当時の北斉の貴族にとって梁の使節は、相手国の最新の流行を伝える貴重な情報源でもあり、また、南朝からの使者に当時一流の才人が任じられていたため、使者と交流すること自体、北斉の貴族にとって栄誉であった。

> 尚書僕射の崔暹は文襄の親任する所と為り、勢は朝列を傾くも、（陽）休之は未だ嘗て請謁せず。暹の子の達拏は幼くして聰敏、年十餘にして、已に五言詩を作る。時に梁國 通和し、聘使 館に在り。暹は達拏の數首の詩を持ちて諸朝士の才學有る者に示し、又た梁客に示さんと欲す。餘人は暹を畏れ、皆な宜しきに隨ひて應對すべしとす。休之獨り正言して、「郎子は聰明、方に偉器と成るべし。但だ小兒の文藻、恐らくは未だ以て遠

人に示す可からず」と。（『北史』巻四七　陽休之伝[27]）

崔暹は自分の子供を自慢したい一心から、南朝の使者に子供の作った詩を見せようとした。崔暹の権勢を恐れ、朝士は適当に相槌を打とうとしたが、陽休之は一人それを止めるように発言したのである。このように、梁の使者に認められることは、栄誉と考えられていた。

儒学、玄学、史学、文学の外に、当時の重要な文化として仏教がある。五胡十六国から南北朝にかけて、西域から外国僧と仏典が中国国内に流入したことで、仏教は急速に盛んになった。中国風に解釈された仏教は、南朝でまとまった理論体系を作り上げられ、儒教に代わって貴族の心の大きな部分を占めるようになりつつあった。特に梁の武帝は篤く仏教を信奉しており、仏教の教理に通じ、戒律を厳守し、結果として後世に「釋教に溺れ、刑典を弛める」（『南史』巻七　梁本紀中　論曰条）とも評されたほどであった。

梁では武帝以下、何人もの高官がこぞって仏教を信奉していており、北朝の使者には、仏教についての知識も求められた。

（李同軌）興和中、通直散騎常侍を兼ね、蕭衍に使す。衍　深く釋學（仏教）に耽り、遂に名僧を其の愛敬・同泰の二寺に集め、涅槃大品經を講ぜしむ。同軌を引きて席を預《あた》へ、衍は兼ねて其の臣を遣はし並びに共に觀聽きせしむ。同軌　論難すること之を久しくし、道俗咸な以て善と爲す。（『魏書』巻三六　李同軌伝[28]）

東魏の李同軌は、梁の武帝の派遣した梁の臣下とともに仏教の講説を聞くことになった。ここで李同軌は、武帝の前で仏典について議論し、僧侶、俗人はみなそれに感心したとある。また、北斉の崔暹は、

（東）魏・梁 通和し、要貴は皆な人をして遣り聘使に随ひ交易せしむるに、（崔）暹は惟だ佛經のみを寄求す。梁武帝 之を聞き、爲に繕寫し、幡花を以て唄を贊し送りて館に至らしむ。然れども大言を好み、調戲するに節無し。密かに沙門の明藏をして佛性論を著さしめて己が名を署し、諸を江表に傳へしむ。（『北斉書』巻三〇　崔暹伝[29]）

とあるように、人を使節に随行させ、南朝で仏典を買い求め、また、北朝で仏教書を代作させた上、南朝に伝えて名を売ろうとした。陳から北斉に使いした徐陵、傅縡、陳から北周に使いした毛喜などは、本人が仏教を深く信奉しており、仏教に対して深い造詣を持っていた[30]。また、梁の武帝や北斉の文宣帝が仏教を好んだ影響もあり、南北朝時代後期の使者は、仏教に関する知識を必要とする局面が存在した。しかし、南北朝ともに仏教が尊崇されていたこともあり、李同軌や崔暹の例からみられるように、南北朝の間には文学ほど学問水準の差は広がっていなかった。

このような文化的な資質の他に、時として教養以外の才能をもって、使者の任に充てられる者もあった。

高祖の時、范寧兒なる者有りて圍碁を善くす。曾て李彪と與に蕭賾に使ひし、賾は江南の上品の王抗をして寧兒と……せしむ。勝を制して還る。（『魏書』巻九一　蔣少游伝附范寧兒伝[31]）

囲碁はこの時代の貴族の間で流行した遊びであり、宋や南斉では官職を賭けて皇帝が名人に囲碁の勝負をさせていたほどであった。南朝では圍棊中正なる官が置かれ、囲碁の腕前に応じて棊品が与えられた。王抗は圍棊小中正に任じられ、第一品を得て、南斉一の囲碁名人とされていた（『南斉書』巻三四　王諶伝　および　巻四六　蕭恵基伝）。その王抗を北魏の人間が負かすことは、大いに北魏の面目を立てることになると考えられ、囲碁の名手であった范寧児は随員に選ばれたのであろう。

囲碁だけでなく、武芸を競うことも南北の間で行われた。

（武定）五年、梁使來聘し、武藝有りと云ふ。北人を求訪し、與に相角せんと欲す。世宗（綦連）猛を遣はして館に就き之に接せしむ。雙帶兩鞬し、左右に馳射す。兼ねて共に力を試べ、挽くこと強かなり。梁人は弓兩張を引き、力は皆な三石。猛は遂に併せて四張を取り、疊ねて之を挽くに度を過ぐ。梁人 之に嗟服す。（『北斉書』巻四一 綦連猛伝[32]）

東魏の武定五（五四七）年、梁から来た使者は武芸に自信があり、北人と力較べをしたいと言い出した。このとき東魏を代表した綦連猛は、馬に乗ったまま左右に弓を射分け、力は四張の弓を一度に引くほどであり、梁人を感服させた。先の范寧児の例とは逆に、騎射や相角は北朝の人間の得意とする所と考えられており、それゆえ梁の使者は北斉で力比べすることを求めたが、綦連猛のためにその目的を達することができなかったのである。梁においても、北朝から来た使者を前にして、武芸を披露することが通例として行われていた。

元象初、本官を以て散騎常侍を兼ね梁に使す。前後使人、梁武は其の侯王をして馬射の日に宴對して禮を申べしむ。伯猷の行くや、梁武は其の領軍將軍の臧盾をして之と接せしむ。議者此を以て之を貶む。（『北史』巻三五 鄭伯猷伝[33]）

とあり、使者は「馬射の日」に宴会を行っていたことが書かれている。この「馬射の日」については、『酉陽雑俎』所引「封君義聘梁記」に、

> 梁の主客の賀季は馬上の立射を指して其の工を嗟美す。（李）繪曰はく「養由は百中し、楚恭は以て辱と爲す」と。季 對ふる能はず。又た歩從の版を射る有り。版に射の的中を記す者 甚だ多し。繪曰はく「那ぞ鼙を射ざるを得んや」。季曰く「上は生を好み善を行ふ、故に鼙形を爲さず」と。（『酉陽雑俎』續集巻四 貶誤[34]）

とあるように、弓術のデモンストレーションを行う日であった。歩射のみならず、騎射も行われていたことから、『礼記』などに見える射礼ともことなる行事であると思われる。

このように、使者には経学・史学・玄学・文学・仏教など広汎な教養が必要とされ、その他にも、囲碁などの娯楽に関する分野や、弓など肉体的な優秀さが求められることすらあった。しかし、儒学、諸子百家、天文暦法に通じた東魏の李業興でも、梁の武帝に玄学を問われて返事に詰まったように、一人の使者がこれらすべての教養を体現することなど不可能であったろう。

では、そのような様々な文化的基準が併存する中から、どのようにして最も使者に相応しい人物を選ぶのだろうか。特に、当時から南朝に幾つかの分野で劣っていると認識されていた北朝が、どのような基準で使者を選んだか、もう一度、その使者の文化的資質の面から考え直してみたい。

四　北朝における使者の資質

南北の文化について、経学では北朝がやや優れているようにみえたが、仏教ではほぼ同じ水準であり、玄学や文学では逆に南朝が北朝に優越していた。そのような差は、当時の人間も南北を問わず理解していたが、それを最も良く理解していた人物のひとりが、北魏の孝文帝であった。孝文帝が行った一連の改革において、南朝からの影響が見られることは良く知られているが、その孝文帝は、南斉に使者に立つ盧昶と王清石に以下のように述べている。

高祖（孝文帝）、（盧）昶に詔して曰く「卿は便ち彼に至らば、彼我を存すること勿れ。密邇せる江揚は、早からずとも晩に當り、會らずや是れ朕の物なり。卿等言はんと欲すれば、便ち相　疑ひ難ずること無かれ」と。又た副使の王清石に敕して曰く「卿は本是れ南人なるを以て、言語　致慮する莫かれ。若し彼の先に識る所を知る所有らば、見んと欲さば便ち見、須く論ずべきは即ち論ずべし。盧昶は正に是れ寛柔の君子なれど、多くは文才無し。或ひは主客　卿に命じて詩を作らしめば、卿の知る所に率ひ、昶の不作を以て、便ち復た罷むること莫かる可し。凡そ使人の體は、和を以て貴しと爲す。遞《たが》ひに相　矜誇し、色貌に見《あら》われ、将命の體を失ふ勿れ。卿等各々知る所に率ひ、以て相　規誨せよ」と。（『魏書』巻四七　盧昶伝[35]）

盧昶は華北の漢人名族、范陽の盧氏の出身であったが、孝文帝は彼が文才に欠けるとみなしていた。そのため、南斉での詩の交換をするときには恥をかかないよう、副使の王清石に、「文才のない盧昶が詩を作らずとも、お前は作るのだぞ」と言い含めたのである。

しかし、「寛柔の君子なれど、多くは文才無し」と評される人物が、なぜ南朝への使者に選ばれたのであろうか。そのことに答えを出す前に、先に見た崔㥄の例を再び取り上げたい。朝議に南朝への使者として推された崔㥄は、それを辞退する際に、「文采と識は、㥄は李諧を推さず。口頬の顱顱たるは、諧 乃ち大いに勝る」と述べている。

崔㥄は清河の崔氏という名門の出身で、「状貌偉麗にして容止に善し」「羣書を歴覧し、兼ねて詞藻あり」（『北斉書』巻二三 崔㥄伝）と評されていた。ただ、その性格は家柄と才能を鼻にかけて傲慢であり、しばしば周囲の人間と衝突していた。『魏書』を著した魏収とは犬猿の仲であり、崔暹にもその家柄を侮辱したせいで憎まれ、北斉の文宣帝（位五五〇～五五九）には悪口を吐いたために殺されそうになっている。朝議はそれでも、その家柄や才能を高く評価して崔㥄を使者に推したのである。しかし、彼は李諧よりも自分の方が文才に優れているが、南朝への使者には弁才に長けた李諧の方が相応しい、と言って正使を譲っている。

使者に必要なのは知識や文才よりも弁才であるとするこの崔㥄の考え方は、先の盧昶の例を説明する上で有効である。盧昶も名族の出身で、経学、史学を学び、若くして名声を得ていた点で崔㥄と共通している。これらの例から使者を選ぶ際に、文才の有無よりも他の才能を優先させた可能性を考えられる。

そこで、北朝の使者が北朝と南朝でどのような評価を受けていたかを一覧にしたものが、**表1**「北朝使者の北朝と南朝での評価」（四一頁）である。

表1をみると、北朝では「篤学」「才学」や、「渉猟経史」といった、学問に関する評価を受けている者が多い。北朝で「学問」といえば、第一に経学を指しており、先の李業興のように、北朝は経学を学んだ人間を積極的に起用しているといえる。一方、文才を評価されている者はそれほど多くみられない。北朝で文才を評価する語が含ま

れているのは李諧、魏收、柳弘の三人であるが、南朝でもその文才が評価されたのは魏收ただ一人のみであった。

南朝での評価を見ると、高推、李諧は「才弁」を称されており、また、許赤虎の「機辯滑稽」、柳弘の「占對詳敏」も同じように受け答えの妙を称されたものである。次いで宋弁、崔贍の二人が辞韻の温雅で挙止の優雅であることが評価されている。一方で、文才をもって評価されている魏收・王昕の遣使は他に例をみないといえるだろう。北朝では文才を評価されていた李諧と柳弘は、南朝では弁才を評価されており、北朝の中では文才があると評されていたとしても、南朝に行けば特筆するほどのものではなかったと考えられる。

北朝の貴族たちも、文才で優れた人間より、弁才に長けた人間を送る方が、南朝で評価されやすいことを承知していたのであろう。そのため、盧昶や李諧の例のように、使者を選ぶ基準として文才よりも学才や弁才を優先していたと考えられる。

このような北朝の方針をもっとも良く示しているのが、温子昇、魏收と並んで北朝文人の最高峰と目された邢卲（邢子才）の選考についてである。

> 時に梁と和し、聘使を妙簡す。卲は魏收及び従子の子明と與に徴されて入朝す。當時の文人、皆な卲の下たり。但だ威儀を持さず、名高く副にし難きを以て、朝廷出境せしめず。南人曾て賓司に問ふ「邢子才は故より應に是れ北間第一の才士、何爲ぞ聘使に入らざるや」と。答へて云へらく「子才の文辭は實に愧じる所無し。但だ官位已に高く、恐らくは復た行限に非らざらん」と。南人曰く「鄭伯猷は、護軍（従二品）にして猶ほ將命を得。國子祭酒（従三品）何爲ぞ不可ならんや」と。卲既に行かず、復た請ひて故郡に還る。（『北史』巻四三邢卲伝）(36)

南朝の人間にまで「北間第一の才士」という評判が届いていた邢卲ではあったが、威儀を保てない、つまり立ち振る舞いがだらしないという理由で、使者には選ばれなかった。しかし、南朝の使者の相手をしていた「賓司」はその理由を南朝に漏らすことはできず、苦しい言い訳を強いられているのが『北史』にみえる。この一点からも、北朝の使者の選考には、やはり文才以外の要素を重視することで、南朝の文学中心の「文化」に対抗しうる別の価値基準を示そうとする意図があったと考えられる。

使者名	北朝での評価	南朝での評価
高推	早有名譽。	南人稱其才辯。
許赤虎	渉獵經史、善嘲謔。	應對敏捷、雖言不典故、而南人頗稱機辯滑稽。
李彪	有大志、篤學不倦。	南人奇其謇諤。
宋弁	才學儁贍、少有美名。	賾司徒蕭子良、祕書丞王融等皆稱美之、以爲志氣謇烈不逮李彪、而體韻和雅、擧止閑邃過之。
李諧	風流閑潤、博學有文辯、當時才俊、咸相欽賞。	江南稱其才辯。
魏收 王昕	年十五、頗已屬文……以文華顯。（魏收） 少篤學讀書。（王昕）	昕風流文辯、收辭藻富逸、梁主及其羣臣咸加敬異。
崔贍	潔白、善容止、神彩嶷然、言不妄發、才學風流爲後來之秀。	贍經熱病、面多瘢痕、然雍容可觀、辭韻溫雅、南人大相欽服。
李繪	儀貌端偉、神情朗儁。	梁人重其廉潔。
柳弘	少聰頴、亦善草隸、博渉羣書、辭彩雅贍。	占對詳敏、見稱於時。

表1　北朝使者の北朝と南朝での評価

おわりに

以上でみたように、南北朝間の使者はそれぞれの国を代表して相手国に赴いていたが、それは貴族層によって選ばれるものであった。彼らは儒学、玄学、仏教や文学など多岐にわたる文化を身につけ、その様々な分野で優秀さを示すことで、自国の権威を高めることを求められていた。経学では北朝が、文学や玄学では南朝が、それぞれ優位に立っており、そのことを南北朝の貴族は承知していた。

文化が多様化し、様々な分野に細分化したことによって、文化の優劣を判じる基準も一つではなくなっていた。文化の優劣は、個々の局面の積み重ねによって、漠然と決定されるものであり、それゆえ、南北双方の皇帝は使者がどのような応対をするか、その一挙一動に関心を払っていた。

そのような状況の中で、北朝は使者の選考で文才よりも経学や弁才を重視し、南朝文化に対して少しでも優位に立とうとしていた。それによって、文学や玄学を中心とした南朝の文化を相対化しようとしたのである。無論、北朝で南朝の文人の作品が競って読まれていたことからも分かるように、南北朝の文化バランスを変えるほどの効果を上げていたとは思えない。しかし、これまでにみた事例からは、従来の南朝文化研究で言われているような文化のあり方だけが当時の文化だったわけではなく、多様な文化が南北でそれぞれ異なった価値を与えられている姿をみることができるのである。

【注】

（1）使者の選考については蔡宗憲『中古前期的交聘与南北互動』（稲郷出版社、二〇〇八）九二～一一三頁も参照。

(2) 元徽初、遣北使、朝議令善明擧人、善明擧州郷北平田惠紹使虜、贖得母還。

(3) 朝議については、渡辺信一郎『天空の玉座』(柏書房、一九九六)三五～四二頁参照。渡辺は六朝時代の朝議の特徴として、公卿議が定例化するとともに皇帝権に対する独自化を強めていたこと、礼官議や実態としての法官議など専門会議の特殊化などを挙げている。なお、北朝の議については窪添慶文「北魏の議」(『魏晋南北朝官僚制研究』汲古書院、二〇〇三)、南朝の議については中村圭爾「南朝における議について」(『人文研究』四〇―一〇、大阪市立大学文学部、一九八八)をそれぞれ参照。

(4) 「贖」とは、北魏によって捕らえられた南朝士人の家族を、身代金を払うことで取り戻すことである。これ以外にも具体的な例として「嫡母崔氏および兄子景煥、泰始中虜に没す。靈哲は布衣を爲り、樂を聽かず。懷珍の卒するにび、當に爵を襲うべきも、靈哲は固辭するに、兄子の虜中に在り、存亡未だ測らず、越えて茅土に當たるを容れる無きを以てす。朝廷之を義とす。靈哲産を傾け私に嫡母及び景煥を贖わんとするも、累年得る能はず。世祖之を哀み、北使をして虜主に告げしむ。虜主送りて以て南に還し、懷珍は封爵を襲ふ」(『南斉書』巻二七　劉靈哲伝)というものがある。

(5) 天平末、魏欲與梁和好、朝議將以崔㥄爲使主。㥄曰「文采與識、㥄不推李諧。口頰顧顧、諧乃大勝。」於是以諧兼常侍、盧元明兼吏部郎、李業興兼通直常侍聘焉。

(6) 太延中、以前後南使不稱、妙簡行人。游雅薦推應選。詔兼散騎常侍劉義隆。(『魏書』巻四八　高推伝)

(7) 子湛、字處元。涉獵文史、有家風。爲太子舍人、兼常侍、聘陳使副。襲爵涇陽縣男。渾與弟繪・緯倶爲聘梁使主、湛又爲使副、是以趙郡人士、目爲四使之門。

(8) なお、李緯は『魏書』巻四九　李靈伝では「李系」と表記されている。これは、『魏書』の編纂者である魏收が、北斉の後主高緯の名を避けたためであろう。

(9) 謝氏は宋、南斉時代には全く使者を出していないが、梁以降になると使者が選ばれるようになる。謝氏の名族としての地位が南斉から梁にかけて徐々に低下していったことと合わせて考えると、やはり最も良いとされる家柄ではなく、そこから一段落ちるとされた家柄に使者が集中しているといえる。

(10) 吉川忠夫「島夷と索虜のあいだ」(『東方学報』(京都)七二、二〇〇〇)によると、北斉の天保七(五五六)年、皇太子に供する書の校訂のため、邢子才、魏收、辛術、穆子容、司馬子瑞、李業興の六人から書を借りる議があった。このうち、魏收、穆子容、李業興の三名は東魏から梁への使節の一員であった。

(11) 北朝隋唐における家庭内での教育については長部悦弘「北朝隋唐時代における漢族士大夫の教育構造」(『東洋史研究』四九―三、一九九〇)参照。

(12) 江東復有一吳兒老翁蕭衍者。專事衣冠禮樂、中原士大夫望之以爲正朔所在。我若急作法網、不相饒借……士子悉奔蕭衍。

(13) 川本芳昭『魏晋南北朝時代の民族問題』(汲古書院、一九九八)第一篇第一章「五胡十六国・北朝時代における華夷観の変遷」五九頁。

(14) 宴日、齊文襄使左右覘之、賓司一言制勝、文襄爲之拊掌。魏使至梁、亦如梁使至魏、梁武親與談説、甚相愛重。

(15) 衍散騎常侍朱异問業興曰「魏洛中委粟山是南郊邪」。業興曰「委粟是圓丘、非南郊」。异曰「北間郊・丘異所、是用鄭義。我此中用王義」。業興曰「然。洛京郊・丘之處專用鄭解」。异曰「若然、女子逆降傍親亦從鄭以不」。業興曰「此之一事、亦不專從。若卿此間用王義、除禫應用二十五月、何以王儉喪禮禫用二十七月也」。异遂不答。

(16) 鄭玄の学は今文『尚書』を重んじ、経典の文言に厳格に従うのが特徴であり、中央集権的な性質を持っていた。一方、王肅の学は古文系の経典を重んじ、文言ではなくその精神に従おうとするが特徴で、地方分権的な性質を持っていたとされる(藤川正数『魏晋時代における喪服礼の研究』敬文社、一九六〇　附説一八一～一九四頁)。

(17) 蕭衍親問業興曰「聞卿善於經義、儒・玄之中何所通達」。業興曰「少爲書生、止讀五典、至於深義、不辨通釋」。

(18) 衍又問「乾卦初稱『潛龍』、二稱『見龍』、至五『飛龍』。初可名爲虎」。問意小乖。業興對「學識膚淺、不足仰酬」。

(19) 衍又問「易曰太極、是有無」。業興對「所傳太極是有、素不玄學、何敢輒酬」。(『魏書』巻八四　李業興伝)

(20) 例えば『隋書』経籍志では、四部分類が行われ「史部」が独立している。渡邉義浩「「史」の自立」(『三國政権の構造と「名士」』汲古書院、二〇〇四)参照。

(21) 森三樹三郎『六朝士大夫の精神』(同朋舎、一九八六)一八二～一八三頁。

(22) 江左宮商發越、貴於清綺、河朔詞義貞剛、重乎氣質。氣質則理勝其詞、清綺則文過其意、理深者便於時用、文華者宜於詠歌、此其南北詞人得失之大較也。

(23) 上以融才辯、十一年、使兼主客、接虜使房景高・宋弁。弁見融年少、問主客年幾。融曰「五十之年、久踰其半」。因問「在朝聞主客作『曲水詩序』」。景高又云「在北聞主客此製、勝於顏延年、實願一見」。融乃示之。後日、宋弁於瑤池堂謂融曰

「昔觀相如封禪、以知漢武之德。今覽王生詩序、用見齊王之盛」。融曰「皇家盛明、豈直比蹤漢武。更慙鄙製、無以遠匹相如」。

(24) 邢子才・魏收俱有重名、時俗準的、以爲師匠。邢賞服沈約而輕任昉、魏愛慕任昉而毀沈約、每於談讌、辭色以之。鄴下紛紜、各有朋黨。祖孝徵嘗謂吾曰「任・沈之是非、乃邢・魏之優劣也」。

(25)『北史』巻八三 温子昇伝には、梁使の張皐が温子昇の文筆を江南に伝え、梁の武帝がそれを読んで称賛したこと、陽夏太守の傅摽が吐谷渾に使いし、国主の枕元に温子昇の書があるのを発見したことなど、彼の文章が広く読まれていたことが記録されている。ただし、南北朝も末期になると、北朝の文学が南朝で愛唱される事例がみられるようになり、南北朝間の文学面での格差も絶対的なものではないことが知れる。隋初に陳へ使者となった薛道衡の詩について、「江東雅好篇什、陳主尤愛雕蟲、(薛)道衡每有所作、南人無不吟誦焉」(『隋書』巻五七 薛道衡伝)とあり、南朝で広く愛吟されたことが記されている。

(26) 梁使每入、鄴下爲之傾動、貴勝子弟盛飾聚觀、禮贈優渥、館門成市。

(27) 尚書僕射崔暹爲文襄所親任、勢傾朝列、休之未嘗請謁。暹子達拏幼而聰敏、年十餘、已作五言詩。時梁國通和、聘使在館。暹持達拏數首詩示諸朝士有才學者、又欲示梁客。餘人畏暹、皆隨宜應對、休之獨正言「郎子聰明、方成偉器。但小兒文藻、恐未可以示遠人」。

(28) 興和中、兼通直散騎常侍、使蕭衍。衍深耽釋學、遂集名僧於其愛敬・同泰二寺、講涅槃大品經。引同軌預席、衍兼遣其臣並共觀聽。同軌論難久之、道俗咸以爲善。

(29) 魏・梁通和、要貴皆遣人隨聘使交易、暹惟寄求佛經。梁武帝聞之、爲繕寫、以幡花贊唄送至館焉。然而好大言、調戲無節。密令沙門明藏著佛性論而署己名、傳諸江表。

(30) 鎌田茂雄『中国仏教史』第四巻「南北朝の仏教(下)」(東京大学出版会、一九八四)第三章第五節「士大夫の仏教」参照。

(31) 高祖時、有范寧兒者善圍碁。曾與李彪使蕭賾、賾令江南上品王抗與寧兒。制勝而還。ただし中華書局本は同個所に張森楷の注を引いて「『兒』の下に當に脱文有るべし」としている。文脈的に考えて、王抗と范寧兒が囲碁を打ったという内容であろう。

(32) 五年、梁使來聘、云有武藝。求訪北人、欲與相角。世宗遣猛就館接之。雙帶兩鞬、左右馳射。兼共試力、挽強。梁人引弓

兩張、力皆三石。猛遂併取四張、疊而挽之過度。梁人嗟服之。（『北斉書』巻四一　綦連猛伝）

（33）元象初、以本官兼散騎常侍使梁。前後使人、梁武令其侯王於馬射之日宴對申禮。（鄭）伯猷之行、梁武令其領軍將軍臧盾與之接。議者以此貶之。

（34）梁主客賀季指馬上立射嗟美其工。繪曰「養由百中、楚恭以爲辱」。季不能對。又有步從射版。版記射的中者甚多。繪曰「那得不射麞」。季曰「上好生行善、故不爲麞形」。

（35）高祖詔昶曰「卿便至彼、勿存彼我。密邇江揚、不早當晚、會是朕物。卿等欲言、便無相疑難」。又敕副使王清石曰「卿莫以本是南人、言語致慮。若彼先有所知所識、欲見便見、須論卽論。盧昶正是寬柔君子、無多文才、或主客命卿作詩、可率卿所知、莫以昶不作、便復罷也。凡使人之體、以和爲貴、勿遞相矜誇、見於色貌、失將命之體。卿等各率所知、以相規誨」。

（36）于時與梁和、妙簡聘使、（邢）卲與魏收及從子子明被徵入朝。當時文人、皆卲之下、但以不持威儀、名高難副、朝廷不令出境。南人曾問賓司「邢子才故應是北間第一才士、何爲不入聘使」。答云「子才文辭實無所愧、但官位已高、恐非復行限」。南人曰「鄭伯猷、護軍猶得將命、國子祭酒何爲不可」。卲既不行、復請還故郡。

第二章　南北朝間の外交使節と経済交流

――馬と柑橘――

はじめに

五世紀初頭から六世紀末にかけて、華北と華南に並立していた南北両朝は、漢や唐のような統一王朝でないが故に、それぞれに国家的な矛盾を抱えていた。東晋から陳に至る南朝は、直前の統一王朝である西晋の後継としての正統性を保ち、高句麗や柔然、倭といった周辺諸国からの遣使を受ける立場にあったが、軍事的には常に北朝に対して劣勢であった。一方、鮮卑の強大な軍事力によって華北を統一した北朝は、軍事面で常に南朝に圧力を加え続けていたが、逆に南朝と比べて正統性の面で疑いが残されていた。[1] このような南北両朝の矛盾は、両朝の間で定期的に使節が交換されていた外交の場で特に露出する。現実の軍事的問題と、王朝の正統性の齟齬という問題が、外交使節の活動の中でどのように扱われていたのかという問題に対し、本章では使節の持つ経済的な意義という視点からとらえてみたい。

この時代は中国が南北に分断され、南北間の交通・物流が阻害されたため、経済の流通は衰退し、自然に南北それぞれの国内で完結した経済にならざるを得なかったという見方が戦前より主流であった。[2] 南朝では、大量の貨幣が鋳造され、隋唐時代以上に貨幣経済が発展したのに対し、北朝では三国魏以来、久しく貨幣の鋳造が行われず、貨幣経済自体が沈滞していたと比較されるが、[3] この比較に対して近年、宮澤知之は、北朝においても、「土銭」と呼ばれる地域通貨が民間の中から発生し、官銭の代わりに市場機能を担っており、貨幣のもつ財政的流通と市場的物流とは区別して考えるべきだと指摘している。[4] しかし、南北朝の国境では一般人の往来は禁じられており、特に両国の係争地となった淮水流域では、北斉の中ごろまで商人を取り締まる「淮禁」という制度が存在した。[5] このような状況の中、南北間の物流は、高敏らによれば（1）使節にともなう市易、（2）国境地帯における互市、（3）

国境地帯における密貿易、に限定されていたとされる。（3）は取り締りの対象として、しばしば摘発されており、また（2）における商取引も、南朝との関係が好転している場合や、華北で飢饉が起こり、南方から食料を輸入する必要があるなど、特別な理由がある場合に「准禁」を解除して行われたものだが、高い市税のため低調であったとされる。[6]

では（1）はどのような状況であったのだろうか。従来の研究では、使節派遣の目的として「政治外交上の問題の解決」「南北文化の交流」「南北物資を非公式に入手する機会」の三点は指摘されているが[7]、高敏の指摘以外に、使節派遣の経済的な目的を正面から取り上げた論文は少ない。わずかに吉川忠夫は、典籍の流通という視点から、使節が南北朝間の典籍を運ぶ役割を担っていたことを論じ[8]、黎虎は南朝における「馬」の意義を論じる中で、南朝が外交使節を派遣し、北朝や柔然、吐谷渾から積極的に馬を輸入していたことを取り上げている[9]。これらの研究では、使節にともない南北で交換される「モノ」についての言及がなされているが、「何が」「何故」「どのように」交換されたかについての全般的な研究は、未だ行なわれていない。

また、吉川が挙げている使節による典籍の流通は、使節が私的に相手国で購入した物であるのに対して、黎虎論文で扱われている使節による馬の買い付けの事例は、国家の公的な軍事的要請に基づいて、使節によって行われたものである。両者は同じく使節について言及しているものの、その性質において大きな差があると言える。使節を介した交易には、使者が私的に行う交易と、使節を介した国家と国家の贈答[10]との二つの形式があり、これらは区別して考えるべきである。

そのために、まず国家を主体とする贈答について検討し、次いで使者の私的な交易との比較から、当時の南北朝関係がいかなるものであったかを考察してみたい。

一　遣使と来聘

まず、贈答の主体となる使節が史料上にどのように表れるかという点について確認しておきたい。幸い、この時代は南朝と北朝でそれぞれ史書が残されているため、その両者を比較することで、それぞれの史料の欠を補うことができる。史書では使節派遣を「遣使」「使」「来聘」「報聘」など、様々な表記をしており、一定していない。南北八史中にみられる使節派遣記事で用いられている表記をまとめると**表1**のようになる。

南北両朝は公式には相互に相手を対等とみなしていないため、基本的に「使」「聘」といった文字が用いられることが多い。ただし、『宋書』には使節派遣の記事がほとんどなく、相手国への派遣をどのように表記していたのか不明である（劉宋代の使節派遣は、ほとんどが『南史』にのみ記録されている）。また北朝の場合、北魏では使節の派遣先を「劉義隆」「蕭道成」など南朝皇帝の名で呼ぶが、それ以外は相手の国名を用いている。このような史書から確認できる使節の派遣回数は、両朝あわせて二〇〇回に上る。途中、長期間派遣されなかった時期を除くと、ほぼ毎年一往復近いペースで使節が派遣されていたといえる(11)。

	自国から相手国へ	相手国から自国へ	成書国
魏書	使於（君主名）	遣使朝貢	北斉
北斉書	使於（相手国） 使于（相手国）	来聘	唐
周書	使於（相手国）	遣使来聘	唐
隋書	聘于陳	来聘	唐
宋書	（定型句なし）	遣使献方物	梁
南斉書	北使 使虜	報聘 来聘	梁
梁書	使魏 聘魏	来聘	唐
陳書	使（相手国）	遣使来聘	唐

表1　南北朝の使節派遣表記

しかし、これだけ多くの事例があるにもかかわらず、使節の実態を把握することは容易ではない。なぜなら、史書の記述の多くは以下のように簡潔なものだからである。

〔太和七（四八三）年〕十有一月辛丑、蕭賾 使を遣はして朝貢す。……太和八（四八四）年……十有一月乙未、員外散騎常侍の李彪、員外郎の蘭英に詔して蕭賾に使せしむ。（『魏書』巻七上 高祖紀上）

永明元（四八三）年冬、驍騎将軍の劉纉、前軍将軍の張謨を遣はして虜に使せしむ。明年冬、虜使李道固報聘す。（『南斉書』巻五七 魏虜伝）

（永明二（四八四）年）冬十二月庚申、魏人來聘す。（『南斉書』巻四 鬱林王紀）

具体的な事例として四八三～四八四年の使節交換についての記事を取り上げた。李道固は、北魏の使者、李彪の字であり、上記三つの記事は同じ使節について書かれたものである。

このように、いくつかの使節については、南北双方の史書を対照できるが、それでも上記のような簡潔な記事から分かることはそれほど多くはなく、遣使の際の贈答品などについては、ほとんど記載されていない。遣使にともなう贈答についての数少ない事例として、『魏書』には、以下のような記事がある。

〔延和元（四三二）年〕九月、義隆 趙道生を遣はして馴象一を貢す。
〔太延〕五（四三九）年一一月、義隆 黄延年を遣はして馴象を献ず。
〔太平真君九（四四八）年〕正月、義隆 使を遣はして孔雀を献ず。（いずれも『魏書』巻九七 島夷 劉裕伝）

いずれも劉宋の文帝（劉義隆（位四二四～四五三））の時代である。象、孔雀といった珍しい動物が南朝から北朝に贈られていたことが記されている。

先に挙げた、永明二年の遣使をみると、北魏の使者、李彪と蘭英が出発したのが一一月乙未であり、二人が建康に到着したのが一二月庚申である。平城から建康までは直線距離にして一〇〇〇キロ以上あるが、その間を二五日で移動していた[12]。一ヶ月近くかかる旅の間中、象や孔雀を生きたまま運ぶことは困難を伴ったであろう。むしろ、それが非常に希有な事例であるからこのように記録されているのであり、このような珍しい動物を贈ることが常態であったとは考えにくい。

このような状況の中で、『宋書』索虜伝の南北朝が互いに物を贈りあった記事は、その贈答の実態を具体的に記しているという点で、貴重であるといえる。劉宋の元嘉二七（四五〇）年、劉宋の文帝の北伐計画を聞いた北魏の太武帝（拓拔燾（位四二三～四五二））が、挑発と威圧のために送った信書である。

〔拓拔燾は〕太祖（文帝）に北伐の意有るを聞き、又た書を與へて曰く「……更に餘物の以て相與ふる可き無ければ、今 白鹿を獵するの馬一二匹、并びに氈・藥等の物を送る。彼より來る馬は力 足らざれば、之に乘る可し。道里 來たるに遠し、或いは水土に服さざれば、藥 自ら療す可し」と。（『宋書』巻九五 索虜伝）

太武帝は信書とともに馬・氈《フェルト》・薬等を贈っている。北方の馬を贈ることで、北方の馬の力強さを強調し、また、薬を送ることで北と南では水や風土が違い病を発する危険があるが、それでも戦争をするつもりなのかと脅している。

この手紙にもかかわらず、劉宋の北伐は開始され、黄河以南の北魏領を次々と占領していった。そのような状況にあっても、北魏は次のように劉宋に使節を派遣し、江南の産物である黄甘を要求している。

是れ（太武帝の南征）より先、〔拓抜〕燾は員外散騎侍郎の王老壽を遣はし、驛に乗りて太祖に就きて黄甘を乞はしむ。太祖 甘十簿・甘蔗千挺を餉《おく》り、并せて就きて馬を求む。……（王）老壽 反命せんとし、未だ境を出ざるに、虜兵 深入し、乃ち錄して還へす。（『宋書』巻九五 索虜伝）

劉宋は北魏に黄甘と甘蔗を与えるとともに、馬を求めている。もっとも、北魏の使者である王老壽の帰国を目前にして北魏の反攻が始まったため、馬を求める内容の返書は劉宋に取り戻された。ここで北魏が黄甘を要求し、それに応えた劉宋は逆に馬を要求しているように、使者を介した南北朝の贈答は、朝貢・回賜といったどちらか一方がイニシアチブを取りうる関係ではなく、相手の要求を踏まえた上での「交易」に近いものであった。

王老壽の遣使が行われた四五〇年冬に、北魏は太武帝みずから軍を率いて黄河を渡った。北魏の軍は劉宋に奪われた領土を取り戻すとそのまま淮南を席巻し、同年一二月には長江に到達した。太武帝は建康の対岸、瓜歩に陣を張ると宋に使者を送っている。

〔拓抜燾は〕使を遣はして太祖に駱駝名馬を餉り、和を求め婚を請ふ。上 奉朝請の田奇を遣はして餉るに珍羞異味を以てす。燾 黄甘を得、即ち之を噉《くら》ひ、并せて大いに酃酒を進む。（『宋書』巻九五 索虜伝）

このとき北魏は駱駝と名馬を贈り、宋からは田奇という人物が派遣され、「珍羞異味」が贈られた。その中に含まれていたのが、黄甘と酃酒であった。酃は現在の湖南省衡陽にあった県名で、美酒の産地として有名であった。

右の経過で登場する黄甘とは、『漢書』巻五七上 司馬相如伝上に所載の「上林賦」に「黄甘橙榛」と表現されるもので、これについて東晋の郭璞は「黄甘は橘の屬にして味は精なり」と注を付けている。また、後代の史料をみれば『初学記』巻二八 甘には「廣志曰く『黄甘に一核有り。成都に平蔕甘有り。大なること升の如く、色は蒼黄。犍爲の南安縣は黄甘を出だす』と」とその大きさと色を述べており、『資治通鑑』巻一二五には『宋書』索虜伝の記事「魏主 黄甘を得て卽ち之を噉ふ」を引き、これについて元の胡三省は「甘は卽ち今の柑なり」と注している。これらの記事は、黄甘が柑橘類の一種で黄色く美味であるものを指すとしている。あるいは今言うところの蜜柑であったかも知れない。柑橘は『太平御覧』巻九六六 柑橘部に引く『異物志』に「橘 樹は白を爲し華は而して赤。實の皮は既に馨香し又た善味有り。江南則ち之有るも他所には生えず」とあるように南朝の領土でしか採れないものであった。

このように四五〇年の北魏・劉宋の交戦の際には、兵を交える一方で、南北で互いに使節を送り贈答品を交換していた。

これまで見てきたものは使節による国家間の物品の贈答であったが、それ以外にも、次のような特殊な事例がある。徐州の彭城に進軍した北魏の太武帝は、劉宋の江夏王劉義恭・武陵王（後の孝武帝（位四五三～四六四））劉駿と直接対陣するが、その間でも使者を往来させて贈答が行われた。この時の様子は『宋書』張暢伝によれば以下のようなものであった[13]。

北魏の捕虜となった蒯應の返還から、両国の交渉が始まる。太武帝が蒯應を帰すと同時に、甘蔗と酒を求め、武陵王はそれに対して、酒二器、甘蔗一〇〇挺を贈り、駱駝を求めた。翌日、再び北魏の使者が彭城の門を訪れ、武陵王の求めた駱駝、及び雑物を贈り、酒と黄甘を求めた。武陵王はすぐさま螺盃や雑物など南方の珍しい物を贈り、さらに使者が博具の借用を願うと、それも与えた。太武帝からは氈や九種の塩、胡豉が贈られ、黄甘を求め、さらに「先に贈った馬が十分なものではなかったので、もっと良いものが欲しければ差し上げよう」と提案された。黄甘の要求と馬の提供の申し出は、ともに断られるが、江夏王からは蠟燭が、武陵王からは錦がそれぞれ贈られる。その後、太武帝はまた、楽器や囲碁の道具を借りている。

『宋書』による北魏の太武帝と江夏・武陵二王との贈答をまとめると、次のようになる。

①魏……甘蔗および酒を求む。
②宋……酒二器、甘蔗百挺を贈る。駱駝を求む。
③魏……駱駝と併せて雑物を贈る。また酒および黄甘を求める。
④宋……螺盃と雑物、南土の珍とする所のものを贈る。
⑤魏……博具を求める（二回）。
⑥宋……博具を送る。
⑦魏……氈および九種塩ならびに胡豉を贈る。黄甘を求む。馬を贈ろうとする。
⑧宋…馬…の申し出を断る。炬燭一〇挺、錦一匹を贈る。黄甘の要求を断る。
⑨魏……箜篌、琵琶などの器と棊子を借りる。

また、直接的には贈答が記されていないが、「魏主は向に送る所の馬、殊に意に稱はざるを恨む」（⑦）とあることから、それ以前に馬が北魏から劉宋に贈られていることが分かる。黄甘（柑橘）についても「更めて黄甘を須むるを知る。若し彼の軍に給さば、即ち足らしむること能はず。若し魏主に供さば、未だ當に乏絶せざるべし。故に復た致さず」（⑧）とあり、⑧以前にすでに黄甘が一度宋から北魏に贈られていたことが知られる。

では、北朝側の記録からこの様子を見直してみるとどうなるか[14]。事実関係に関する記述は大筋において『宋書』張暢伝の記述と大差はない。こちらでも贈答の過程を整理してみる（数字は右頁の『宋書』記事番号に対応している）。

②宋……劉駿が酒二器、甘蔗百梃を贈る。駱駝を求む。
③魏……貂裘を劉義恭に、駱駝、騾、馬を劉駿に、蒲萄酒、諸食味を二人に贈る。
④宋……劉義恭が皮袴褶一具を、劉駿が酒二器、甘蔗百梃を贈る。
⑦魏……二人に氈各一領、塩各九種、胡豉を贈る。
⑧宋……劉義恭が蠟燭十梃、劉駿が錦一匹を贈る。

馬の提供と黄甘の要求を断られた部分と、博具、箜篌、琵琶等の楽器、棊子を借りたことに関する記述がない代わりに、②における「雑物」の内容と寄贈品が誰に宛てられたものだったかが明らかにされている。『宋書』では明記されなかった③における馬の寄贈は、『魏書』では明記されている。また、④について、『宋書』は「螺杯雑物、南土所珍」を贈ったとするのに対し、『魏書』では「義恭献皮袴褶一具、駿奉酒二器、甘蔗百梃」とあり、その内容が食い違っている。

『魏書』と『宋書』の記事を対照させ、北朝側から贈られたものと、南朝側から贈られたものを彭城での軍使派遣を例にとり対比してみると、**表2**のようになる。

北魏	合計	宋	合計
貂裘	一袋	酒	四器
駱駝		甘蔗	二〇〇梃
騾		＊皮袴褶	一具
馬		＊螺杯	
蒲萄酒		蠟燭	一〇梃
諸食味		錦	一匹
氈	二領	黄甘	
塩	九種		
胡豉			

表2　北魏・宋の物資交換対照表（彭城）
＊は『宋書』『魏書』の記述の食い違うもの

北魏から贈られた品は、大きく「動物（馬・駱駝・騾）」「毛皮や毛織物（貂裘・氈）」「飲食物（塩・胡豉・葡萄酒など）」に分けられる。一方で劉宋から贈られた品は「加工品（螺杯・蠟燭）」「衣類（皮袴褶・錦）」「飲食物（甘蔗・黄甘・酒）」と分けることができる。これらは南北の特産品を代表しており、もともと北方異民族の出である北朝が馬や毛皮や毛織物を贈り、一方で技術力に優れた南朝が螺杯や錦のような加工品を贈っているという事は、比較的両朝の生産物の特色を表している。

開戦前に派遣された王老壽の事例でも、北朝からもたらされた物品は馬・薬・氈であり、南朝からもたらされた物品は黄甘・酒であったという点では、**表2**の彭城での軍使派遣と一致している。彭城での事例は、正式な外交使節派遣とは異なるが、二国間で使者を往来させ、その間で物品が交換されたという点で、外交使節によるものと同じ性質をもっているといえる。

二　使節の私的な交易

次に、使節が相手国で私的に行っていた交易についてみてみたい。南北朝時代の使節の派遣は多いときでも一年に一、二度しかなく、また、前述のように最短でも片道一ヶ月ほどの行程がかかるため、保存が容易で希少価値の高い金や玉などが交易品として重宝された。以下の事例は南斉の使者、劉纘が使者として北魏を訪れたときのことである。

國家は江南の使の至る有らば、多く藏内の珍物を出し、都下の富室の容服を好む者をして之を貨はしめ、使をして情に任せて交易せしむ。使 金玉肆に至りて價を問ふ。〔劉〕纉曰く「北方の金玉は大いに賤し。當に是れ山川の出す所なるべし」と。〔李〕安世曰く「聖朝は金玉を貴ばず、所以《ゆえ》に賤きこと瓦礫に同じ。又た皇上の徳は神明に通じ、山は寶を愛《を》しまず、故に川の金無きは無く、山の玉無きは無し」と。纉 初め将に大いに市せんとするも、安世の言を得て、慚ぢて罷む。（『魏書』巻五三 李安世伝）

北魏は李安世を応接係である主客令に任じて劉纉の応対をさせた。劉纉が金や玉を売る市に赴いたときの李安世とのやり取りが右の記事である。

この記事から、以下のことが明らかになる。第一に、南斉の使者が、北魏で金や玉を入手しようとした際、その相手は国家ではなく、「都下の富室の容服を好む者」であること。使節に売る珍品を、一度都下の裕福な家（恐らく商人であろう）に払い下げ、彼等と使節の間で交易をさせるという、面倒な方法をとらなければならなかったのは、国家が直接使節と交易して利を求めることに問題があったためであろう。

第二に、北魏が意図的に金玉の値段を下げさせていたことである。李安世は、「金玉を貴ばず、所以に賤きこと瓦礫に同じ」ということを「市価」という形で使者に見せつけ、南朝との違いを強調している。「又た皇上の徳は神明に通じ、山は寶を愛しまず、故に川の金無きは無く、山の玉無きは無し」という言葉は、裏返せば南斉で金玉が採れないのは皇帝の徳がないためである、ということを暗に述べている。南斉の使者である劉纉にとって、北魏の金玉を買うことは、李安世の言を認めることになるため、どうしても金玉を買うわけにはいかなかったのである。

金、玉といった貴重な鉱物は、北朝で多く採掘されるものであった。結果的には実行しなかったが、劉纉は北魏で廉価な金や玉を買いつけ、大いに交易の利を得ようとした。一方、南朝が行っていた南海貿易によってもたらされる珍品は、北朝の権力者たちが渇望していた。

〔魏收は〕其の年 又た以て陳使の封孝琰に託附し、牒もて其の門客をして與に行かしむ。遇《たま》ま崑崙の船至り、奇貨・猓然褥表・美玉盈尺など數十件を得。罪 流に當たるも、贖を以て論ず。（『北斉書』巻三七 魏收伝）

封孝琰が陳への使者となったのは、北斉の河清元（五六二）年一一月のことであり、前出の劉纘の事例からは八〇年ほど時代が下っている。北斉の文人であり高級官僚でもあった魏收は彼に頼んで自分の門客を随員とさせ、南朝の物品を手に入れさせようとした。このとき、南朝に崑崙からの船が到着し、そのため門客は猿の皮で作った敷物や一尺あまりもの大きな玉を手に入れて帰ったのである。[15]

この他にも、北朝へは、南朝文化の粋である典籍や、南海貿易によってもたらされる珍貨、「呉婢」とよばれる奴婢[16]などが使節の手によってもたらされ、逆に南朝へは干葡萄、岩塩、顔料、人参など北方で採れる産物が運ばれていた[17]。やはりいずれも、保存が利きやすく、少量で高価なものが多いといえる。

このような使節による交易は、主に使節の随員によって行われていた。魏收が封孝琰の使節に門客を送り込んだ例が珍しいものではなかったことは、以下の事例からも知られる。

魏・梁の通和より、要貴は皆な人を遣はして聘使に隨ひ交易せしむるも、〔崔〕暹は惟だ佛經のみを寄求す。梁の武帝 之を聞き、爲に繕寫し、幡花贊唄を以て送りて館に至らしむ。（『北斉書』巻三〇 崔暹伝）

この記事に多少の誇張があったとしても、北斉の権力者が自分の門客を使節の随員として南朝に送りこみ、江南の貴重な物資を入手しようとしていたことがうかがえる。崔暹のように、仏典だけを求める者は少なく、そのことが熱心な仏教信者であった梁の武帝を感動させたのである。

このように外交使節団の随員は、本国の権力者の命を受け、相手国の物品を持ち帰るよう期待されていたが、随員だけでなく正使・副使も、帰国後、より高位の官僚から賄賂として南朝の物品を求められた。

〔王昕〕使より還り、高隆之 貨を求むるも得られず。憲臺に諷して昕・〔魏〕収の江東に在りて大いに商人を将ゐて市易せしを劾し、並びに坐して禁止せらる。齊文襄 營みて之を救ふ。(『北史』巻二四 王昕伝)

東魏の元象二(五三九)年、梁から帰国した王昕と魏収は、東魏の権力者である高隆之から南朝の物品を求められたが、その要求を満たすことが出来なかった。そのため高隆之は御史台を動かして王昕と魏収を南朝で商人と交易をした罪に問い、二人とも出仕を禁じられている。このことから、使節は江東で商人と取引することが禁止されていたことが分かるが、しかし、同時にその禁令が、高隆之が賄賂を得られなかった報復として私的に利用されている様子も見ることができる。

むしろ、次の李繪のような事例をみると、交易を全く行わないことは、使節に期待された役目を全うしなかったとみなされたのではないかとすら考えられる。

前後の行人は、皆な啓を通じて市を求むるも、〔李〕繪は獨り清尚を守り、梁人其の廉潔を重んず。(『北斉書』巻二九 李繪伝)

東魏の興和四（五四二）年に東魏から梁に使いした李繪は、相手国で交易を求めなかったため、廉潔であるとして梁人の重んじるところとなった。しかし、帰国後、李繪に下された評価は「繪は質性方重、未だ嘗て權勢に趨事せず、此を以て久しく屈沉す」（『北斉書』巻二九　李繪伝）というものだった。もちろん、ここで「未だ嘗て權勢に趨事せず」と書かれていることが、使者として南朝で交易せず、本国の実力者に対して賄賂を贈らなかったことを直接指している訳ではない。しかし、先の王昕・魏收の例も併せてみれば、南朝で「獨り清尚を守」り交易しなかったことが、帰国後、久しく低い官職に留まっていたことと関係しているのではないだろうか。

魏收・王昕が罪に問われたように、本来、外国との私貿易は犯罪であり、処罰の対象であった。『北史』巻四三李蔚伝には、北斉の使者として南朝に赴いた李蔚について、

> 仍りて聘陳使副たり、江南は其の父の曾《かつ》經て命を將《さざ》ぐるを以て、甚だ焉を重んず。還り、人を將ゐて江を度り私市せるに坐し、除名さる。（『北史』巻四三　李蔚伝）

とある。

李蔚の父、李諧も東魏から梁へ派遣された使者であった。そのことによって南朝で重んじられた李蔚は、北斉に帰国した直後、人を率いて江南で交易したという罪状によって除名されている。「人を將ゐて江を度り私市す」という罪に李蔚があてられたことは、陳への使節の中に私市を行ったものがいたからだと考えるのが妥当であろう。しかし、それは魏收や崔暹の例でみたように、使節の多くが恒常的に行っていたことである。この李蔚の場合も魏收と同様、何らかの理由で罪に問わねばならない状況が発生し、口実として「人を將ゐて江を度り私市す」という罪名が用いられたのではないか。

このように、実態としては、使節や使節の随員が訪問先の国家で交易を行っていたものの、法律の上ではそのような交易は処罰の対象とされていた。国外との私貿易は、漢代や唐代でも禁止されており、それ自体は当然であるといえる(18)。注意すべきは、魏収や李蔚の例が示すように、使節が行う交易が取り締まられることはほとんどなく、また、交易の利は高級官僚のあいだで分かち合われていたことである。封孝琰に託附し、使節に随員を送り込むことによって巨利を得た魏收が、そのことで流罪に問われながらも、「贖をもって論ず」とあるように、交易の利を国に納めることで罪を免れている点も、北朝の貴族社会全体でそのような利益の再分配が求められていたことを裏付けている。

北朝と南朝との交易は、使者のみではなく、使節の随員、あるいは本国の権力者までも巻き込んだ大規模なものであり、使節は本国の権力者たちの意向を反映して、相手国で交易を行っていた。そこでは、金・玉や仏典など、本国では手に入りにくく、高価で珍しく保存の利くものなど、極めて市場的な物品が取り扱われていた。

では、国家的な物品の贈答と、使者による私貿易の間で、どのような違いがあったのだろうか。節を改めて、そのことを検討したい。

三　軍事力と正統性の交換

私的な交易で扱われた品物と国家間で贈答された品物を比較してみると、その内容は大きく異なっている。国家間の贈答で見られた品である孔雀・象・馬・駱駝といった動物や酒・黄甘・甘蔗といった南朝の農産物とその加工品、氈・貂裘など北朝の毛皮・毛織物製品は、使者の私的な交易では扱われていない。特に前節で挙げた具体的事例の中では、北魏から宋へ贈られた馬と、南朝から贈られた黄甘が目に付く。一方、使節による交易では対象とされた金・玉や典籍などは、国家間の贈答ではみられない。

　南北朝間の贈答は単なる一方的な賜与ではなく、互いに相手国の要求を踏まえた上のものであった。先の事例から、要求されている物品をみてみると、南朝が北朝に要求したものは馬であり、北朝が南朝に要求した物は黄甘・甘蔗・酒であった。いずれも動物や食品であり、使節による私的な交易で扱われなかった物である。特に北朝が執拗に黄甘を要求しており、南朝がそれを拒絶している例があることは注目に値する。たとえ黄甘が美味で、南朝の特産品であったとしても、そのような南朝の特産品は他にも存在するであろう。にもかかわらず、北朝は再三にわたり黄甘を要求し、彭城の事例では「軍全体に供するのであれば、足らすことなどできず、魏主が召し上がるならば先に差し上げた分で十分であろう」と南朝に断られている。

　南北朝の贈答の中で、なぜ馬と黄甘が特に多く遣り取りされていたのであろうか。ここでは馬と黄甘、すなわち柑橘が両朝にとってどのような意味を持っていたかを検討してみたい。

　先に北朝から南朝に贈られた馬についてみてみよう。『南斉書』巻四七　王融伝には、北魏から贈られた馬について、王融が使者を詰問した事例がみられる。

上虜の獻ぜし馬の稱はざるを以て、〔王〕融をして問はしめて曰く「秦西冀北は、實に駿驥多し。而るに魏主の獻ぜし所の良馬は、乃ち駑駘に若かざるなり。名を求めて事を検《けみ》するに、殊に未だ孚《まこと》ならずと爲す。將《なん》ぞ旦旦に信に誓ひ、時有りて爽《たが》はば、駉駉の牧、復た嗣ぐ能はざるや」と。宋弁曰く「虚僞の名を容《ゆる》さず。當に是れ土地に習れざるべし」と。融曰く「周穆の馬跡は天下に徧し、若し騏驥の性、地に因りて遷らば、則ち造父の策、時有りて躓かん」と。弁曰く「王主客　何爲れぞ千里に勳勳するか」と。融曰く「卿が國は既に其の優劣を異にし、聊か復た相訪ふ。若し千里 日にして至らば、聖上 當に鼓車を駕すべし」と。弁曰く「向に意既に須むるも、必ずや鼓車を駕する能はざるなり」と。融曰「死馬の骨を買ふも、亦た郭隗の故を以てなり」と。弁 答ふる能はず。（『南斉書』巻四七 王融伝）

四九二年、南斉に使した北魏の宋弁は、馬を南斉の武帝に贈ったが、それが武帝の意にそぐわなかった。武帝は主客令の王融に駑馬をもたらしたことを責めさせ、宋弁はそれが単に馬が土地に慣れていないだけだと抗弁した。王融は『史記』巻四 周本紀にみえる、造父が周の穆王に馬を薦め、穆王は八頭の駿馬を駆って天下を巡ったことを引き合いに出し、馬の性質は場所によって変わるものではないと論じた。また優秀な馬を求める理由を問う宋弁に対し、王融はいつか北魏に車駕を至らせるためだと応えている。

王融が「秦西冀北は、實に駿驥多し」と述べているように、馬の産地は北方に多く、逆に南朝の支配領域である江南の湿潤な気候は、馬の飼育には適していなかった。王融、宋弁と同時代の人物である沈約が編纂した『宋書』巻九五 索虜伝 史臣曰条では、「夫れ地勢に便習有り、用兵に短長有り。胡は駿足を負ひ、而して平原は悉く車騎の地なり。南は水鬭を習ひ、江湖は固より舟檝の郷なり。代馬胡駒は、冀北より出で、楩柟豫章は、中土に植うる。蓋し天地の區域を分つ所以なり」と述べ、南北の特徴を比較している。ここで沈約は南朝を「中土」、北魏を「冀北」と比較し、南朝を中心とする世界観を示している。

南朝が良馬を求める背景には、常に軍事的な目的があった。沈約が述べているように、華北平原での戦争において、機動力に優れる騎兵を大量に持っていることは重要な意味を持っており、良馬の産地を押さえる北朝に対して、南朝は常に軍馬の不足に悩まされていた[19]。三国時代の曹魏と孫呉の軍制を比較すると、華北の曹魏が歩兵一〇〇人に対して騎兵一〇〇騎の割合だったのに対し、孫呉では歩兵二〇〇〇人に対して騎兵五〇騎であり、華北と江南では軍馬の供給に四倍の差があったとされる。魏晋南北朝時代において、馬は儀礼や娯楽、愛玩用である以前に、重要な軍事物資だったのである[20]。常に北朝の軍事的圧迫を受けていた南朝にとって、馬の入手は死活問題であった。南朝は北朝との交渉で馬を手に入れようとした他にも、朝鮮半島の高句麗やチベット高原の吐谷渾、モンゴル高原の柔然に使節を派遣し、良馬の貢献を受けている[21]。しかし、北朝が南朝の軍事に用いられる馬を十分に供するはずもなく、それ以外の地域からは輸送に困難が伴ったため、南朝は常に軍馬が不足していた。

北朝の立場からすれば、南朝が馬を渇望していることは承知しており、その上で馬を与えることは、先にみた太武帝が宋の文帝に送った手紙にあったように（五三頁）、相手を威圧する効果が期待できた。無論、北朝では良馬が安く、南朝では高価であるため、それにふさわしい見返りを要求できるという経済的事情もあったであろう。なお、良馬がそれほど重要視されながら、南朝の使節が私的な交易で手に入れる品目に入っていないのは、動物で扱いが難しいことに加え、使者に選ばれるような南朝貴族にとっては、金や玉と比べると馬に対する関心が薄かったためであろう[22]。

南朝が馬を求めていたのは、まさに軍事物資として、実際の戦争に用いるためであった[23]。では、北朝が南朝から受け取った黄甘にはどのような意味があったのだろうか。

南北朝が互いに相手を「島夷」「索虜」と蔑称していたことは先に述べたが、北朝が南朝に対する別称として用いた「島夷」の語は『尚書』禹貢に由来している[24]。

> 淮海は惟れ揚州……厥《そ》の貢は惟れ金三品・瑤・琨・篠簜・齒・革・羽・毛〔・惟《およ》び木〕。島夷 卉服す。厥の篚は織貝、厥の包は橘柚、錫貢す。……荊及び衡の陽《みなみ》は惟れ荊州……厥の貢は羽・毛・齒・革・惟び金三品・杶・榦・栝・柏・礪・砥・砮・丹、惟び箘・簵・楛。（『尚書』禹貢[25]）

ここに「島夷 卉服す」とあるものが南朝に対する蔑称の由来となっているように、北朝は南朝の支配領域を禹貢の九州でいう揚州・荊州であると見なしていた。北魏孝文帝が封禅を勧める高閭に対して述べた次の言には、特にその認識が強くあらわれている。

〔高〕閭曰く「漢の名臣、皆な江南を以て中國と爲さず。且つ三代の境も、亦た遠くする能はず」と。高祖曰く「淮海は惟れ揚州、荊及び衡の陽は惟れ荊州、此れ中國に近きに非ざるや」と。（『魏書』巻五三　高閭伝）

高閭が江南は中国の外であり無視すべきだとするのに対して、孝文帝は南朝の版図を揚州と荊州であると定義し、中国の中に含めており、南朝を平定しないうちは封禅できないとしていた。

北魏の持っていた南朝観が『尚書』禹貢の揚州に関する一節に集約されていることを示す例として、次のようなものもある。

魏の德既に廣がりしより、西域・東夷は其の珍物を貢ぎ、王府を充たす。又た南に於て互市を垂立し、以て南貨を致す。羽・毛・齒・革の屬は遠く至らざる無し。（『魏書』巻一一〇　食貨志）

ここでは南朝との互市によって手に入れた「南貨」の内容を「羽・毛・齒・革の屬」と表現している。実際に南朝からもたらされた「南貨」がこれにとどまらないことは先にみた通りである。ここで挙げているのはむしろ「実際に何がもたらされたか」ではなく「何がもたらされるべきか」という理念的な品目である。南朝が揚州・荊州であるならば、その特産物は『尚書』禹貢篇にあるように「羽・毛・齒・革」でなければならなかったのである。

こうしてみると、北魏が宋に対してたびたび黄甘を求めていた理由もこれと同じであると考えられる。島夷の貢するものは、『尚書』禹貢によれば「卉服」、「織貝」、「橘柚」であり、黄甘は先にみたように橘柚と近いものと理解されていた。[26]『太平御覧』巻九六六 柑橘部には東晋の郭璞の「柚讃」を引いて「厥の苞は橘柚。精なる者を甘と曰ふ」とあり、明らかに『尚書』禹貢の記述を意識している。郭璞はまた、前出（五五頁）したように「黄甘は橘の屬にして味は精なり」とも述べていて、「柚讃」で橘柚の中で良いものと定義している「甘」はすなわち黄甘を指していると考えてよい。

また黄甘だけでなく、孔雀や象についても、『周礼』夏官司馬・職方氏に「東南を揚州と曰ふ……其の畜は鳥獣に宜し」という記述があり、鄭玄はそれに「鳥獣、孔雀・鸞・鵁鶄・犀・象の屬」と注を付けている。第二節で挙げた、宋から贈られた孔雀と象がこの中に含まれているのも決して偶然ではないだろう。

黄甘にせよ、象や孔雀にせよ、南朝における馬の有用性と比べれば、実用性の薄いものであろう。しかし柑橘類や象が贈られることは、北魏中心の世界秩序を確認する上で重要な意味を持っていた。北朝は南朝に対して軍事的優位に立っていたものの、国内の漢人の多くは南朝を正統とみなしており、また、諸外国は南朝と北朝の双方に朝貢していた。[27]北魏は自分たちこそが中華で、南朝は揚州の島夷であるという認識を国内外に強調し、自国の正統性を宣揚する必要があり、そのために南朝から黄甘が贈られることを再三求めていたのである。

おわりに

使節にともなう南北朝間の交易について、従来はその経済的な側面が強調されてきた。南北朝間の使節の経済活動については、史料が少なく、その全体像が必ずしも明らかであるとはいえないが、史書にみえる具体的な事例からは、単なる経済的な需要といった問題だけではなく、以下のような点が指摘できるだろう。

従来指摘されているように、南北朝時代は南北の交易路が断絶し、その断絶を埋めるものとして使節による私的な交易があった。ただ、そのような私的な交易は使節個人の欲求を満たすためのものではなく、本国の高級官僚全体の欲求を満たすためのものであった。そこで扱われた物品は金・玉・典籍・漢方薬の材料など、保存しやすく、輸送の容易なものであった。使節の私的な交易は、本国では非常に高価なものを相手国で廉価に買う、という経済的なものであるといえる。

使節が交換されるごとに、朝貢という名目で国家間の物品の贈答が行われていた。そこで扱われた物品について示す史料はごく少ないが、それによれば使者による私的な交易で扱われたものとは異なり、生き物や農産品など、保存が難しいものや、商品価値が高くないものが多く含まれていた。また、贈答はどちらかが一方的にイニシアチブをとるものではなく、自国の要求を相手に伝え、相手はその要求を踏まえて贈答品を決めるという、双方向的な一種の交渉であった。相手国への要求として、南朝は馬を、北朝は柑橘類の一種である黄甘を求めている事例がいくつも確認でき、馬と黄甘が南朝・北朝それぞれにとって重要な意味を持っていたことがうかがえる。他の使節の場合については、単に「朝貢」があったことのみが記載されているが、その内容は同様であったのではないだろうか。

南朝が馬を求めた理由として、華北で北朝と戦うために、軍馬の不足を補う必要があったことが挙げられる。南朝の領域には馬の産地が少なく、交易を通じて入手しようとしていた。北朝がたびたび、名馬を贈ることで南朝へ威圧を加えようとしているのは、このような南朝の軍事的要請を知った上でのことであった。

一方、北朝にとって黄甘は、自国の正統性を獲得するために必要な物資であった。北朝は南朝を『尚書』禹貢の揚州であるとみなしており、その認識を補強するために、南朝から黄甘の貢献を求めていた。それによって、北朝が中国であり、南朝は辺境であることを内外に示し、自国の正統性を宣揚しようとしていた。

南北朝間の贈答は相手の望むものを与えるとともに、自らの要求を相手に伝える、いわばギブ・アンド・テイクの関係にあった。南朝は自らの正統性を損ないかねない「朝貢」を北魏に対して行ないながら、代償として馬を求めている。一方北朝は、最大の敵国に対して軍事物資を「朝貢」してまで、国家の正統性を宣揚しようとしていた。一見すると馬と柑橘の交換に過ぎない両国の贈答は、その背後で正統性と武力の交換を意味していたのである。

【注】

(1)「江東に復た一呉兒の老翁の蕭衍なる者有り。専ら衣冠禮樂を事とし、中原の士大夫は之を望みて以て正朔の在る所と爲す。我れ若し急ぎ法網を作り、相 饒借せずんば……士は悉く蕭衍に奔らん」(『北齊書』巻二四 杜弼伝)にみえるように、北斉の時代になってもなお、中原の漢族の中には南朝の正統性を認める者が多く残っていた。

(2)志田不動麿「北魏末に於ける支那国内市場の成立過程」(『歴史教育』六—七、一九三二)は地方政権の分立によって、多くの関津が設けられ、関税、入市税など厳しい税の取り立てがあったこと、貨幣が不統一であったこと、治安上の問題などを挙げ、商品の長距離輸送に困難が伴った結果、自給自足的経済にならざるを得なかったと論じている。また、桑原隲蔵「歴史上より観たる南北支那」(『白鳥博士還暦記念東洋史論叢』一九二五収録)は、江南の開発の一因に、南北の経済的分裂をあげる。

(3)川勝義雄『六朝貴族制社会の研究』(岩波書店、一九八二)第三章「貨幣経済の進展と侯景の乱」三六九頁。

(4)宮澤知之「魏晋南北朝時代の貨幣経済」(『鷹陵史学』二六、二〇〇〇)。

(5)「淮禁」に関して、『北斉書』巻四六 循吏 蘇瓊伝には「舊制以淮禁不聽商販輒度」とあり、また、『北斉書』巻三九 崔季舒伝には崔季舒が斉州刺史だった時に「坐遣人渡淮互市、亦有贓賄事、爲御史所劾」とあり、実際に淮禁を破ったことで弾劾されたことが記録されている。なお、淮禁と南北朝間の密貿易については、榎本あゆち「帰降北人と南朝社会――梁の将軍蘭欽の出自を手がかりに」（『名古屋大学東洋史研究報告』一六、一九九一）を参照。

（6）高敏（主編）『魏晋南北朝経済史』（上海人民出版社、一九六六）九六七～九八〇頁参照。ただし、高敏は密貿易をさらに「民間における密貿易」と「辺境の将吏による交易」に分けている。しかし、前掲注（5）の崔季舒の例でみられるように、民間の密貿易の背後にも地方長官の関与がある場合が多いので、その両者に厳密な区別をつけることはできないと考えられる。魏晋南北朝時代の国境での交易については、陳金鳳『魏晋南北朝中間地帯研究』（天津古籍出版社、二〇〇五）第九章「中間地帯経済考察」二一九～二三一頁も参照。

（7）後藤勝「聘使交換より見た南北朝関係」（『聖徳学園岐阜教育大学紀要』二〇・二一、一九九〇・一九九一）。

（8）吉川忠夫「島夷と索虜のあいだ」（『東方学報』（京都）七二、二〇〇〇）。

（9）黎虎「六朝時期江左政権的馬匹来源」（『魏晋南北朝史論』学苑出版社、一九九九、初出『中国史研究』一九九一―一）。

（10）ここでいう贈答とは、第二節で述べるように、単なる一方的な物品の授受ではなく、相互に相手からの要求を踏まえて物品を贈りあう、「交易」に近い内容のものである。

（11）劉宋の成立（四二一）から、陳の滅亡（五八八）までの一六七年間に、少なくとも二三四回の使節派遣が確認できる。ただし、四九四年から五三七年までの四三年間は南北の国交が断絶している。

（12）このように平城―建康間の移動日数が判明する事例は一〇例ほどあるが、李彪の二五日という記録はその中で最速である。なお、一〇例を平均すると約三六日となる。

（13）『宋書』巻四六　張暢伝の原文は以下の通り（本文の分類に応じて適宜番号を付した）。

先是、隊主蒯應見執。其日晡時、遣送應至小市門、致意求甘蔗及酒（①）。孝武遣送酒二器・甘蔗百挺、求駱駝（②）。明日、魏主又自上戯馬臺、復遣使至小市門、求與孝武相見、遣送駱駝、并致雜物。使於南門受之。……乃開門餉物。魏主又求酒及甘橘（③）。孝武又致螺盃雜物、南土所珍（④）。魏主復令〔李〕孝伯傳語曰「魏主有詔借博具」。……又求博具（⑤）。俄送與（⑥）。魏主又遣送氈及九種鹽并胡豉、云「此諸鹽、各有宜。白鹽是魏主所食。黒者療腹脹氣滿、刮取六銖、以酒服之。胡鹽療目痛。柔鹽不用食、療馬脊創。赤鹽・駮鹽・臭鹽・馬齒鹽四種、並不中食。胡豉亦中噉」。又求黄甘……〔李孝伯〕又云「魏主恨向所送馬殊不稱意、安北若須大馬、當送之。脱須蜀馬、亦有佳者」（⑦）。〔張〕暢曰「安北不乏良駟、送在彼意、此非所求」。義恭又送炬燭十挺、孝武亦致錦一匹。又曰「知更須黃甘。若給彼軍、即不能足。若供魏主、未當乏絶、故不復致」⑧。……魏主又遣就二王借箜篌、琵琶等器及棊子⑨。

(14)『魏書』巻五三 李孝伯伝の原文は以下の通り（先と同様に番号を付す、同一番号は対応を示す）。

世祖至彭城……〔劉〕駿遣人獻酒二器・甘蔗百梃、并請駱駝②。……〔李〕孝伯曰「主上有詔『太尉、安北可暫出門、欲與相見、朕亦不攻彭城、何爲勞苦將士、城上嚴備』。今遣賜駱駝及貂裘雜物」。……既開門、〔張〕暢屏人却仗、出受賜物。孝伯曰「詔以貂裘賜太尉、駱駝・騾・馬賜安北、蒲萄酒及諸食味當相與同進」③。……〔劉〕義恭獻皮袴褶一具、駿奉酒二器・甘蔗百梃④。……世祖又遣賜義恭、駿等氈各一領、鹽各九種、并胡豉。孝伯曰「有後詔『凡此諸鹽、各有所宜。白鹽食鹽、主上自食、黑鹽治腹脹氣滿、末之六銖、以酒而服、胡鹽治目痛、戎鹽治諸瘡、赤鹽・駮鹽・臭鹽・馬齒鹽四種、並非食鹽。太尉、安北何不遣人來至朕間。彼此之情、雖不可盡、要復見朕小大、知朕老少、觀朕爲人』」⑦。……義恭獻蠟燭十梃、駿獻錦一匹⑧。

(15)ここでいう崑崙は、西域にある崑崙山脈一帯ではなく、『旧唐書』林邑伝に「林邑自り以南、皆な拳髪黒身たり。通號して崑崙と爲す」とあるように、マレー半島から南海諸島にかけて存在した諸国を指す。

(16)『北斉書』巻三七 魏收伝に「〔魏〕收 館に在るや、遂に吳婢を買ひて館に入れ、其の部下に婢を買ふ者有り、收は亦た喚取し、遍く姦穢を行ふ。梁朝の館司は皆 之の爲に罪を獲。人 其の才を稱して其の行を鄙とす。」とあり、魏收のみならず、本国の貴族の命を受けた随員も買っているということから、吳婢が商品として北朝で求められていたことが推測できる。なお、魏收が東魏から梁への副使として建康を訪れたのは梁の大同五（五三九）年のことである。

(17)前掲注（8）吉川論文参照。吉川は梁の陶弘景『本草集注』の中から、北魏より持ち込まれたものを挙げている。

(18)漢代と唐代の実例について。『漢書』巻一六 高惠高后文功臣表に「（宋子侯の許九）孝景中二（前一九三）年、匈奴に使するに寄せて塞外の禁物を買ふに坐し、免ぜらる」とあり、漢代にも使者に付託して匈奴の物品を購入させて処罰された事例がある。また『唐律疏議』八巻 衛禁律 越度縁邊關塞条には「即ち使に因りて私に交易する有る者は、盗論に準ず」とあり、やはり使節によって私貿易を行った者が処罰対象となったことがうかがえる。劉俊文撰『唐律疏議箋解』（中華書局、一九九六）参照。

(19)銭穆「中国史上之南北強弱観」（『禹貢』半月刊三―四、一九三五）（のちに『古史地理論集』（生活・読書・新知三聯書店、二〇〇四）収録）。
（20）前掲注（9）黎虎論文四一七〜四一八頁参照。
（21）高句麗については「（元嘉）一六年、太祖北討せんと欲し、詔して（高句麗王の）璉をして馬を送らしめ、璉は馬八〇〇匹を獻ず」（『宋書』巻九七 夷蠻 東夷高句驪國）とある。また、『南斉書』巻五九 吐谷渾伝には吐谷渾王に対して柔然への使者の保護を要請する宋代の詔が載せられている。吐谷渾・柔然からの馬の貢献は、それぞれ『梁書』巻五四 諸夷伝に見え、この二国以外にも西域の高昌国・鄧至国などからの馬の貢献が見える。前掲注（9）黎虎論文三九四〜四一四頁参照。
（22）『顔氏家訓』渉務篇には侯景の乱に際して南朝貴族が馬にも乗れず、軍の指揮を取ることができなかった様子が描かれている。
（23）そのまま軍馬として用いるだけでなく、官の牧場で繁殖させることもあったと推測されるが、交易によって得た馬を繁殖させた証拠は、管見の限り存在しない。
（24）渡辺信一郎『天空の玉座』（柏書房、一九九六）第Ⅲ章第二節「『禹貢』の帝国的秩序」および池田末利『全釈漢文体系一一 尚書』（集英社、一九七六）参照。渡辺は揚州の夷狄を「鳥夷」とする説を取っているが、その理由を示されてはいない。『禹貢』を参照したと考えられる『史記』夏本紀では「鳥夷」、『漢書』地理志では「鳥夷」としている。池田は胡渭『禹貢錐指』、屈萬里『禹貢釈義』、顧頡剛『中国古代地理名著』第一輯「禹貢」を引いて「鳥夷」としている。ここでは「島夷」に従う。ただし、「鳥夷」が「島夷」であっても渡辺の議論に全く影響はない。
（25）『尚書』の解釈は前掲注（24）池田書によった。
（26）前掲注（24）渡辺書二二〇〜二二二頁。渡辺は『尚書正義』が冀州の「皮服」、揚州の「卉服」の「服」をそれぞれ「皮の衣服」「草の衣服」と解釈するのを批判し、「服」は天子への服従を意味し、衣服の意味ではないとした上で、「卉服とは、服従を示すための貢献物であり、花卉もしくは花卉を素材とする単純な生産物の貢納義務を意味するものであろう」（前掲書二二一頁）と述べる。しかし、魏晋南北朝時代の人々の『尚書』理解は、隋代に編纂された『尚書正義』の解釈と相似たものであったと推測されるので、ここでは『尚書正義』の説のまま論を進める。
（27）北朝の士人の中に南朝を正統とみなしていた者がいたことについては、前掲注（1）参照。また、諸外国の中でも倭や林邑などは南朝にのみ朝貢し、柔然・吐谷渾・高句麗などは、南北双方に朝貢しつつ、時には南朝と連携して北魏と戦争している。

第三章　北朝の使者の帰国後

はじめに

これまで、南北朝間の外交使節の人選と外交の場で行われたやりとりをみてきた。しかし、本書の目的である、南北朝間の人の移動によって北朝貴族の南朝に対する見方がどのように変化したかを議論するためには、外交の場の使者のありようを問うだけでは不十分あろう。外交の場で得た知識・情報が、どのようにして北朝貴族社会へフィードバックされたかについての検討も、併せてなされなければならない。そこで本章では、南朝への使者となった人物が、北朝へ戻った後にどのような職を与えられ、王朝内部でどのような役割を果たしたかを検討することで、北魏貴族社会における南朝からの影響について考察する。

南北朝を問わず、使者を経験した人物が、相手国からの使者を応接する主客郎となる事例が多くみられることは、黎虎や蔡宗憲によって指摘されている。[1]また、北魏太和一五（四九一）年に副使として南朝を訪れた蔣少游が南朝の宮殿や衣冠を見て、それを北魏の衣冠制度や洛陽宮の造営に生かした事例は、洛陽遷都に注目した多くの学者が指摘している通りである。[2]

しかし、これらの研究は、特定の役職、あるいは孝文帝改革期という北朝の中でも特徴的な時代の事例を取り上げるのみであり、北朝全体を通して使者の帰国後のあり方を論じた研究は見当たらない。そのため、基礎的作業として、正史や墓誌史料などから、使者が南朝に赴いた際にどのような知識・情報に触れ、それが北朝でどのように生かされたのかについて、具体的な事例を検討してみたい。その上で、北朝時代を通じて、南朝への使者が帰国後に就いた官職、および帰国後にかかわった政策について検討することで、南北朝間の外交使節が、北朝社会、ひいては隋唐社会に対して、いかなる歴史的意義を持っていたかを明らかにしたい。

最初に南朝から帰還した使者が、北朝でその知識を活用した事例を取り上げ、その後、他の使者の帰国後の官職についても併せて検討することで、北朝で南朝からの知識がどのように活用されたか、あるいはされなかったかを検討する。

一　北魏の南朝遣使と制度改革

まず、従来の研究でも取り上げられている北魏孝文帝の改革時期に南斉へ使者となった蔣少游について確認したい。

後に散騎侍郎と爲り、李彪に副たりて江南に使す。高祖（孝文帝）の船乘を修するに、其の多く思力有りしを以て、都水使者に除す。前將軍に遷り、將作大匠を兼ね、仍ほ水池湖泛、戲舟、楫の具を領す。華林殿の、沼の舊を修し新を增し、改めて金墉門の樓を作るに及び、皆な意を措く所にして、號して姸美と爲す。（『魏書』巻九一　芸術伝　蔣少游[3]）

（永明）九（四九一）年、李道固、蔣少游を遣使して報使せしむ。少游は機巧有り、密かに京師の宮殿楷式を觀せしむ。淸河の崔元祖、世祖（武帝）に啓して曰く「少游は、臣の外甥、特に公輸の思有り。宋世 虜に陷ち、處さるるに大匠の官を以てす。今 副使と爲るは、必ずや宮闕を模範せんと欲せばなり。豈に氊鄕の鄙をして、天宮を取象せしむるべけんや。臣謂へらく且く少游を留め、使主をして反命せしめんことを」。世祖和

通の意に非ざるを以て、許さず。少游、安樂の人。虜の宮室制度は、皆な其れより出づ。（『南斉書』巻五七 魏虜伝(4)）

永明九年、魏使李道固及び蔣少游至る。（崔）元祖言へらく「臣の甥少游は班、倕の功有り。今來たるは必ずや宮掖を模寫せしめんとす。未だ反らしむべからず」と。上従はず。少游果して圖畫して歸る。（『南史』巻三七 崔元祖伝(5)）

南斉永明九（四九一）年の蔣少游の遣使に対して、南斉では姻族の崔元祖が蔣少游の建築・設計に明るいことを知っており、武帝（蕭賾（位四八二〜四九三））に蔣少游が南朝の宮殿の構造を密かに写し取ろうとしていると警告している。『南史』によれば、建康を訪れた蔣少游は、実際に宮殿の様子を「果して図画して帰」ったとある。『南斉書』で崔元祖が述べているように、もともと、蔣少游は宋の領土であった青州の人間であった。北魏の侵攻によって平城へと移住させられ、同じく青州の名族であった崔氏とは姻戚関係にあったものの、華北漢人社会では無名の一族であり、また、技術者として登用されたため、貴族の間では高く評価されなかったが、高允と李沖だけが彼を評価したとされる(6)。

その後、蔣少游は、孝文帝に見いだされ、一連の改革の実務を担当することとなる。

尚書李沖と馮誕、游明根、高閭等に詔して禁中の衣冠を議定せしむるに及び、少游 巧思ありて、其の事を主らしむ。亦た劉昶に訪《と》わしむ。二意相ひ乖れ、時に諍競を致し、六載を積みて乃ち成り、始めて百官に班賜す。冠服の成るは、少游 效有り。後に平城に將に太廟、太極殿を營まんとするや、少游を遣はして傳に乘り

て洛に詣らしめ、魏晉の基趾を量準《はか》らしむ。(『魏書』巻九一　芸術伝　蔣少游)(7)

とあるように、北魏の宮中における衣冠を制定する際には、その主担当者となり、南朝からの亡命者である劉昶と論争を重ねた上で、太和一八(四九四)年にようやく衣冠の制度を完成させている。ちなみに、衣冠の制度を改めるよう建議したのは、蔣少游とともに南朝への使者となった李彪であった。また、平城に太廟、太極殿を建てる際には、魏晋洛陽宮の基趾を測量するために派遣されている。(8)

帰国後、蔣少游は都水使者、ついで将作大匠となっている。都水使者は「晉　都水臺、都水使者を置き、舟檝の事を掌らしむ……後魏も亦た二官並びに置く」(『唐六典』巻二三　都水使者)とあるように、水軍、造船を司る官であり、将作大匠は「將作少府、秦官、宮室を治むるを掌る……晉將作大匠に功曹、主簿、五官等の員を置き、土木の役を掌らしむ」(『唐六典』巻二三　將作大匠)とあり、宮殿に関する土木建築の責任者であった。

蔣少游が南斉に派遣された時期、孝文帝は平城から洛陽への遷都を企図しており、大和一七(四九三)年一〇月には、司空の穆亮、尚書の李沖、将作大匠の董爵に洛陽宮造営の命令を発している。この段階では、蔣少游は都水使者であったと考えられるが、その後、洛陽宮の仕上げの段階で、華林殿の庭園や金墉城の門楼などの改修を手がけている。『南斉書』が「虜の宮室制度は皆な其れより出ず」と記しているのはこのことを指しているのであろう。南朝で宮殿のデザインを模写していたことは明らかにこれら洛陽宮の造営の準備であり、南朝からの帰国後、都水使者から将作大匠へ昇進していく彼の官歴は、南斉への副使として選ばれた段階である程度予定されていたと考えられる。また、「水池湖泛の戯舟・楫具」についても、「南船北馬」の語にあるように、水運の盛んな江南には、船のデザインや諸々の道具について、北朝よりも多くの技術の蓄積があり、これらについても使者として派遣された先での知識の収集の成果であろう。

ただ、蔣少游が南朝で得た知識を利用してかかわった事案は「水池湖泛の戯舟・楫具」や「沼の修旧増新」、「金墉門の楼の改作」であり、いずれも、建築、設計に類する事業であった。これには、崔元祖が「特に公輸の思有り」と評した、蔣少游の個人的な才能もあったが、同時に、実際に使者が直接目にする以外、再現することが難しい事柄であったことも理由であろう。それと同時に、蔣少游に期待されたものは、土木建築や造船など技術的な部分に留まっており、政治制度や遷都計画そのものなど、孝文帝の改革の政策立案にかかわっていたとはいいがたい。

では、この蔣少游のような事例は、北魏の対南朝使者において一般的であったのだろうか。この点について、北魏期の使者の派遣前、派遣後の官位を比較したのが**表1**（八二・八三頁）**表2**（八四頁）である。

表1は、北魏の使者の派遣年と派遣前後の官位を列挙したものである。ただし、連続して複数回派遣され、その後、官を遷ったと考えられる人物に関しては帰国後、あるいは派遣前の官位を「―」で記してある。(9) **表2**はそれらの帰国後の官を列挙し、整理したものである。

これをみると、帰国後に地方官となる事例が七件と多い。ここには含まれていないが、「應對失衷」によって免官された盧度世も、後に許されて青州刺史に起用されている。これらの地方官の任地も、司隷校尉となった宋宣を除くと、東青州、盱眙郡、廣平郡、平原郡、東郡、北海国であり、盧度世が就任した青州も含め、いずれも黄河下流の州郡であった。これらの地域は劉宋で起こった劉子勛の乱（四六六）に乗じた北魏の侵攻によって、四六九年に領土となったばかりの土地であった。盧度世伝には、

假節、鎭遠將軍、齊州刺史に除さる。州は邊境に接し、將士は數《しば》しば相ひ侵掠す。度世は乃ち統ぶる所を禁勒し、其の俘虜を還し、二境は以て寧んず。（『魏書』巻四七　盧度世伝(10)）

表1　北魏の使者の派遣前後の官職　※魏は『魏書』の略、出典の算用数字は巻数を示す。

人名	年		派遣時の官職	派遣前	派遣後	出典
鄧穎	四三二	正	（兼）散騎常侍	中書侍郎・下博子	進爵爲侯、加龍驤將軍	魏4上・24
宋宣	四三三	正	（兼）散騎常侍	中書博士	加冠軍將軍、賜爵中都侯、領中書侍郎、行司隸校尉	魏4上・33
盧玄	四三三	正	寧朔將軍・（兼）散騎常侍	中書博士	既還病卒	魏4上・47
游雅	四三六	正	散騎侍郎・（加）建威將軍・（賜）廣平子	著作郎	稍遷太子少傅、領禁兵、進爵爲侯、加建義將軍	魏4上・54
邢穎	四三八	正	（假）通直散騎常侍・寧朔將軍・平城子	中書侍郎	後以病還鄉里	魏4下・65
高推	四四〇	正	（兼）散騎常侍	無官？	遇疾卒於建業	魏4上・48
張偉	四四一	正	散騎侍郎	散騎侍郎	還拜給事中、建威將軍、賜爵成皋子	魏4下・84
高濟	四四四	正	（假）員外散騎常侍・（賜）浮陽子	楚王傅	世祖臨江、於行所除盱眙太守	魏4下・48
高歡	四四四	隨		無官	還爲中書学生	魏4下・57
宋愔	四四五	正	（兼）員外散騎常侍・（賜）列人子	中書博士	還拜廣平太守	魏4下・63
盧度世	四六〇	正	散騎常侍	中書侍郎・鎭遠將軍・（兼）太常卿	度世應對失衷、還被禁劾、經年乃釋	魏5・47
游明根	四六一	正	（假）員外散騎常侍・冠軍將軍・安樂侯	都曹主書・寧遠將軍・安樂男	—	魏5・55
游明根	四六二	正	員外散騎常侍	—	—	魏5・55
游明根	四六三	正	員外散騎常侍	—	顯祖初、以本將軍出爲東青州刺史、加員外常侍	魏5・55
邢祐	四七一	正	（假）員外散騎常侍	著作郎・領樂浪王傅	—	魏6・65
邢祐	四七二	正	（假）員外散騎常侍	—	以將命之勤、除建威將軍、平原太守、賜爵城平男	魏6・65

許赤虎	四七四	正	員外散騎常侍	著作佐郎	―	魏7上・46
許赤虎	四七五	正	員外散騎常侍	―	使還爲東郡太守、卒官	魏7上・46
李長仁	四七七	正	員外散騎常侍	彭城太守・延陵男	行還以疾除北海内史、詔賜醫藥	魏7上・72
鄭羲	四七八	正	員外散騎常侍・寧朔將軍・陽武子	中書侍郎・鷹揚將軍・平昌男	中山王傅	魏7上・56
李彪	四八三	正	（假）員外散騎常侍・建威將軍・衛國子	中書博士	―	魏7上・62
李彪	四八四	正	員外散騎常侍	―	―	魏7上・62
李彪	四八四	正	員外散騎常侍	―	―	魏7上・62
李彪	四八五	正	員外散騎常侍	―	遷秘書丞、參著作事	魏7上・62
李彪	四九一	正	員外散騎常侍	秘書丞・中壘將軍・衛國子	―	魏7下・62
李彪	四九一	正	（假）通直散騎常侍	―	後車駕南征、假彪冠軍將軍、東道副將	魏7下・62
邢産	四八九	正	（兼）員外散騎常侍・鄚縣子	著作佐郎	―	魏7下・65
邢産	四九〇	正	（兼）員外散騎常侍・鄚縣子	―	後遷中書侍郎	魏7下・65
蔣少游	四九一	副	（假）（員外？）散騎侍郎	中書博士	除都水使者	魏7下・91
宋弁	四九二	正	（兼）員外散騎常侍	中書侍郎	轉散騎侍郎、時散騎位在中書之右	魏7下・63
房亮	四九二	副	（兼）員外散騎侍郎	秘書郎	還除尚書二千石郎中、濟州中正	魏7下・72
邢巒	四九三	正	（兼）員外散騎常侍	員外散騎侍郎	還拜通直散騎侍郎	魏7下・65
高聰	四九三	正	（兼）員外散騎常侍	中書侍郎・高雍王友	使還遷通直散騎常侍、兼太府少卿	魏7下・66
盧昶	四九四	正	（兼）員外散騎常侍	太子中舍人	昶還……遂見罷黜。久之、復除彭城王友、轉秘書丞	魏7下・47

	官職	就官者数	
中書系	中書侍郎	2	4
	中書学生	1	
	秘書丞	1	
門下系	員外散騎常侍	2	5
	散騎侍郎	1	
	通直散騎侍郎	1	
	給事中	1	
尚書系	尚書郎	1	1
地方長官	司隷校尉	1	7
	州刺史	1	
	郡太守	5	
王属官	諸王傅	1	1
中央官	太府少卿	1	2
	都水使者	1	
東宮系	太子少傅	1	1
その他	失官・病没	5	5

表2　使者の帰国後の官職（北魏）

とあり、国境を安定させるために盧度世の功績があったことが記されている。盧度世の行った政治の中で、捕虜の返還や相互の略奪の禁止が挙げられていることは、隣接する南朝の地方官との間で何らかの交渉があったことをうかがわせる。南朝との隣接地域の地方長官の職務として、このような非公式な、現場レベルでの交渉が含まれていたのだとすれば、外交官を経験した人物が積極的に配置された理由の一つと考えてもよいではないだろうか。

表2からは、帰国後に地方官に任じられた事例が多くみられる反面、尚書系統の官に就任した事例が、孝文帝の改革期を含めて尚書二千石郎中となった房亮の一例しか見当たらない。使者が帰国後、実際の行政に南朝で得た知識を活用した、蔣少游のような事例は、決して一般的ではないといえる。

以上から、孝文帝の改革に際して、外交使節による知識の収集は、非常に限定的であったといわざるを得ない。孝文帝は南朝文化への理解が深く、南朝的な体制を目指して改革を進めていたといわれるが、太和一八年に遷都が終わるやいなや、南伐の軍を興している。洛陽の新都造営をもって、これ以上、南朝との外交関係から得るものないと判断したためであろう。[11] むしろ、南朝への使者が帰国後に求められた知識は、南朝の文化的影響を受けている南辺の諸州をいかに統治するために用いられることが期待されていたといえる。

次に、東魏・北斉期の使者の事例をみてみたい。

二　魏斉革命と南朝への使者

南北朝間の遣使は大和一八年に孝文帝が南斉を攻撃したことにより長期にわたって中断する。捕虜の返還[12]などで断続的に南北朝間の交流はあったものの、その後、定期的に使節交換が行われるようになるのは、北魏の東西分裂後の五三七年まで待たねばならなかった。

永熙三（五三四）年に北魏の孝武帝（位五三二〜五三四）が洛陽から長安へ走り、大丞相だった高歓が鄴で孝静帝（東魏・位五三四〜五五〇）を擁立したことにより、北魏は東西に分裂する。東魏は建国時から実質的に高歓によって支配されており、一六年後に高歓の子の高洋（文宣帝（北斉・位五五〇〜五五九））へ禅譲することになる。

従来の北斉史研究は、北斉の政治を、主に胡族を中心とする武人「勲貴」と、漢族を中心とする文人「官僚」、後半期に入り皇帝の恩寵で力を得た側近「恩倖」の対立として捉えられる。[13] しかし、これまでもいわれているように北斉の権力闘争は単に国内の矛盾や対立のみに起因していたわけではなかった。

高祖（高歓）曰く「（杜）弼來れ。我爾に語らん。天下濁亂し、習俗すること已に久し。今督將の家屬は多く關西に在り、黑獺（宇文泰）常に相ひ招誘せしめ、人情の去留は未だ定まらず。江東復た一吳兒の老翁蕭衍なる者有り、專ら衣冠禮樂を事とし、中原の士大夫は之を望み以て正朔の在る所と爲す。我れ若し急ぎ法網を作り、相ひ饒借せずんば、恐らくは督將は盡く黑獺に投じ、士子は悉く蕭衍に奔らん。則ち人物流散し、何ぞ以て國を爲さん」。（『北斉書』巻二四　杜弼伝）

高歡の言は、東魏国内の「督將」「士子」にたいする外圧――西魏・梁の影響力を無視できないものであったことを物語っている。

その中で、五四九年の東魏から北斉への禅譲は、当時の国際バランスを崩す一大事件であった。岩本篤志[14]は、東魏から北斉への禅譲に南朝出身の徐之才に注目して分析している。徐之才は、侯景の乱（五四八〜五五二）によって梁が弱体化し、東魏が西魏に対する軍事的優位を確保したことで、東魏に禅譲を行いうる余裕が生じていると分析し、高洋に即位を勧めている。魏斉革命の経緯においては、宮川尚志[15]の古典的研究が述べるように、漢人官僚の保守勢力が積極的に支持した。

魏斉革命については、『北史』に、

徐之才、宋景業等は毎に卜筮、雜占、陰陽、緯候に、必ず宜しく五月を以て天命に應ずべしと言ふ。（高）德正も亦た敦く勸めて已まず、仍ち文宣に白して魏收を追はしむ。收至り、禪讓の詔冊、九錫、建臺及び勸進の文表を撰せしむ。五月初に至り、文宣 晉陽を發す。德正は又た在鄴の諸事の條を錄して文宣に進む。文宣は陳山提をして驛を馳せて事條并びに密書を齎して楊愔に與へしむ。山提 五月を以て鄴に至り、楊愔は即ち太常卿邢卲、七兵尚書崔㥄、度支尚書陸操、太子詹事王昕、給事黃門侍郎陽休之、中書侍郎裴讓之等を召し、議して儀注を撰す。（『北史』巻三一 高德政伝[16]）

とあり、高德政、徐之才、宋景業らがしきりに禅譲を勧めたとある。しかし、彼らが自ら禅譲の準備を進めたわけではない。実際の準備は宮川が述べているように、詔書については魏收に、禅譲の式次第である儀注については楊愔に、それぞれ命じて準備させている。さらに楊愔は、太常卿邢卲、七兵尚書崔㥄、度支尚書陸操、太子詹事王昕、給事黄門侍郎陽休之、中書侍郎裴讓之らを招集し、儀注の作成を行っている。

禅譲は、伝承上では堯・舜・禹の三代の時代に行われたとされているが、実際に王朝交代の儀礼として行ったのは前漢末の王莽が最初であった。その後、後漢末に後漢から曹魏、曹魏から西晋へと禅譲が行われ、これによって王朝交代の理論として確立したとされる。南朝では西晋以降もこの魏晋期に確立した禅譲の方法論を継承し、東晋—宋—斉—梁と王朝交代を繰り返してきた。

一方、鮮卑族の部族国家に由来する北魏は、三九八年に盛楽で拓跋珪が皇帝に即位したが、このときは臣下の推戴によったものであった。それ以前の王朝を継承したものでないため、禅譲の儀式は行われていない。(17) このため、東魏から北斉への禅譲に際して、魏收、楊愔らには従うべき禅譲の前例がなかったと考えられる。そのような状況下で、彼らはどのようにして禅譲の儀注を作成したのであろうか。

表3は、魏斉禅譲の儀注作成にかかわった人物の一覧である。『北史』高徳政伝に名前の挙げられている八人と南朝遣使との関連をみてみると、魏收、王昕については、

(魏)收は通直散騎常侍を兼ね、王昕に副して梁に使す……時に齊將に禪を受けんとし、楊愔は收を奏して之を別館に置き、禪代の詔冊諸文を撰せしめ、徐之才を遣はして門を守らしめ出づるを聴さず。天保元年、中書令に除し、

人名	官職	遣使年	出典
魏收	秘書監	539	北斉37
楊愔	吏部尚書・侍中・衛将軍	なし	北斉34
邢卲	太常卿	なし	北史43
崔㥄	七兵尚書	なし	北斉23
陸操	度支尚書	538	北史28
王昕	太子詹事	539	北史24
陽休之	給事黄門侍郎	540	北斉42
裴讓之	中書侍郎	不明	北斉35
崔肇師	中書舎人	545	北斉23
李渾	不明	543	北斉29
崔劼	中書侍郎	541	北斉42
皇甫亮	尚書殿中郎	564	北史38

表3　魏斉革命儀注参与者一覧

仍ほ著作郎を兼ねしめ、富平縣子に封ず。（『北斉書』巻三七　魏收伝[18]）

元象元年、散騎常侍を兼ね、梁に聘す。魏收　副と爲り、並びに朝廷の重んずる所と爲る……齊文宣の踐阼するや、七兵尚書を拜す。議禮に參ぜしを以て、宜君縣男に封ず。（『北史』巻二四　王昕伝[19]）

とあり、また『魏書』本紀から元象二（五三九）年八月に魏收、王昕が同時に梁への使者となったことが確認できる。魏收は、禅譲の際に楊愔から禅譲の冊文の作成を命じられ、徐之才に監視されつつその任を遂げている。両者は禅譲によって北斉が成立した後に封爵されている。魏收伝には封爵の理由が書かれていないが、王昕伝には「議禮に參ぜしを以て」によって封爵を受けたとあり、両者とも禅譲に関与した功績を認めてのことであったと考えられる。

陸操については、

（陸）操　魏に仕へ、散騎常侍を兼ねて梁に聘す。使還り、廷尉卿と爲る。（『北史』巻二八　陸操伝[20]）

とあり、また『魏書』本紀にも東魏孝静帝の元象元（五三八）年一一月に梁へ派遣されたことが確認できる。

陽休之についても、

尋ひで（賀抜）勝に屬して南奔し、仍ち隨ひて建業に至る。休之は高祖の靜帝を推奉するを聞き、乃ち勝に白して梁武に還るを求むるを啓せしむ。天平二年を以て鄴に達し、仍りて高祖の命を奉じて晉陽に赴く。……

興和二年、通直散騎常侍を兼ね、清河の崔長謙に副して梁に使す。……尋ひで禪讓の際、禮儀に參定するを以て、別に始平縣開國男に封ぜられ、本官を以て領軍司馬を兼ぬ。（『北斉書』巻四二　陽休之伝[21]）

とあり、陽休之がかつて上官であった賀抜勝とともに南朝に亡命し、東魏へ帰国したこと、その後、興和二（五四〇）年に東魏の副使として梁を訪れたこと、禅譲の際に儀礼の制定に参与し、褒賞を受けたことが記されている。

最後に裴讓之については、

後に散騎常侍を兼ねて梁に聘す……齊 受禪し、靜帝 別宮に遜居し、諸臣と別るるに、讓之 流涕歔欷す。儀注に參掌せしを以て、寧都縣男に封ぜらる。（『北斉書』巻三五　裴讓之伝[22]）

とあり、年代は不明であるが、魏斉革命以前に梁への使者となったこと（「散騎常侍を兼ね」とあるので、おそらく正使であろう）、斉の受禅に際して儀注を参掌し、それによって封爵されたことが記されている。

禅譲の儀注作成に参与していながら使者となっていない楊愔については、

又た散騎常侍を兼ね、聘梁使主と爲る。碻磝戍に至り、州内に愔の家の舊佛寺有り、精廬に入り禮拜し、太傅容の像を見、悲感慟哭し、血を嘔くこと數升、遂に病を發して行を成さず、輿疾もて鄴に還る。（『北斉書』巻三四　楊愔伝[23]）

とあるように、使者に選ばれながら道中で病気となり、鄴へ引き返した経緯をもつ。同様に邢邵についても、第一章でみたように、才能では北朝、南朝ともに認める「北間第一の才士」ではあったが、正使にするには容姿、動作がだらしなく、副使にするには高名すぎるという理由で、使者に選ばれなかったという（四〇頁）。

『北史』高徳政伝で禅譲の儀注にかかわったとして名前を挙げられた人物は、いずれも当時の著名な文人であった。その多くが、南朝への使者あるいは使者の候補となっていることが確認できた。しかし、当時の使者は「其の容止可観にして文学の優贍なる者を擇び、以て聘使に充つ」（趙翼『廿二史劄記』巻一四 南北朝通好以使命爲重）というように、国家の名だたる文人が充てられており、禅譲という国家の一大儀礼のためにも、同様に優秀な文人を集めた結果、たまたま南朝への使者と重複したということは十分考えられる。

そこで『北史』高徳政伝には名が記されていないものの、儀注の選定に参与したことが明らかな人々についてもみてみたい。崔肇師、李渾、崔劼、皇甫亮がそれである。

崔肇師については、

> 尋ひで通直散騎常侍を兼ね、聘梁副使たり。中書舎人に轉ず。天保初、禪代の禮儀に參定し、襄城縣男に封ぜられ、仍ほ中書侍郎を兼ぬ。（『北斉書』巻二三 崔肇師伝[24]）

とある。崔肇師は儀注の作成に参与した七兵尚書崔㥄の族子である。彼もまた、梁への使者となり、禅譲の儀注に参与している。『魏書』によれば、崔肇師の遣使は武定三（五四五）年一〇月のことであった。

李渾については、

> 後に光祿大夫に除され、常侍を兼ね、聘使たりて梁に至る……禪代の儀注に參せしを以て、涇陽縣男を賜爵

さる。（『北斉書』巻二九　李渾伝[25]）

とあり、武定元（五四三）年八月に使者となっており、崔劼は、

興和三年、通直散騎常侍を兼ね、梁に使す。天保初、禪代を議すを以て、給事黄門侍郎に除せられて、國子祭酒を加へられ、内省に直し、機密を典る。（『北斉書』巻四二　崔劼伝[26]）

とあり、興和三（五四一）年に使者となっている。ともに、帰国後に禅譲の儀注に参加して、褒賞を受けている。

皇甫亮については、

後に梁へ降るも、母兄の北に在るを以て、還るを求め、梁武は奪はざるなり……復た尚書殿中郎と爲り、儀曹の事を攝す。禪代の儀注に參撰するを以て、楡中男に封ぜらる。（『北史』巻三八　皇甫亮伝[27]）

とあるように、一度梁に降伏したものの、梁の武帝によって東魏への帰国を許された経緯を持つ。尚書殿中郎として儀曹の事を摂していたとあり、宮中の儀礼にも深くかかわっており、禅譲の儀式に欠かすことのできない人物であった。また、後に皇甫亮は、北斉の使者として陳を訪れている。

これらの、禅譲儀注に参与したとされる人々は、いずれも南朝を訪れたことのある人物ばかりである。彼らは官位がそれほど高くなかったため、『北史』高徳政伝では名前を挙げられなかったのであろう。

このように、禅譲儀注にかかわった人間の大半が、南朝へ行ったことのある人物であり、また、南朝へ行ったこ

とがないにもかかわらず、儀注の制定に加えられた崔㥄が、使者の経歴を持つ族子・崔肇師をメンバーに加えていたことなどを考えると、東魏—北斉の禅譲の儀注は、南朝で得た知識をもとに作成されたと考えて大過ないであろう。

楊愔らが作成した禅譲儀注は、現在には残っていないが、北斉の礼制が梁を参照していた傍証として、禅譲の儀式そのものではないが、禅譲と密接に関係している祖廟の祭祀について、

北齊文宣帝受禪し、六廟を置き、獻武以下は毀たず、以上は則ち遞りて毀ち、同廟にして別室に並ぶ。既にして文襄、文宣、並びに太祖の子の神主を太廟に遷す。文宣は初め其の昭穆の次を疑ひ、別に廟を立てんと欲するも、衆議同ぜず、二年秋に至り、始めて太廟に附す。五祭は梁制に同じ。（『通典』巻四七　礼典・沿革七）

とあることが確認でき、北斉はほぼ梁のものをそのまま採用している。ここでも、北斉の礼制が南朝梁の影響を受けていることが知れる。

ただし、右で挙げた人物らが梁への使者となったのは、五三八年から五四五年の間であった。魏から斉への禅譲が実際に行われたのは五四九年であり、禅譲から遡ること一〇年前、まだ高歓が存命だった時期から、禅譲が行われるのを見越して使者に情報を集めさせていたということがありえるのだろうか。

この点について、実際に東魏から北斉への禅譲が行われたのは五四九年であったが、禅譲の計画自体はそれ以前から存在していたことが、以下の記事から見える。

初め、文襄（高澄）は日を擇びて將に魏の禪りを受けんとし、元景等をして儀注を定め、詔冊幷びに授官を

草せしむるも、未だ畢はらずして文襄殂り、府罷る。（『北史』巻四七　陽昭伝[28]）

文宣帝の兄である高澄も禅譲の準備をしていたが、その準備が整わないうちに暗殺されてしまい、計画は実行されなかったとされる。もともと東魏の実権は高歓によって掌握され、禅譲は時間の問題と見られていた。『魏書』天象志には、早くも東魏初年のこととして、

天平元（五三四）年閏月、月 心大星を掩ふ。二（五三五）年八月、又た之を犯し、相ひ去ること七寸。十一月、又た心小星を掩ふ。相臣の主に逼るの象、且つ占に曰く「人臣 主を伐ち、應に善事を以て殃を除くべし」と。時に兩雄の王業已に定まり、特に人臣を以て取容するのみ。興和二（五四〇）年八月に至り、月又た心大星を犯す。後數年にして禪代す。（『魏書』巻一〇五之四　天象志四[29]）

とある。この天平元（五三四）年は北魏が東西に分裂し、東魏に孝静帝が即位した年である。もとより天象志の記載は、単に天文を記録するのみならず、それらを後付けで解釈し、時の為政者のために権威付ける側面をもっている。『魏書』の編纂と、禅譲の冊書の作成がともに魏収の手になることを考えると、東魏初年の記事の中に「時に兩雄の王業已に定まり、特に人臣を以て取容するのみ」という解釈が書かれていることは、少なくとも魏収にとって禅譲は東魏初年から予測できることであったのではないだろうか。東西魏の分裂以降、禅譲の可能性が現実味を帯びており、南朝への使者にも、その禅譲に関する知識を得て帰ってくることが期待されていたとしても不思議ではない。

これらの人物に加えて、南朝へ派遣された人物の帰国後の官職をまとめたのが**表4**（九四～九七頁）**表5**（九八

表4　東魏・北斉の使者の派遣前後の官職　※出典の算用数字は巻数を示す。

人名	年		派遣時の官職	派遣前	派遣後	出典
李諧	五三七	正	(兼)散騎常侍	無官	使還除大司農、加驃騎將軍(『魏書』) 使還後遷祕書監、卒於大司農(『北史』)	魏12・65 北43
盧元明	五三七	副	(兼)吏部郎中	中書侍郎	還拜尚書右丞	魏12・47
李業興	五三七	副	(兼)通直散騎常侍	通直散騎常侍・鎭南將軍・屯留縣開國子	還兼散騎常侍、加中軍大將軍	魏12・84
鄭伯猷	五三八	正	(兼)散騎常侍	護軍將軍・陽武子	使還除驃騎將軍、南青州刺史	魏12・56
宇文忠之	五三八	副	(兼)通直散騎常侍	中書侍郎	武定初、安南將軍、尚書右丞、仍修史	魏12・81
陸操	五三八	正	(兼)散騎常侍	不明	使還爲廷尉卿	魏12・北28
李同軌	五三八	副	(兼)通直散騎常侍	中書侍郎	不明	魏34・84 北33 酉陽雑組1
王昕	五三九	正	(兼)散騎常侍	常侍・金紫光祿大夫	使還、高隆之求貨不得、諷憲臺劾昕、收在江東大將商人市易、並坐禁止。齊文襄營救之。累遷祕書監	魏12・北24
魏收	五三九	副	(兼)通直散騎常侍	無官	使還、尚書右僕射高隆之求南貨於昕、收、不能如志、遂諷御史中尉高仲密禁止昕、收於其臺、久之得釋	魏12・北斉37
李象	五四〇	正	(兼)散騎常侍	開府諮議參軍・征東將軍	不明	魏12・72

邢昕	五四〇	副	通直散騎常侍・中軍將軍	通直散騎常侍・中軍將軍	齊文襄王攝選、擬昕爲司徒右長史、未奏、遇疾卒	魏85
崔長謙	五四〇	正	（兼）散騎常侍	司徒諮議參軍・金紫光祿大夫、修起居注	及還、未入境、卒	魏12・69 北24
陽休之	五四〇	副	（兼）通直散騎常侍	平東將軍・太中大夫・尚書左民郎中・新泰縣開國伯	武定二年、除中書侍郎	北斉42
封述	五四〇	隨	通直（散騎侍）郎	尚書三公郎中	還遷世宗大將軍府從事中郎、監京畿事	北斉43
李騫	五四一	正	（兼）散騎常侍	散騎常侍、殷州大中正、鎭南將軍、尚書左丞	後坐事免、論者以爲非罪……後詔兼太府少卿	魏12・36 北36
崔劼	五四一	副	（兼）通直散騎常侍	中書侍郎	天保初、以議禪代、除給事黄門侍郎、加國子祭酒、直内省、典機密	北斉42 酉陽雑俎3
李繪	五四二	正	（兼）散騎常侍	丞相司馬	使還拜平南將軍、高陽内史	魏12・北斉29
陽斐	五四二	正	（兼）散騎常侍	尚書郎	使還除廷尉少卿	魏12・北斉42
崔子侃	五四二	副	（兼）通直散騎常侍	無官	還卒於路	魏69 北斉23・北24
李渾	五四三	正	（兼）散騎常侍	光祿大夫	使還爲東郡太守	魏12・北斉29
魏季景	五四四	正	散騎常侍	給事黄門侍郎	還歷大司農卿、魏郡尹	魏12・北56
李獎	五四五	正	（兼）散騎常侍	中書侍郎	黄門郎	魏12・北100

崔肇師	五四五	副	（兼）通直散騎常侍	中正員郎（？）	中書舎人	魏12 北斉23 酉陽雑俎12
李緯	五四七	正	（兼）散騎常侍	司徒諮議參軍	使還除太子家令（『北史』）太尉高岳出討、系爲大都督司馬。師還、拜太子家令（『魏書』）	魏12・49 北33
王松年	五四七	副	通直散騎常侍	并州主簿	還歷位尚書（庫部）郎中	魏12・38 北斉35・北35
酈懐則	五五九	不明	不明	不明	武定末、司空長流參軍	北斉4・魏42
劉逖	五六〇	正	員外散騎常侍	無官	還兼三公郎中	北斉4・45 北42
劉逖	五六四	正	兼散騎常侍	中書侍郎	還除通直散騎常侍	北斉7・45 北42・通鑑169
崔瞻	五六二	正	（兼）散騎常侍	衛尉少卿（『北斉書』）、衛尉卿（『北史』）	還除太常少卿、加冠軍將軍（『北斉書』）襲爵武城公（『北史』）	北斉7・23 北24・通鑑168
封孝琰	五六二	正	（兼）散騎常侍、在道遙授中書侍郎	司空掾、祕書丞	還、坐受魏收囑、牒其門客從行事發、付南都獄、決鞭二百、除名（『北史』）	北斉7・21 北24
皇甫亮	五六四	正	（兼）散騎常侍	不明	以不稱免官。後除任城太守、病不之官、卒於鄴	北斉7・北38 通鑑169
王晧（季高）	五六四	正	（兼）散騎常侍	司徒掾	尋除通直散騎常侍	北斉8・北24 通鑑169

李翥	五六八	正	（兼）散騎常侍（北斉8・北8）、通直散騎常侍（北33）	待詔文林館	不明	北斉8 北8・33
李孝貞（元操）	五六八	副	（兼）通直散騎常侍	給事中	出爲太尉府外兵參軍	北斉8・43 北33・隋57
李騊駼	五七〇	正	（兼）通直散騎常侍	尚書郎、鄴縣令	後爲壽陽道行臺左丞	北斉22・北33
裴讓之	不明	正？	（兼）散騎常侍	大將軍主簿、中書舎人	選長兼中書侍郎、領舎人	北斉35
邢亢	不明	副？	（兼）通直散騎常侍	廣平王開府從事中郎	還除平東將軍、齊文襄王大將軍府屬	魏65
楊愔	不明	正	（兼）散騎常侍	給事黄門侍郎	輿疾還鄴	北斉43
李湛	不明	副？	（兼）通直散騎常侍	太子舎人	襲爵涇陽縣男	北斉29・北33
楊俊之	不明	副？	（兼）通直（散騎）常侍	不明	尚書郎	北47
魏愷	天保中	不明	不明	齊州長史	遷青州長史、固辞不就	北斉23
辛德源	不明	副？	（兼）通直散騎侍郎	不明	員外散騎侍郎	隋58・北50
辛德源	不明	副？	（兼）通直散騎侍郎	員外散騎侍郎	還待詔文林館、位中書舎人	隋58・北50
盧臣客	武平末	正	（兼）散騎常侍	太子中庶子	還卒於路	北斉42
崔儦	不明	不明	（兼）散騎侍郎	殿中侍御史	使還、待詔文林館。歴殿中、膳部、員外三曹郎中	隋76・24北
李蔚	不明	副	不明	尚書左兵郎中	還、坐將人度江私市、除名	北43
杜蕤	武平中	正	（兼）散騎常侍	大理少卿	吏部郎中	北斉24・北55

頁）である。北斉の場合、帰国後にあてがわれる官が無く文林館で次の官を待つ場合、特に「待詔文林館」と記載されるので、これは無官とは区別してある。

まず目に付くのが、免職や病気により辞官・死去する事例が一〇例と非常に多いことである。この大半は法令違反による免職であるが、第二章でも述べたように、東魏・北斉における権力の私物化や権力闘争の激しさを示しているといえよう。

	官職	就官者数	計
中書系	中書侍郎	2	4
	中書舎人	2	
門下系	散騎常侍	1	6
	通直散騎常侍	2	
	員外散騎侍郎	1	
	給事黄門侍郎	2	
尚書系	尚書右丞	2	7
	尚書郎	4	
	行台左丞	1	
地方官	州刺史	1	3
	郡太守	2	
地方属官	州長史	1	1
中央官	廷尉少卿	1	6
	太常少卿	1	
	大司農卿	2	
	廷尉卿	1	
	国子祭酒	1	
東宮系	太子家令	2	2
三公二大属官	司徒右長史	1	5
	司空長流参軍	1	
	太尉府外兵参軍	1	
	大将軍府従事中郎	1	
	大将軍府属	1	
将軍号	冠軍将軍	1	7
	驃騎将軍	2	
	中軍大将軍	1	
	平東将軍	1	
	平南将軍	1	
	安南将軍	1	
その他	失官・病没	10	10
参考	待詔文林館	2	2

表5　使者の帰国後の官職（東魏・北斉）

また、北魏期にはほとんどみられなかった中書・門下系以外の中央官への就官が大幅に増えている。北魏期には尚書一件、それ以外二件だったのが、東魏・北斉に入るとそれぞれ七件、六件となっている。同様に、北魏期にはみられなかった官として、三公（司空、司徒、太尉）、二大（大司馬、大将軍）の属僚となる事例が現れている。これに関しては、東魏時代に、大将軍となった高歓、高澄が自分の幕下に有能な人材を集めようとした結果であるが、いずれの場合も、帰国後、行政の中枢に入る外交官が増えたことが確認でき、これは、前述の魏斉革命が帰国した使者の手によって実行されたことと矛盾しない。ただし、中書・門下系官職への就官も前代に引き続き一定程度みられる。

これらから、東魏・北斉期には帰国後に中央行政に関与する割合が前代に比べて上がっているといえる。当時の東魏・北斉の貴族の中に、南朝文化に対する憧憬があったことも併せると、東魏・北斉の制度・文物に対して、帰国した使者が影響を与える余地は、むしろ北魏孝文帝の時代よりも大きかったのではないか。魏斉禅譲の儀注作成という東魏・北斉にとって最も重要な局面で、南朝への滞在経験のある人物が集められていたことは、その端的な表れであると考えられる。

三　隋の対陳使者と陳の平定

東魏、北斉と梁、陳との関係は、比較的友好的であった。侯景の乱による一時的な中断を除けば、北斉は滅亡寸前まで、陳との間に外交使節を交換している。

一方で、西魏・北周も南朝とは比較的友好的な関係を築いていた。江陵には西魏の傀儡国である後梁を建国し、また、かつて捕虜となっていた陳の皇室の陳頊（宣帝（位五六九〜五八二））を帰国させ、即位を後押ししたことで、北周と陳は同盟を結び、北斉を包囲することとなった。

この間の西魏・北周から梁・陳への外交使節について、『周書』には、外交使節に関する記載が詳細ではない。特に帰国前後の官歴の検討となると、西魏の恭帝三（五五七）年以降、北周では『周礼』になぞらえた独自の官を用いていたため、他の時代と単純に比較できない。派遣時の官職も一定しておらず、北魏・北斉・隋のように、一定のルールがあったようにはみえない（表6[30] 一〇二〜一〇三頁）。

北斉と北周が互いを仇敵とみなしていたため、北斉・北周・陳の三国鼎立期には、南北関係は比較的安定していた。北周による北斉の併呑（五七七）と、北周から隋への王朝交代（五八一）による華北の混乱が一段落すると、隋と陳の間では緊張が高まることとなる。

そのような状況下でも、隋と陳のあいだでは、最末期に至るまで外交使節の交換が続けられていた。その中で、使者派遣の目的と、帰国後の立場が明確になるのが、開皇四（五八四）年の薛道衡、豆盧寔の遣使である。

豆盧寔の墓誌[31]には、

其の年、通直散騎常侍を兼ね薛道衡と與に陳に聘す。時に朝議將に江表を圖り、既に亂を取り亡を侮らんと欲し、必ずや風を觀、俗を省みんことを須む。公の出使、義は斯に屬す。既に陳に至り、待遇は優厚、別に春秋一部、柘弓二張を賜ふ。公の術 文武を兼するを旨て故に斯の遺有り。復命の日、具に敵情を敘べ、甚だ皇心に會ひ、号して稱職と爲す。（「大隋故金紫光祿大夫豆盧公墓誌銘[32]」）

とあり、豆盧寔の派遣の主目的が、陳の「風を觀、俗を省」ることであり、帰国後、「具に敵情を敘べ」たことにより、職に称うとされたとある。

ところが、同時に使者となった薛道衡の伝には、

其年、散騎常侍を兼ね、聘陳主使たり。道衡因りて奏して曰く「江東は蕞爾たる一隅にして、僭擅すること遂に久し。實に永嘉已後、華夏分崩するに由る。劉、石、符、姚、慕容、赫連の輩、妄りに名號を竊み、尋ひで亦た滅亡す。魏氏は北自り南へ徂き、未だ遠略に遑あらず。周、齊兩立し、務《つとめ》は兼并に在り、所以に江表は誅を逋《のが》れ、年祀有るを積む。陛下は聖德天挺にして、寶祚を光膺し、三代に比隆し、九州を平一す。豈に區區の陳をして久しく天網の外に在らしむるを容れんや。臣今　奉使するに、責むるに稱藩を以ってせんことを請ふ」と。高祖曰く「朕且く養を含み、之を度外に置く。言辭を以て相ひ折する勿れ、朕が意を識れ」と。（『隋書』巻五七　薛道衡伝[33]）

とあり、陳を責めて称藩させようという薛道衡の提案に対して、隋の文帝は「言辭を以て相ひ折す勿れ」と事を荒立てないように言い含めている。これは、北斉期に「宴日、齊文襄（高澄）は左右をして之を覘はしめ、賓司の一たび勝を制すと言はば、文襄は之が爲に掌を拊つ」（『北史』巻四三　李諧伝）とあるように、「言辭を以て」相手をやり込めることが、国威の発揚と密接に関連していた状況とは大きく異なっている。

しかし、その薛道衡も、隋が陳へ征服戦争を仕掛けた時には、淮南道行台尚書吏部郎として晋王廣（後の煬帝（位六〇四～六一八））の幕僚として従軍している。同じく幕僚として派遣されていた高熲に、陳征服の成否について問われると、

表6　西魏・北周・隋の使者の派遣前後の官職

※出典の算用数字は巻数を示す。

人名	年		派遣時の官職	派遣前	派遣後	出典
鄭道邕（孝穆）	五五〇	正	散騎常侍	京兆尹	使還稱旨、進車騎大將軍、儀同三司、加散騎常侍	周35・北35
柳帶韋	不明	不明	不明	參軍	以奉使稱旨、授轉輔國將軍、中散大夫	周22・北64
杜杲	五六一	正	司會上士	司會上士	以杲奉使稱旨、進授都督、治小御伯、更往分界焉。	周5・39 通鑑168
杜杲	五六二	正	小載師？　治小御伯？	都督、治小御伯	朝廷嘉之、授大都督、小載師下大夫	周5・39 通鑑168
杜杲	五六六	正	治小納言、復聘於陳	大都督、小載師下大夫	中山公訓爲蒲州總管、以杲爲府司馬、州治中、兼知州府事	周5・39 通鑑169
杜杲	五六七	正	御正中大夫	司馬、州治中、兼知州府事	—	周5・39 通鑑170
杜杲	五七二	正	司城中太夫	—	還除司倉中大夫	周7・39 通鑑171
杜杲	五七九	正	御正中大夫	司倉中大夫	二年、除申州刺史、加開府儀同大將軍、進爵爲侯、邑一千三百戸	周7・39 通鑑173
鄭詡	五七一	正	納言	不明	後至開府儀同三司、大將軍、邵州刺史	周5・35 通鑑170
盧愷	五七四	副	禮部下大夫	禮部下大夫	尋授襄州總管司録	周5・32 隋56・通鑑171

崔彦穆	天和二?	正?	御正中大夫	御正中大夫	轉民部中大夫、進爵爲公	周36
韋沖	天和二?	不明	不明	衛公府禮曹參軍	奉使稱旨、累遷少御伯下大夫、加上儀同	隋47・北64
柳弘	不明	不明	不明	御正上士	使還拜内史都上士	周22・北64
柳雄亮	五八〇	不明	不明	内史中太夫・汝陽縣子	及還、會高祖受禪、拜尚書考功侍郎	隋47
許文經	開皇初	副?	(兼)通直散騎常侍	侍御史	尚書主爵侍郎	北斉43・北26
王劭	五八三	副	(兼)通直散騎常侍	著作佐郎	不明	隋1・69・北35
魏澹	五八三	副? 正?	通直散騎常侍(文帝紀) 散騎常侍(魏詹伝)	行臺禮部侍郎	還除太子舍人	隋1・58・76
薛道衡	五八四	正	(兼)散騎常侍	内史舍人	及八年伐陳、授淮南道行臺尚書吏部郎、兼掌文翰	隋1・57・北36
豆盧寔	五八四	副	通直散騎常侍	大都督、領右親衛中郎將	検校内史舍人	隋1 豆盧寔墓誌
崔儦	五八七	副	(兼)通直散騎常侍	給事郎、兼内史舍人	還授員外散騎侍郎	隋1・76・北24

（開皇）八年陳を伐つに及び、淮南道行臺尚書吏部郎を授け、文翰を掌るを兼ねしむ。王師の江に臨むや、高熲 夜に幕下に坐り、之に謂ひて曰く「今段の擧、江東を克定するや已不《いなや》。君試みに之を言へ」と。道衡答へて曰く「凡そ大事の成敗を論ずるに、先に須く至理を以て之を斷ずべし。禹貢の載する所の九州は、本 是れ王者の封域。後漢の季、羣雄競起し、孫權兄弟は遂に呉、楚の地を有す。晉武受命し、尋ひで即ち呑併するも、永嘉の南遷は、此の分割を重ぬ。爾れより已來、戰爭 息まず、否終斯く泰らかなるは、天道の恒なり。郭璞に云ふ有り『江東は偏王三百年にして、還りて中國と合す』と。今 數將に滿たんとす。運數を以て言はば、其の必克の一なり。德有る者は昌《さか》へ、德き無き者は亡ぶ、古より興滅は、皆な此の道に由る。主上は躬《みずか》ら恭儉を履み、庶政に憂勞す。叔寶は宇を峻《た》て牆を雕《かざ》り、酒を酣し色に荒たり。上下 心を離し、人神は同しく憤る。其の必克の二なり。爲國の體は、任寄に在り。彼の卿は、員に備ふるのみ。小人施文慶委を拔するに政事を以てし、尚書令江總は唯だ詩酒を事とし、本々經略の才非らず、蕭摩訶、任蠻奴は是れ其の大將なるも、一夫の用のみ。其の必克の三なり。我は有道にして大、彼は無德にして小、其の甲士を量るに、十萬を過ぎず。西は巫峽より、東は滄海に至るまで、之を分たば則ち勢 懸かにして力 弱く、之を聚むれば則ち此を守りて彼を失ふ。其の必克の四なり。席巻の勢、其れ疑はざるに在り」と。熲忻然として曰く「君の成敗を言ふや、事理分明たり。吾れ今 豁然たり。本と才學を以て相ひ期すも、籌略の乃ち爾のごときを意はず」と。

（『隋書』巻五七 薛道衡伝[34]）

薛道衡は天の数、君主の資質、臣下の器量、地勢を具体的に論じ、高熲から「本より才學を以て相ひ期すも、籌略の乃ち爾のごときを意はず」と感嘆されている。薛道衡は文人として北斉時代から名の知られた人物であると同時に、官歴としては諸王府の参軍、主簿に就き、また、北斉末には斛律孝卿に備周の策を献じるなど、軍事的な経験を積んでいた。陳征服の目算について、具体的な事例を挙げて分析することができたのは、薛道衡もまた、陳征服の準備として、外交使節として建業に赴いた際、情報収集を行っていたのであろう。

豆盧寔の墓誌にあるように、隋の陳に対する基本方針は、最終的に武力で征服することであった。この時期の隋陳外交では、隋は陳に対して慎重な姿勢を貫いており、しかも、その方針は、群臣の反対を押さえて文帝（位五五九～五六八）が主導したものであった。薛道衡に対して文帝が陳王朝との摩擦を避けるよう指示したことも、その方針の一環として見ることができる。豆盧寔が陳の情勢をうかがうスパイの目的で派遣されていたことや、薛道衡も陳の朝廷について詳細な知識を持っていたことから、隋にとって外交使節の交換は、北斉のように国威を宣伝する場ではなく、より実際的な敵情視察と、侵攻準備のための時間稼ぎという色合いが強かったといえよう[35]。

	派遣後官職	就官者数
中書系	中書舎人	1
門下系	散騎常侍	1
	員外散騎侍郎	1
尚書系	尚書郎	2
	行台郎	1
地方長官	州刺史	2
地方属官	州治中	1
	府司馬	1
	州総管司録	1
東宮系	太子舎人	1
北周系中央官	小御伯	1
	小戴師下大夫	1
	司倉中太夫	1
	内史都上士	1
	民部中大夫	1
	小御伯下大夫	1
北周系武散官	開府儀同大将軍	2
	儀同三司	1
	上儀同	1
将軍号	輔国将軍	1
	車騎大将軍	1
文散官	中散大夫	1

表7　西魏・北周・隋の帰国後官職の統計

これ以外の隋―陳間の外交使節からは、南朝での経験が帰国後に影響したかどうかが明らかである例はみられない。**表6**、**表7**には、西魏・北周・隋の南朝使節の派遣前後の官職と、その統計がある。前述のように、北周の一時期は、官制がその前後と異なっており、単純に比定することが困難であるため、別に集計した[36]。

北周・隋代の使者の帰国後の官歴について、事例が少なく、一定の傾向を見いだすことは難しいが、従来と同様、中書、門下系統の官職への就官が確認できる。ただし、隋代に入ると、それまで見られなかった文散官のみが与えられる事例が現れることは指摘できる。官員候補者の増加と、与えられる実職の不足から、隋唐時代には文散官のみ与えられる事例が増加するが、南朝への使者となっても、優先的に官を与えられるとは限らなくなったことを示している。

おわりに

北魏期、東魏・北斉期、西魏・北周・隋期の三つに分けて、南朝への使者となった人物が南朝での知識を活用した事例と、帰国後の使者の官歴について検討してきた。

北魏から隋を通して、散騎常侍、散騎侍郎などの門下系官職と、中書侍郎、中書舎人などの中書系官職への就官が見られる。これらの官は、制度や政策に影響を与えられる官職であり、南朝での経験を政策へ反映する余地は継続して存在していた。

時代毎の特色として、北魏期には、帰国後、南朝との国境や、旧南朝領の地方官となる事例が多くみられる。一方、東魏・北斉期には、地方官よりも尚書・中央官への就官が多くみられた。西魏・北周期については、事例が少ないが、隋代には陳征服戦争を目前に控え、政情など敵情をスパイすることが重視されたといえる。

従来の研究では、北魏のいわゆる「漢化」について、南朝との外交使節による知識の交換が重要視されてきた。しかし、北魏期の使者は地方官への就官も多く、南朝の影響の代表とされる蔣少游の事例は例外的なものであった。改革を行った孝文帝は、南朝文化に心酔していたとされるが、主要な改革が完了しないうちに、自ら南朝との外交関係を断絶させている。

東魏・北斉期になると、南朝への使者が帰国後、中央の要職に就く事例が増える。魏斉革命の儀注を、南朝へ派遣経験のある人物が集まって作成しており、東魏・北斉の時期にも、北朝が南朝から影響を受ける要素は残っていたといえる。隋代に入ると、南朝との対決が目前に迫り、外交使者にも敵地の偵察を求められた。

孝文帝の改革に、南朝の文化制度の影響があったことは否定できない。しかし、従来その経路の一つとされた、外交使節は、帰国後の使者が中書・門下系の官に就任するなど、一定の影響はあったものの、主要な要因とはいいがたかった。

むしろ、外交使節の意義は、北魏から北斉まで、北朝の大半を通じて（断絶期間があるとはいえ）継続的に南朝の影響を媒介した点にあるといえるのではないか。

ところで、孝文帝の改革に影響を与えた要素として、外交使節とともに、南朝からの亡命者である王肅・劉昶の存在が指摘されている。これら亡命者が北朝社会に与えた影響はいかなるものであったのかについては、次章以降で検討することとしたい。

【注】

（1）蔡宗憲『中古前期的交聘与南北互動』（稲郷出版社、二〇〇八）一〇七頁、および黎虎『漢唐外交制度史』（蘭州大学出版社、一九九八）一八八〜一九一頁参照。

（2）例えば松下憲一『北魏胡族体制論』（北海道大学出版会、二〇〇七）九六〜九七頁。

（3）後爲散騎侍郎、副李彪使江南。高祖修船乘、以其多有思力、除都水使者。遷前將軍、兼將作大匠、仍領水池湖泛戲舟楫之具。及華林殿、沼修舊增新、改作金墉門樓、皆所措意、號爲妍美。

（4）九年、遣使李道固、蔣少游報使。少游有機巧、密令観京師宮殿楷式。清河崔元祖啓世祖曰「少游、臣之外甥、特有公輸之思。宋世陷虜、處以大匠之官。今爲副使、必欲模範宮闕。豈可令氈鄉之鄙、取象天宮。臣謂且留少游、令使主反命」。世祖以非和通意、不許。少游、安樂人。虜宮室制度、皆從其出。

（5）永明九年、魏使李道固及蔣少游至。元祖言「臣甥少游有班、倕之功。今來必令模寫宮掖、未可令反」。上不從。少游果圖畫而歸。（なお「公輸之思」（『南斉書』）「班、倕之功」（『南史』）については『後漢書』列伝四二に引く崔篆の慰志賦に「應規矩之淑質兮、過班、倕而裁之」とあり、これについて唐の李賢注では「公輸班、魯人也。倕、舜時爲共工之官。皆巧人也」と説明している）。

（6）『魏書』巻九一　芸術伝　蔣少游「始北方不悉青州蔣族、或謂少游本非人士、又少游微因工藝自達、是以公私人望不至相重。唯高允、李沖曲爲體練、由少游舅氏崔光與李沖從叔衍對門婚姻也」。

（7）及詔尚書李沖與馮誕、游明根、高閭等議定衣冠於禁中、少游巧思、令主其事。亦訪於劉昶。二意相乖、時致諍競、積六載乃成、始班賜百官。冠服之成、少游有效焉。後於平城將營太廟、太極殿、遣少游乘傳詣洛、量準魏晉基趾。

（8）北魏洛陽城において蔣少游の与えた影響が限定的であったことについては、張学鋒著／小尾孝夫訳「六朝建康城の研究――発掘と復原」（『山形大学歴史・地球・人類学論集』一三、二〇一二）。

（9）外交使節となる人物は、本来の官とは別に、門下系の官を帯びていたが、帰国の報告と共に、帯官を返上し、元の官に戻ると考えられていた。しかし、南朝に三度使いした游明根、六度使いした李彪らの伝記から判断する限り、彼らは連続して派遣されている期間、本官に戻った形跡がみられない。孝文帝の改革以前の北魏の派遣と帯官については、それ以降の使者の派遣と同じように考えて良いか、今後の検討の余地があるように思える。南北朝隋唐の使者の帯官については石暁軍「隋唐時代における対外使節の假官と借位」（『東洋史研究』六五―一、二〇〇六）参照。帰国後の使者の儀礼については、梁満倉「南北朝通使芻議」（『北朝研究』一九九〇―三、のちに『漢唐間政治与文化探索』（貴州人民出版社、二〇〇〇）収録）参照。

（10）除假節、鎭遠將軍、齊州刺史。州接邊境、將士數相侵掠。度世乃禁勒所統、還其俘虜、二境以寧。

（11）この段階ではまだ、孝文帝の主要な改革とされる姓族分定（太和一九（四九五）年）も、官制改革（太和二三（四九九）年も完了していない。

(12) 捕虜・亡命者の返還を通じた南北朝間の関係改善については本書第六章参照。
(13) 谷川道雄『隋唐帝国形成史論』(筑摩書房、一九七一) 第Ⅲ編第二章「北斉政治史と漢人貴族」参照。
(14) 岩本篤志「北斉政権の成立と「南士」徐之才」(『東洋学報』八〇―一、一九九八)。
(15) 宮川尚志『六朝史研究　政治・社会編』(日本学術振興会、一九五六) 第二章「禅譲による王朝革命の研究」。
(16) 徐之才、宋景業等毎言卜筮雜占陰陽緯候、必宜以五月應天命。德正亦敦勸不已、仍白文宣追魏收。收至、令撰禪讓詔册、九錫、建臺及勸進文表。至五月初、文宣發晉陽。德正又錄在鄴諸事條進於文宣。文宣令陳山提馳驛齎事條并密書與楊愔。山提以五月至鄴、楊愔即召太常卿邢卲、七兵尚書崔㥄、度支尚書陸操、太子詹事王昕、給事黃門侍郎陽休之、中書侍郎裴讓之等議撰儀注。
(17) 北魏の「正統」意識については川本芳昭「五胡十六国・北朝時代における「正統」王朝について」(『魏晋南北朝時代の民族問題』(汲古書院、一九九八) 第一篇第二章、初出『九州大学東洋史論集』二五、一九九七) 参照。
(18) 收兼通直散騎常侍、副王昕使梁……時齊將受禪、楊愔奏收置之別館、令撰禪代詔册諸文、遣徐之才守門不聽出。天保元年、除中書令、仍兼著作郎、封富平縣子。
(19) 元象元年、兼散騎常侍、聘梁、魏收爲副、並爲朝廷所重……齊文宣踐阼、拜七兵尚書。以參議禮、封宜君縣男。
(20) 操仕魏、兼散騎常侍聘梁、使還、爲廷尉卿。
(21) 尋屬勝南奔、仍隨至建業。休之聞高祖推奉靜帝、乃白勝啓梁武求還、以天平二年達鄴、仍奉高祖命赴晉陽。……興和二年、兼通直散騎常侍、副清河崔長謙使於梁。……尋以禪讓之際、參定禮儀、別封始平縣開國男、以本官兼領軍司馬。
(22) 後兼散騎常侍聘梁……齊受禪、靜帝遜居別宮、與諸臣別、讓之流涕歔欷。以參掌儀注、封寧都縣男。
(23) 又兼散騎常侍、爲聘梁使主。至碻磝戍、州內有愔家舊佛寺、入精廬禮拜、見太傅容像、悲感慟哭、嘔血數升、遂發病不成行、輿疾還鄴。
(24) 尋兼通直散騎常侍、聘梁副使。轉中書舍人。天保初、參定禪代禮儀、封襄城縣男、仍兼中書侍郎。
(25) 後除光祿大夫、兼常侍、聘使至梁……以參禪代儀注、賜爵涇陽縣男。
(26) 興和三年、兼通直散騎常侍、使于梁。天保初、以議禪代、除給事黃門侍郎、加國子祭酒、直內省、典機密。
(27) 後降梁、以母兄在北、求還、梁武不奪也……復爲尚書殿中郎、攝儀曹事。以參撰禪代儀注、封楡中男。

(28) 初、文襄擇日將受魏禪、令元景等定儀注、草詔冊并授官、未畢而文襄殂、罷府。

(29) 天平元年閏月、月掩心大星。二年八月、又犯之、相去七寸。十一月、又掩心小星。相臣逼主之象、且占曰「人臣伐主、應以善事除殃」。時兩雄王業已定、特以人臣取容而已。至興和二年八月、月又犯心大星。後數年而禪代。

(30) 北周の官制については、『周書』巻二四 盧辯伝に「自茲厥後、世有損益。宣帝嗣位、事不師古、官員班品、隨意變革。至如初置四輔官、及六府諸司復置中大夫、并御正、内史增置上大夫等、則載於外史。餘則朝出夕改、莫能詳錄。于時雖行周禮、其内外衆職、又兼用秦漢等官」とあり、『周書』が編纂された唐代には既に詳細が分からなくなっていたことが知れる。北周の官制については王仲犖『北周六典』（中華書局、一九七九）参照。

(31) 「大隋故金紫光録大夫豆盧公墓誌之銘」『北京図書館蔵中国歴代石刻拓本彙編』、趙万里『漢魏南北朝墓誌集釈』『隋代墓誌銘彙考』等に著録。出土年・出土地不明。現在の所蔵は河南省博物館。

(32) 其季、兼通直散騎常侍與薛道衡聘陳。于時朝議將圖江表、既欲取亂侮亡、必須觀風省俗。公之出使義屬於斯。既至于陳、待遇優厚、別賜春秋一部、柘弓二張。㠯公術兼文武故有斯遺。復命之日、具敘敵情、甚會皇心、号爲稱職。

(33) 其年、兼散騎常侍、聘陳主使。道衡因奏曰「江東蕞爾一隅、僭擅遂久、實由永嘉已後、華夏分崩。劉、石、符、姚、慕容、赫連之輩、妄竊名號、尋亦滅亡。魏氏自北徂南、未遑遠略。周、齊兩立、務在兼并、所以江表逋誅、積有年祀。陛下聖德天挺、光膺寶祚、比隆三代、平一九州。豈容使區區之陳久在天網之外。臣今奉使、請責以稱藩」。高祖曰「朕且含養、置之度外、勿以言辭相折、識朕意焉」。

(34) 及八年伐陳、授淮南道行臺尚書吏部郎、兼掌文翰。王師臨江、高熲夜坐幕下、謂之曰「今段之擧、克定江東已不。君試言之」。道衡答曰「凡論大事成敗、先須以至理斷之。禹貢所載九州、本是王者封域。後漢之季、羣雄競起、孫權兄弟遂有吳、楚之地。晉武受命、尋即呑併、永嘉南遷、重此分割。自爾已來、戰爭不息、否終斯泰、天道之恒。郭璞有云『江東偏王三百年、還與中國合』。今數將滿矣。以運數而言、其必克一也。有德者昌、無德者亡、自古興滅、皆由此道。主上躬履恭儉、憂勞庶政、叔寶峻宇雕牆、酣酒荒色。上下離心、人神同憤、其必克二也。爲國之體、在於任寄、彼之公卿、備員而已。拔小人施文慶委以政事、尚書令江總唯事詩酒、本非經略之才、蕭摩訶、任蠻奴是其大將、一夫之用耳。其必克三也。我有道而大、彼無德而小、量其甲士、不過十萬。西自巫峽、東至滄海、分之則勢懸而力弱、聚之則守此而失彼。其必克四也。席卷之勢、其在不疑」。熲忻然曰「君言成敗、事理分明、吾今豁然矣。本以才學相期、不意籌略乃爾」。

（35）このような隋の外交使節の使い方は、北周の対北斉外交の影響を多分に受けていると考えられる。李文才によれば、北周の対北斉使は、表面上は友好を確認し、盟約を結ぶためのものであったが、主目的は北斉の国内情報を持ち帰るところにあったとされる。李文才「試論北周外交的几个問題」（李文才『魏晋南北朝隋唐政治与文化論稿』世界知識出版社、二〇〇六、初出『北朝研究』二〇〇四―四）参照。

（36）隋初の官名は北周の影響で北魏・唐代と内容が同じでも名前が異なっている事例があるが、内容的に一致するものについては、『唐六典』『通典』などの記載に従い、北魏のものと比定できるものは比定してある。（内史侍郎→中書侍郎など）

第四章　府佐属僚からみた北魏の亡命氏族

はじめに

本章では、南朝から北魏へ亡命した氏族の官歴に注目し、亡命氏族の北魏貴族社会における立場を論じる。すでに多くの研究で、南朝から北魏に逃れた亡命者が、北魏の文物制度に大きな影響を与えていたことが指摘されている[1]。特に、孝文帝期に亡命した劉昶・王粛は、いわゆる漢化政策において大きな役割を果したとされている[2]。彼らに代表される亡命者が北魏の貴族社会の中でどのような立場にあったのかを、（1）亡命者がどのような人物を属僚としたのか、（2）亡命者がどのような人物の幕府に呼ばれたのか、の二点について検討したい。

魏晋南北朝時代の地方長官には、一般に二つの肩書を持っていた[3]。一つは民政を司る州刺史、もう一つは軍事を司る将軍号である。地方長官の属僚も、二つの肩書きに対応して、二系統に分かれていた。州刺史の属官として、治中・別駕を筆頭とする州佐吏と、将軍府の属官として、長史・司馬に代表される府佐僚の系統である。民政と軍事という、本来別々の職分を持つ二系統の属僚は、西晋以降、州刺史が将軍号を帯びることが常となるにしたがい、職務の境界が曖昧になっていった。南北朝期には、将軍府の属僚である府佐が、州刺史の属僚である州佐の上位に位置していたとされ、やがて、隋に入ると州佐は郷官と呼ばれ廃止されていく。

州佐吏については、地方行政の円滑な運営のため、主に刺史が任地の有力な氏族の子弟から選抜して、これに充てていた[4]。一方で、府佐については、府主が推挙し、中央の吏部や皇帝に承認されてはじめて任用できる建前であった。しかし、濱口重国は「南北朝時代では長史・司馬・諮議参軍の如き高品の府官も亦、府主が已によき人、信頼し得る人、乃至は親戚などから豫め選定し、之れを朝廷に奏請して勅許を得る場合が甚だ多く、其れが又概ね通る状況にあつた」と述べている[5]。実際に南朝では、府主の遷官に府佐が附いていく「随府府佐」の例が多数見られ、これは府主と府佐の間に、上司と部下という職務上の関係以上の、私的な信頼関係が存在し、最終的な人事権を持つ吏部や皇帝も、それを承認する場合が多かったことを示している[6]。さらには、府佐が転任して、府から去った後にも、府主との私的な関係は存続していた（少なくとも「存続すべき」と考えられていた）とされる[7]。

以上のように、府主による辟召は、当時の貴族社会における私的関係が公的な組織編成として表出したものとみることも可能であろう。厳耕望によれば、北朝の府主府佐関係には中央からの介入も多く、一概に南朝と同じような人的結合があったと断言できないとしているが[8]、南朝で幼少期を過ごした亡命者に限定するのであれば、府主・故吏の関係は北朝の人間以上に強く意識されるものであったであろう。

貴族社会の一つの特徴として、門生・故吏といった私的な関係と、官位・官職といった公的な関係が連続している点がある。そこで、本章では南朝からの亡命氏族の府主・府佐関係という公的な関係性から、北魏における亡命氏族と他の氏族との私的な関係を検討する。

一　劉昶・王粛の府佐の構成

まず、孝文帝の改革の中心人物として常に名を上げられる亡命者――劉昶と王粛――を例に取り、彼らの府佐にどのような人物がいたかを検討したい。**表1**は、劉昶、王粛の地方府の府佐となった人物の一覧である。網掛けになっている人物は、南朝からの亡命氏族、あるいはその子孫である。また、自薦・他薦があったものの、就任しなかった人物については、備考欄に記入している。

No.	府主	府	人名	官職	出身	出典	備考
1	劉昶	宋王大将軍府	王肅	長史	瑯琊王氏	魏63	
2			陽固		北平陽氏	魏72	
3			袁濟	諮議参軍	陳郡袁氏	北27	
4			韋欣宗		京兆韋氏	魏45	
5			沈保沖	外兵参軍	呉興沈氏	魏61	
6			薛和	行参軍	河東薛氏	魏42	
7			杜祖悦	参軍事	京兆杜氏	魏45	
8			高祐	王国傅	勃海高氏	魏57	
9			申景義	王国侍郎	魏郡申氏	魏61	
10			崔挺	長史	博陵崔氏	魏57	詔によって任命就官せず
11			殷靈誕	司馬	？	南斉57	就官できず
12			韓顯宗	諮議参軍	昌黎韓氏	魏60	就官できず
13	王肅	豫州平南（鎮南）府	傅永	長史	清河傅氏	魏70	
14			趙超宗		天水趙氏	魏52	
13			傅豎眼	参軍事	清河傅氏	魏70	
15		揚州車騎府	韋纘	長史	京兆韋氏	魏45	
16			潘永基	主簿	長楽潘氏	魏72	
17			申景義	録事参軍 右司馬	魏郡申氏	魏61	
18			張熠	録事参軍	南陽張氏	魏79	

表1　劉昶・王肅の属僚一覧　＊網かけの人物は南朝からの亡命貴族あるいはその子孫

A　劉昶の府佐について

まず孝文帝の改革前半期の中心物となった劉昶についてみてみたい。

時に朝儀を改革す。昶に詔して蒋少游と與に其の事を専主せしむ。昶の舊式を條上するに、略ぼ遺忘あらず。（『魏書』巻五九 劉昶伝[9]）

とあるように、劉昶は蒋少游とともに、孝文帝の朝儀改革を担当しており、漢化政策のブレーンの一人であった。

劉昶は、劉宋の文帝劉義隆の九男であり、劉宋において義陽王に封じられ、徐州刺史として長らく魏宋国境に鎮していたが、前廃帝劉子業の粛清を恐れ、北魏の和平六（四六五）年、北魏に逃れた。

北魏では丹陽王に封じられ、外都坐大官、内都坐大官を歴任し、孝文帝のときに儀曹尚書を領し、朝儀の改革を司った。のちに太和一八（四九四）年に斉郡開国公、宋王、大将軍に任じられ、太和二一（四九七）年、六二歳で死去した。北魏の劉昶に対する待遇は非常に手厚く、三度にわたって公主を娶せ、子の劉承緒、劉輝にも公主を降している。

劉昶が大将軍の職にあったのは死去する直前の三年間だけであった。しかし、このときの属僚について、史書ではかかわった人物についての多くの記録が残っている。そのため、劉昶の属僚をみることで、孝文帝改革期の亡命氏族の人間関係の一端をうかがうことができよう。

（一）長史

劉昶が大将軍に任じられたとき、詔によって推薦されたのは、山東の名族博陵崔氏の崔挺であった。しかし、崔挺は病気を理由に就官せず、代わりに前年、南斉から亡命してきたばかりの王粛が長史となった。[10] 王粛はその後、孝文帝の漢化政策の中心的人物となるが、北魏でのキャリアを劉昶の大将軍府の長史から始めている。王粛は早くもその翌年、平南将軍、豫州刺史に抜擢され、大将軍府を去っている。王粛が抜けた後は、城局参軍の陽固が兼任していた。[11]

陽固は北平無終の人。同時期に高閭、李沖の推挙を受けて幽州中正となった陽尼と同族である。劉昶が都督として外征した時からの古い部下であり、最初は板行参軍として幕下にあったが、その直言によって見いだされ、正式に城局参軍に登用された。王粛が府を去った後は長史の任を兼ねていたが、父母の喪のために官を離れた。宣武帝期の律令改革にもかかわっている。

（二）司馬

大将軍府司馬については就官者が不明である。ただし、『南斉書』には、

虜の豫州に寇するに及び、（殷）靈誕は因りて劉昶の司馬と爲らんと請ふも、獲ず。（『南斉書』巻五七　魏虜伝[12]）

とある。殷靈誕は、劉宋末年に使者として北魏に派遣され、王朝交代によって帰国できなくなった人物である。彼が劉昶の司馬の職を求めたが許されなかったことが記されている。

（三）諮議参軍

将軍府の幕僚の呼称である参軍の中でも諮議参軍はその筆頭とされていた。官品上でも諸曹参軍と比較して一段高く設定されており、長史・司馬に次ぐ位置であった。劉昶が府を開くにあたっては、陳郡陽夏の袁濟を諮議参軍として登用している[13]。袁濟の父袁式は晋宋革命時に後秦に逃れ、後秦の滅亡とともに北魏へやってきた亡命者であった。劉昶はまた、皇興年間（四六七～四七一）に入国した袁宣を庇護し、同族の袁濟に面倒を見させていた[14]。

このとき、韓顯宗も袁濟と諮議参軍の職を争ったが、孝文帝によって止められている[15]。韓顯宗は昌黎棘城の人。太和年間（四七七～四九九）に秀才に挙げられ、中書侍郎として孝文帝の改革の立案に関与し、李沖・李彪らとともに、賢才主義を主張している[16]。孝文帝の南征に従軍し、新野の戦いで軍功を上げた際には、

臣 頃ごろ聞くならく鎮南将軍王肅は賊の二三、驢馬の數匹を獲、皆な露布を爲すと。臣 東觀に在り、私に毎に之を哂ふ。近ごろ仰いで威靈に憑《よ》り、醜虜を摧くを得ると雖も、兵寡く力弱く、擒へ斬るもの多からず。脱し復た高く長鎌を曳き、虚に功捷を張り、尤にして之を效はば、其の罪彌よ甚し。臣の毫を斂し帛を巻いて、上に解かせんとする所以のみ。（『魏書』巻六〇 韓顯宗伝[17]）

と述べ、劉昶の長史から鎮南将軍となった王肅に対して激しいライバル意識を見せていた。

袁濟の後、韋欣宗の諮議参軍就任が確認できる。韋欣宗は京兆杜陵の人であるが、父の韋道福は先の袁宣とともに、皇興年間に北魏へ亡命し、劉昶が大将軍府を置いた徐州の彭城に居を構えていた。韋欣宗自身も、「歸国の勲を以て」杜縣侯に任じられている。韋欣宗は孝文帝の初年に彭城内史となった経歴があり、また、劉昶の死後、徐州刺史となった廣陵侯元衍は、引き続き韋欣宗を長史兼彭城内史として招聘している[18]。

（四）それ以外の府佐・属官

先に見た陽固が、板行参軍から正参軍に抜擢され、更に長史を兼ねていた他、薛和[19]、杜祖悦[20]らが大将軍府の参軍となっている。薛和は河東汾陰の人。北魏が長安を劉裕から奪取したときに登用された晋の平陽太守薛辯の孫である。劉昶の府の行参軍が初任官であった。薛和は後に西道行台となり傅豎眼らを率いて梁を破っている。

杜祖悦は、関西の名族杜氏に連なるが、このときは趙郡に僑居していた。劉昶の府の後、天水・仇地二郡太守、行南秦州刺史に転任している。

外兵参軍には沈保沖の就任が認められる[21]。呉興武康の人で、父の沈文秀は劉宋の青州刺史として、北魏に抵抗して捕虜になった人物であった。沈保沖は奉朝請から大将軍宋王府外兵参軍となり、その後、南徐州冠軍府長史となっている。

劉昶は大将軍府の僚佐以外に、宋王に封じられていたため、王国付きの属僚があった。[22] 念のため、こちらの属僚も確認しておきたい。王国傅となった高祐[23]と、王国の従事中郎となった申景義[24]の二名である。高祐は山東の名族、渤海高氏の出身である。父の高讜は崔浩とともに著作の任にあたり、冀青二州中正となり、高祐自身も冀州大中正となった。また、孝文帝のとき秘書令となり、秘書丞の李彪とともに国史の監修にあたった。劉昶の死後は、宗正卿となったにもかかわらず彭城に留まって都に帰還せず、宗正の任を解かれている。

一方、申景義は南朝からの降人である。父の申纂は劉宋の兗州刺史であったが、慕容白曜の淮北侵攻に抵抗して捕虜となり、城内で火事が起きた際に巻き込まれて焼死した。申景義は北魏に仕え、散員士から劉昶の王国侍郎となった。後述するように、その後、王粛の揚州車騎府の録事参軍、右司馬となっている。

B　王粛の府佐について

次に、王粛の府の属僚について検討する。

王粛は南朝随一の名門、瑯琊王氏の出身である。父の王奐は南斉の雍州刺史であったが、太和一七（四九三）年に大逆の罪で誅殺され、王粛は北魏に逃れた。孝文帝は王粛を重用し、王粛もまた、「君臣の際は猶ほ玄徳の孔明を遇するがごときなり」（『魏書』巻六三　王粛伝）と述べて、孝文帝との関係を三国時代の劉備と諸葛亮の関係にたとえている。王粛は劉昶の大将軍府長史を経て、太和一九（四九五）年頃、平南将軍、豫州刺史に任じられ、孝文帝の南征に従軍した。この後、軍功により一度鎮南将軍に昇格したが、渦陽での敗戦（四九八）により再び平南将軍に降格されている。久しく豫州刺史の任にあったが、太和二三（四九九）年、孝文帝の遺詔により中央に呼び戻され尚書令となった。しかし、景明元（五〇〇）年、南斉から裴叔業が降ると、車騎将軍、揚州刺史として彭城王

短期間ながら宣武帝期の揚州刺史時代に分けられる。

元勰とともに寿春に出鎮し、その翌年、寿春で死去した。したがって、王肅の府佐は孝文帝期の豫州刺史時代と、

（一）豫州刺史時期の府佐

豫州刺史時代の府佐については、王肅が豫州に赴任する際、傅永を長史として辟召したことが記されている。[25] 傅永は清河の人であるが、北魏の青州平定に抵抗した崔道固の城局参軍であり、平斉民とされ十数年にわたって飢えと寒さに苦しんだという。渦陽での敗戦に坐して一度官爵を失うも、景明初め、彭城王元勰、廣陵侯元衍、王肅らとともに寿春に鎮していたことが確認できる。ただし、このときの肩書は統軍であり、すぐに汝陰鎮将に転出している。王肅と同じ場所にいたものの、直接の統属関係はなかったとみてよい。

傅永が失職した渦陽の敗戦によって、王肅も鎮南将軍から平南将軍に降格されている。このとき、趙超宗が傅永の後任として長史となっている。[26] 趙超宗は天水の人とあるが、元々南朝に仕えていた人物であり、太和年間に北魏に逃れてきている。豫州平南府長史と同時に、汝南太守を帯びた。任地では賄賂を受け取り、それを孝文帝の弟である北海王元詳に貢いでいた。

豫州刺史時代の属僚であったことが確認できるのは、これ以外に傅豎眼がいる。[27] 傅豎眼は清河の人であるが、父の傅靈越は劉宋―北魏―劉宋と渡り歩き、最後は劉宋の晋安王劉子勛の乱に荷担して刑死した。子の傅豎眼は北魏に逃れ、王肅の参軍となった。後に給事中、歩兵校尉となり、各地を転戦した。

このように、豫州刺史時代の王肅の属僚であったことが判明している人物は、すべて南朝からの亡命者であった。これについては、王肅が孝文帝から受けていた特例措置が関係していると考えられる。

王肅が義陽へ侵攻する際に、孝文帝は以下の様な詔を出している。

（王）粛に詔して蕭鸞の義陽を討たしめ、壮勇を招募して以て爪牙と為すを聴す。其れ募士に功有らば、賞は常募に加へること一等。其れ粛に従ひて行く者は、六品已下は先に擬用し、然る後表聞するを聴す。若し投化の人あらば、五品已下は先に即ちに優授するを聴す。（『魏書』巻六三　王粛伝[28]）

孝文帝の詔によれば、
（1）王粛が募った兵士が功績を挙げた場合、通常の募兵よりも一段高い賞与を与えること。
（2）属官で六品以下のものは、先に任用して、事後承諾を求めれば良いこと。
（3）亡命してきたものについては、五品以下の官位に任用することを認めること。
という三つの優遇措置を王粛に与えている。（3）については「若し投化の人あらば」という条件を設けている。王粛が就任した平南将軍は北魏の太和後令では正三品であり、その長史・司馬は従五品上、諮議参軍は正六品上、録事参軍は正七品上、功曹・記室・戸曹・倉曹・中兵参軍が正七品下、その他列曹参軍が従七品上であった。孝文帝の詔は府の属僚の任命権を与えた上で、本来皇帝の裁可が必要な勅任官の一部まで、官を与える裁量を認めたものであった。

（二）揚州刺史時代の府佐

孝文帝の死後、尚書令となった王粛は、その一年後に車騎将軍・揚州刺史として寿春に赴いた。王粛が寿春に出鎮したのが景明元年正月のこと、在地で没したのが景明二（五〇一）年七月のことであり、揚州車騎府はわずか一年半しか存続していなかった。しかし、その間の属僚について、史書からある程度明らかにすることができる。まず、長史については、王粛が出鎮するときに長兼尚書左丞であった韋纘を長史、梁郡太守に招いている。[29]韋纘は京兆杜陵の人。劉昶の諮議参軍であった韋欣宗は同族である。王粛の死後、臨時に州刺史を代行し、後任の任城王元澄の府でも引き続き長史となった。

主簿には潘永基が就任している[30]。潘永基は長楽広宗の人。王粛の府に来る以前は、西硤石戍主として、陳留・南梁二郡を統括するなど、南朝との最前線にいた。王粛の府の後には、虎賁中郎将、直寝、前将軍として都に呼び戻されている。東魏の時代まで生き延びて、最終的には東徐州刺史で官を終えている。

また、劉昶の王国従事中郎だった申敬義が、録事参軍、右司馬となったという。史書には「録事参軍、右司馬」と併記してあるが、張熠も後に録事参軍となっていることを考えると、申敬義が録事参軍から右司馬に遷り、その後任に張熠が入ったと考えるのが妥当であろう。張熠は自称南陽西鄂の人で、漢の侍中張衡の十世孫というが、実際のところは無名の家柄であった[31]。奉朝請から揚州車騎府録事参軍となり、歩兵校尉に遷っている。最終的に東魏の鄴都造営に功があり、東徐州刺史となっている。

これ以外にも、職位は不明だが、夏侯道遷も王粛に従って寿春に入ったとの記述がある。夏侯道遷は譙の人。南斉の南譙太守となり寿春を守るが、徐州刺史の裴叔業とそりが合わず、単騎で北魏へ走った。北魏で驍騎将軍に任じられ、王粛に従って寿春に入ったが、王粛の死後再び南朝に帰っている。後に梁の漢中太守となるが、三度叛走し北魏に入った。宣武帝に謁見した夏侯道遷は、王粛の死後の叛走について、韋纘の讒言があったことを理由としている[32]。

同じく、裴邃も王粛に従って寿春に入り、南奔している。裴邃は河東聞喜の人であり、同族の裴叔業に従って北魏に仕えた。しかし、南朝に戻るために王粛に従って寿春に入り、のちに南帰を果たしている[33]。

以上、確認してきたように、劉昶の府では、就任が判明している八人のうち五人が、王粛の府でも七人のうち四人が、南朝出身者あるいはその子孫であった。さらに、当時北魏の名族といわれた博陵崔氏の崔挺は、劉昶の長史となるよう孝文帝の詔があったにもかかわらず、疾病のため就任を拒否している。それ以外の華北名族でも、渤海高氏の高祐がみられる以外、清河崔氏、趙郡李氏、弘農楊氏などの氏族の名はみられない。

もう一点、王粛の豫州平南府に同じ清河傅氏で南朝からの亡命者である傅永と傅豎眼がおり、劉昶の諮議参軍の韋欣宗と王粛の揚州車騎府長史であった韋纘は同族であった。また、申景義は劉昶の王国侍郎から王粛の録事参軍に転じている。劉昶の子の劉文遠も、王粛と同時期に寿春で統軍となっており、王粛の暗殺を図って誅殺されていることから、王粛の属僚となっていた可能性がある(34)。

冒頭にも述べたように、府主と府佐の関係は、時には中央からの介入があるものの、多くの場合は個人的な縁故や信頼関係に基づいている。劉昶、王粛の属僚には、彼らの府に南朝から北魏へ亡命してきた一族が多く登用されている。彼らが北魏へやってきた理由はそれぞれ別であるが、彼らは当時の北魏の貴族社会では「亡命者の子孫」という枠組みで認識されていたのではないか。

さらに検証を進めるため、次に亡命者の子孫が仕えた府の府主について検討してみたい。

二　亡命者の子孫の府主について

前節では、亡命者の府にどのような人物が参加していたのかをみてきた。王粛は北魏に亡命した当初、亡命氏族の代表格であった劉昶の府の長史に就官しているが、このような事例は他にも見られるのであろうか。前節と視点を逆にして、亡命者およびその子孫が誰の、どのような府に仕えたのかを見てみたい。

表2（一二七頁）は亡命者の子孫が地方軍府の府佐となった例と、その時の府主を表にしたものである。2．袁

式、3．崔景徽、4．刁整、5．韋欣宗、6．沈保沖、7．王肅、8．薛和、10．房伯祖、11．韋欣宗、17．司馬直安、22．袁濟、23．崔伯驎に関しては魏書の本伝中から府主名が明らかであり、また、15．司馬宗龐、18．劉文顗は、諸王の府であり、列伝中から個人名を特定できる（番号は**表2**に対応）。

では、それ以外の事例について、府主を検討してみたい。

1．王慧龍が安南大将軍府長史となったのは太武帝（位四二三～四五二）のときであり、この前後に安南大将軍就任者は司馬楚之しか見当たらない。王慧龍の伝には、

劉義隆は反間を縦《はな》ち、云へらく慧龍は自ら功高くして位至らざるを以て、寇を引きて邊に入らしめ、因りて安南大將軍の司馬楚之を執へて以て叛さんと欲す、と。（『魏書』巻三八　王慧龍伝[35]）

とある。この流言は王慧龍が司馬楚之の属僚でなければ意味をなさない。なお、司馬楚之は劉裕の簒奪を恐れて亡命した東晋の王族であり、北魏前期の亡命者の代表的存在である。

9．沈保沖は太和年間に劉昶の大将軍宋王府外兵参軍から移ってきて、太和二一年に澠口での敗戦に坐して免官されている[36]。劉昶の大将軍就任は先に述べたように太和一八年であるから、沈保沖が南徐州冠軍府にいたのは長くとも太和一八年から太和二一年の間ということになる。

この南徐州刺史就任者については、魏書の中では沈陵を見出すのみである。沈陵は沈文秀の族子であり、太和一八年の南伐の際に北魏に帰降すると、前軍将軍を拝し、「禮遇は王肅に亞す」という待遇を受けた。その後、中壘将軍、南徐州刺史となり、ついで龍驤将軍に進み、太和二二（四九八）年に冠軍将軍に進号している。最終的に、

	人名	続柄	官職	府主	任官時期	出典
1	王慧龍	本人	安南大将軍府左長史	司馬楚之	世祖時	魏書38、37
2	袁式	本人	雍州衛大将軍府従事中郎	楽安王範	延和2	魏書38、17
3	崔景徽	崔道固子	青州征東大将軍司馬	広陵王羽	高祖時	魏書24
4	刁整	刁雍孫	荊州府外兵参軍事	広陽王嘉	高祖時	魏書38
5	韋欣宗	韋道福子	大将軍府諮議参軍	劉昶	太和18～	魏書45
6	沈保沖	沈文秀子	大将軍府外兵参軍	劉昶	太和18～	魏書61、59
7	王肅	本人	大将軍府長史	劉昶	太和18～21	魏書63、59
8	薛和	薛辨孫	大将軍府行参軍	劉昶	太和18～21	魏書42、59
9	沈保沖	沈文秀子	南徐州冠軍府長史	(沈陵？)	太和18～21	魏書61
10	房伯祖	房法壽子	青州征東大将軍開府従事中郎	広陵王羽	太和18～23	魏書43
11	韋欣宗	韋道福子	徐州都督府長史	広陵公元衍	太和～23	魏書45
12	房伯祖	房法壽子	幽州輔国府長史	(韋欣宗？王秉？)	世宗時前後	魏書43
13	劉季友	劉休賓子	南青州左軍府録事参軍	(薛和？)	世宗～肅宗	魏書43
14	畢聞慰	畢衆愛子	徐州平東府長史	不明	世宗時	魏書61
15	司馬宗龐	司馬靈壽孫	征虜府騎兵参軍	安定王燮	世宗時	魏書37、17
16	司馬宗龐	司馬靈壽孫	洛州龍驤府司馬	(刁遵？崔休？)	世宗時	魏書37
17	司馬直安	司馬靈壽子	鎮東府長史	蕭寶夤	正始4	魏書37、59
18	劉文顥	劉休賓子	徐州都督府騎兵参軍	安豊王延明	孝昌1～2	魏書43、16
19	房翼	房法壽孫	青州太傅開府従事中郎	李延寔	永安中	魏書43、83
20	司馬龍泉	司馬靈壽孫	滄州開府長史	不明	魏末	魏書37
21	韋元叡	韋道福孫	潁州驃騎府長史	不明	武定中	魏書45
22	袁濟	袁式子	大将軍府諮議参軍	劉昶	太和18～	北史27
23	崔伯驎	崔道固族孫	冀州撫軍府長史	蕭寶夤	延昌4	魏書19上、24

表2　亡命者子孫の府佐就任と府主について

孝文帝の死の直後、太和二三（四九九）年八月に南徐州刺史在職中に南叛した。沈陵が南徐州刺史となった正確な年代は分からないが、太和一八年からそう離れていないと考えられる。問題は沈陵が冠軍将軍となったのが、沈保沖が府を去った太和二一年よりも後ということと、沈陵伝には、太和二三年ごろの長史として趙儼という人物が存在していることである。後者については、太和二一年に辞めた沈保沖の後任であるとすれば理解が可能だが、前者については、南徐州の設置が、沈陵の亡命をきっかけとしており、前任の南徐州刺史を想定し難いことを併せると、あるいは龍驤将軍時代の事を、同じ従三品である冠軍将軍と混同したのかもしれない。(37)

沈陵・沈保沖はともに、劉宋の青州刺史であった沈文秀の一族である。沈文秀は北魏の淮北侵攻に最後まで抵抗し、捕虜として平斉民とされた人物である。また、趙儼が沈陵に叛乱の恐れがあることを進言したにもかかわらず、王粛は沈陵を庇い、結果的に南叛を許す結果となっている。

12．房伯祖の幽州輔国府は広陵王元羽の青州府従事中郎から移ってきたものである。その後「坐公事免官」されたとある。『魏書』巻二一上 献文六王伝を見ると、元羽が青州刺史となる直前に太和一八年の「五等開建」の記事がある。元羽は宣武帝の初め、司州刺史に移り、次いで司徒となっている。元羽の司徒就任は景明（五〇一）二年のことであるから、房伯祖は太和一八年から景明二年の間に幽州輔国府長史に移ったことになる。

一方、魏書中から輔国将軍を帯びて幽州刺史となった例を探すと、王秉の一例があるのみである。王秉は王粛の弟であり、宣武帝の初めに兄の子を連れて北魏に亡命している。(38)亡命後、中書郎、司徒諮議参軍を経て幽州刺史となっており、景明二年の段階で幽州刺史であったとは考えにくい。呉廷燮「元魏方鎮年表」にはこの時期、王秉以外に幽州刺史となったものとして、高閭、李粛、韋欣宗の三人を挙げている。このうち高閭は孝文帝の末年に平北将軍として赴任している（『魏書』巻五四 高閭伝）ので、房伯祖の府主ではない。李粛は、

（太和二三年）十有一月、幽州の民王惠定衆を聚め反し、自ら明法皇帝と稱す。刺史李肅捕へて之を斬る。
（『魏書』巻八　宣武帝紀）[39]

とある。ただし、『魏書』巻三六　李肅伝には彼が幽州刺史となったという記述はない。この趙郡李氏の李肅は宣武帝末期の延昌四（五一五）年に黄門侍郎・加光禄大夫となっており、太和末年に幽州刺史であったとは考えにくい。おそらくは、同姓同名の別人であろうが、それ以上の詳細については不明である。

韋欣宗は宣武帝初年に通直散騎常侍に除され、河北太守となるも行かず、次いで太中大夫・行幽州事となっている。[40]呉廷塵は景明元〜景明二年まで韋欣宗が刺史となり、それ以後王秉が刺史であったとするが、管見の限り両者の前後関係をはっきりと示す証拠は見当たらず、また韋欣宗の将軍号も判明しない。

以上、曖昧な部分も多く残っているが、房伯祖が幽州輔国府長史となった時の府主は王秉、李肅、韋欣宗のいずれとも考えられ断定することはできない。ただし、王秉、韋欣宗がともに南朝からの亡命者の一族であり、劉昶・王肅と近い関係にあったことは指摘しておきたい。

13．劉季友は南青州左軍府録事参軍となっている。劉季友に関する記述は簡略で、就任時期、この前後の官歴ともに全く記されていないが、南青州は太和二二年に東徐州から改名されている。[41]したがって、劉季友が南青州左軍府録事参軍となったのはそれ以降のことであろう。将軍号と刺史の組み合わせを探すと、正光初（五二〇頃）年に、かつて劉昶の行参軍だった薛和が左将軍・南青州刺史になっているのが確認できる唯一の事例である。

14．畢文慰が徐州平東府長史となった直後の記事に永平中の記事があるので、宣武帝初期のことであろうと推測される。魏書中から太和末年〜永平四（五一一）年の期間に徐州刺史に就任したことが明らかなものを探すと、元愉、元壽興、元鑒、元嵩、盧昶の五人を見ることができる。『魏書』巻二二　京兆王愉伝によれば、元愉は太和二一年に王爵を受け、徐州刺史に任じられ、宣武帝が即位すると護軍将軍として都に呼び戻されている。このときの将軍号は不明である。元壽興が徐州刺史となったのは「世宗初」とだけあり、正確な年代、および将軍号の帯領は確認できない[42]。元鑒もまた、「世宗初」に征虜将軍をもって徐州刺史となっているが、列伝の記述から、元愉の後任として赴任したと考えられる[43]。元嵩は蕭衍が建康に克った、という記事のあとに、平北将軍・恒州刺史から平東将軍・徐州刺史に移ってきている[44]。蕭衍が建康を陥れたのは景明二年のことである。最後に盧昶は鎮東将軍として赴任し、永平四年に梁との戦いに敗れて免官されている（『魏書』巻四七 盧昶伝）。鎮東将軍であった盧昶を除く四人は、いずれも畢文慰の府主であり得るため、府主は特定できない。しかし、そのいずれであったとしても、府主が宗室であることに変わりない。

16．洛州龍驤府司馬となった司馬宗龐は、安定王元燮の征虜府から移ってきている[45]。元燮が征虜将軍であった時期は、長く見ても宣武帝の初め（四九九頃）から延昌四年（五一五）にかけてである。その間、龍驤将軍を帯びて洛州刺史となったものは二人いる。刁遵と崔休である。刁遵が洛州刺史であったのは延昌三（五一四）年から熙平元（五一六）年である[46]。崔休の任官年は不明であるが、洛州刺史就任の記事の前に、広平王元懷との交友を宣武帝に責められ免官となったという記事があり、また後ろに「肅宗初」という記事が出てくることから、これも宣武帝初期のことであったと考えられる。なお、渤海刁氏は司馬氏とともに北魏に逃れてきた東晋の名族であり、北魏宗室とも何重にも姻戚関係を結んでいた。崔休の祖父崔靈和は宋の員外郎であり、父の崔宗伯の時代に北魏へ亡命した一族であった[47]。

19．房翼が就いた青州太傅開府従事中郎の府主は李延寔以外に考えられない。太傅と青州刺史を兼任した例は李延寔しかみられないためである。李延寔は隴西の人で、祖父李寶は五胡十六国の一つ西涼の王族であった。西涼が北涼に滅ぼされると、李寶は北魏の華北統一に協力し、太武帝の代に都に入り邸宅を与えられている。父の李沖は孝文帝の片腕として改革の中心人物となった。李延寔は孝荘帝の外戚であったが、孝荘帝が爾朱榮を暗殺すると、爾朱兆ら爾朱氏一族に捕らえられ、殺害された。

20．司馬龍泉と21．韋元叡については北魏末期のことであり、また、年代を特定する手がかりも少ないため、その府主は判別しがたい。

以上の例をまとめると、亡命者の府主が判明する一六例のうち、北魏宗室が七例、劉昶の府が五例と大半を占め、それ以外では、司馬楚之、蕭寶夤、李延寔の三名がみられる。また、府主である可能性がある人物として、宗室以外では、沈陵、韋欣宗、王秉、薛和、刁遵、崔休らの名を挙げることができた。これらのうち、李延寔と崔休以外が、南朝からの亡命者またはその子孫であることは、単なる偶然とは言い切れないように思える。また、李延寔は孝荘帝の外戚であり宗室に準ずるものとして考えられ、同時に、隴西李氏という北魏の華北統一以降に参入した一族という点で、南朝からの亡命者と同様に「外様」の漢族であった。

つまり、**表2**の検討から、亡命者の子孫の府主が明らかに華北漢族や北族である例は見出せず、確実に指摘できるものに関してはやはり亡命者の子孫または宗室であり、『魏書』の記述が簡略であるため府主を厳密に確認できない例でも、府主が亡命者の子孫である可能性が残る事例が大半であった。ここから、亡命者の子孫が府佐となるとき、その府主もまた亡命者の子孫または宗室である可能性が非常に高かったと見なすことができよう。

三　北魏貴族社会と亡命者

これまでみてきたことをまとめると、

（1）劉昶・王肅の府の属僚には、亡命者およびその子孫が辟召されている事例が多数みられる。
（2）亡命者の子孫が就任した官府の府主は、皇族か亡命者の子孫である事例が多数である。

ということができよう。これらの分析から、亡命者が亡命者の子弟を自分の府へ招聘し、また、亡命者の子孫が宗室や亡命者の府へ出仕するというサイクルを想定することができる。初めに述べたように、川勝義雄によれば、貴族社会の特徴は、王朝の制度の外側に、貴族間の人間関係に基づく序列が作られ、それによって遷官を規制するところにある。上述の検討は、亡命者の間で相互推挽がなされていたことを強く示唆している。

それと同時に、亡命者が華北漢族の府に辟召される事例がみられないことをどのように理解すべきであろうか。同じ漢族でありながら、北魏初期から一貫して、華北の旧来の漢族から、新来の亡命者に対して不信感が示された記事がみられる。

後に洛城鎭將を拜し、兵三千人を配されて金墉に鎭す。既に拜して十餘日、太宗崩ず。世祖初めて即位するや、咸な南人の宜しく委ぬるに師旅の任を以てすべからざるを謂ひ、遂に前授を停《や》む。（『魏書』巻三八 王慧龍伝(48)）

と、南朝からの亡命者である王慧龍に対して、「咸な」が南人に兵を預けることの危険性を指摘したとある。ここで言う「咸な」とは、亡命者以外の華北漢族と北族を指しているのであろう。孝文帝の信頼厚く、劉備と諸葛亮の関係にたとえられた王肅ですら、

（元）禧兄弟並びに敬して之に昵《なじ》み、上下は稱して和輯を爲す。唯だ任城王澄は其の覊遠より起ち、一旦に

して己の上に在るを以て、焉を憾みに以爲《おも》う。毎に人に謂ひて曰く「朝廷の王肅を以て我が上に加ふるは尚ほ可なり。從叔廣陽は、宗室の尊宿、内外を歷任す。云何《なん》ぞ一朝にして肅をして其の右に居らしむや」。肅 其の言を聞き、恒《つね》に降りて之を避く。尋ひで澄の奏劾して、肅の謀叛すと稱する所と爲り、言ひ尋ねて申釋さる。

（『魏書』巻五一 王肅伝[49]）

とあるように、孝文帝の死後、宗室の任城王元澄から謀反の疑いをかけられている。この疑惑は晴らされたものの、王肅はその翌年、中央から追い出され、寿春に鎮することとなり、現地で死去する。

このように、太武帝の時代から孝文帝の死後まで、南朝出身者に対する反感は常に存在した。それは、北魏が、南朝からの亡命者に対して、官爵面や、宗室との婚姻などで優遇したことに対する反感でもあったであろう。それと同時に、亡命者が集住し、独自の閉鎖的なコミュニティを作っていた事とも関係していると思われる。

例えば、皇興二（四六七）年、北魏の淮北攻略によって降った崔道固について、

初め、（崔）道固の客邸に在るや、薛安都、畢衆敬と館を隣す。時に朝集を以て相見え、本既に同しく武に由り達するに、頗る僚舊を結ぶ。時に薛安都、志已に衰朽し、道固に於ひて情、乃ち疎略たり。而るに衆敬、毎に殷勤を盡す。道固は劉休賓、房法壽に謂いて曰く「古人云へらく『我が族類にあらざれば、其の心必ず異なる』と。信に虚ならず。安都は、人を視るに殊に自ら蕭索たり。畢は、固を捺ずるに依依たり」と。（『魏書』巻二四 崔道固伝[50]）

とあり、同じく劉宋からの降人である薛安都、畢衆敬、劉休賓、房法壽らと交流を持っていたことが明らかであ

る。この中で、同じく、崔道固伝で名前が挙げられている房法壽と畢衆敬の間にも、

性、酒を好み、施しを愛す。親舊賓客、率ね飢飽を同じうし、坎壈常に豊足せず。畢衆敬ら皆其の通愛を尚ぶ。（『魏書』巻四三 房法壽伝[51]）

というように、親交があったことが記されている。また、宣武帝の初年に南斉から北魏へ帰降した裴植が瀛州刺史であったときのこととして、

植、州より祿を送り母に奉り、及び諸弟に贍う。而るに各々資財を別にし、居を同じうして爨を異にし、一門數竈、蓋しまた江南の俗に染まらん。（『魏書』巻七一 裴植伝[52]）

とあるように、華北漢族の風習である大家族ではなく、一族が同居しながらそれぞれの小家族で財産を分割して管理する江南の風習を保持していたことが述べられている。顔之推は『顔氏家訓』巻二 風操第六において、南北の生活風習に大きな違いがあることを指摘している。南北朝末期から隋にかけての人間である顔之推の時代にも、生活習慣のレベルでは依然として南北の差が大きかったのである。

このように亡命者集団は、官途上で相互に助け合うと同時に、生活面でも近くに住み、南朝的な生活を保持していた。このような亡命者集団は、六世紀前半、孝文帝の漢化政策の後を承けた宣武帝の時代までは存在したことがみて取れる。しかし、北魏正光四（五二三）年に発生した六鎮の乱と、河陰の変（五二八）の前後には、北魏の亡命氏族社会に大きな変化があったと考えられる。その変化を示すのが、北魏へ亡命した南斉の王族、蕭寶夤の属僚で

表3　蕭寶夤官職略年表

年		出来事・史料
景明二	五〇一	北魏に逃れる
景明四	五〇三	使持節・都督東揚南徐兗三州諸軍事・鎮東将軍・東揚州刺史・丹陽郡開国公・斉王
正始元	五〇四	改封梁郡開国公
正始三	五〇六	使持節・鎮東将軍、「別將以繼（中山王）英」。……「免官削爵還第」
永平四	五一一	「使持節・假安南将軍、別將、長駆往赴、受盧昶節度」
延昌初	五一二	安東将軍・瀛州刺史・斉王
延昌四	五一五	撫軍将軍・冀州刺史。「九月……冀州刺史蕭寶夤爲鎮東將軍、次淮堰」。鎮東將軍・都督討東諸軍事・梁郡開国公 使持節・散騎常侍・都督荊□東洛三州諸軍事・衛將軍・荊州刺史（不行） 殿中尚書
神亀中		都督除南兗二州諸軍事・車騎将軍・徐州刺史
正光二	五二一	車騎大将軍・尚書左僕射
正光五	五二四	（正月?）使持節・散騎常侍・車騎大将軍・都督徐州東道諸軍事
正光五	五二四	（九月）西道行台大都督・開府
孝昌二	五二六	（四月）侍中・驃騎大将軍・儀同三司・假大将軍・尚書令
孝昌三	五二七	（正月）司空
孝昌三	五二七	（正月）「是月大敗……有司處寶夤死罪、詔恕爲民」
孝昌三	五二七	（四月）使持節・都督雍涇岐南豳四州諸軍事・征西将軍・雍州刺史・假車騎大将軍・開府・西討大都督
孝昌三	五二七	（十月）散騎常侍・車騎将軍・尚書令・梁郡開国公

表4　蕭寶夤の幕僚について

人名	府	官職	出身	出典	備考
李孝怡	安南府	長史	趙郡平棘	魏36	
周恵達	瀛州刺史	?	章武文安	北斉22、北63	
馮景	瀛州刺史	?	河間	北斉22、北63	
崔伯驎	冀州刺史	長史	清河東武城	魏19上、北17	南朝からの亡命者子孫
司馬直安	鎮東府	長史	河内温	魏37	南朝からの亡命者子孫　正始四（五〇七）年の敗戦で更迭
元達	鎮東府	司馬	河南洛陽?	魏59	
魏續年	鎮東府	統軍		魏59	
邢昕	車騎大府	東稿祭酒	河間鄚	魏85	
蘇亮	開府以前	参軍	京兆武功	北周38、北63	
馮景	關西大行台	大行台都令史	河間	北斉22	
崔士和	都督府	長史	清河東武城	魏66	
崔士和	都督府	度支尚書	清河東武城	魏66	兼
崔士和	都督府	隴右行台	清河東武城	魏66	
蘇湛	西討開府	行台郎中	京兆武功	魏45、北周38	
高陵	西討開府	西閤祭酒	?	魏24	南朝からの亡命者
姜儉	西討開府	開府属	天水	魏45	

李瑒	西討開府	統軍	趙郡平棘	魏53、北33	
李瑒	西討開府	左丞	趙郡平棘	魏53、北33	
崔模	西討開府	西征別将	清河東武城	魏56	
高敬猷	西討開府	驃騎司馬	遼東新昌	魏62、北40	
封偉伯	西討開府	行台郎中	渤海蓨	魏62、北24	
高道穆	西討開府	行台郎中	遼東	魏77、北50	
鄭儼	西討開府	開府属	滎陽	魏94、35	北35では「友」
蘇亮	都督府	記室参軍	京兆武功	北周38	
蘇亮	開府	主簿	京兆武功	北周38	
蘇亮	大将軍府	掾	京兆武功	北周38、北63	
李充	大将軍府	行台郎中	隴西狄道	北100	
韋子粲	雍州刺史	主簿	京兆杜陵	北26	
韋子粲	雍州刺史	録事参軍	京兆杜陵	北26	転
韋嵩遵	雍州刺史	中兵参軍	京兆杜陵	魏45	
姜儉	雍州刺史	開府従事中郎	天水	魏45	帯長安令
薛孝通	征西府	?	河東汾陰	北36	
馮景	大都督	功曹参軍	河間	北斉22	
梁昕	大都督	行台参軍	安定烏氏	北周39	
蘇亮	（叛乱軍）	黄門侍郎	京兆武功	北周38	

高陵	（叛乱軍）	黄門侍郎	？	魏24	
姜儉	（叛乱軍）	左丞	天水	魏45	
韋榮緒	開府	開府属	京兆杜陵	魏45	
盧義僖	開府	開府諮議参軍	范陽涿	魏47	辞疾不赴
李繪	？	主簿	趙郡平棘	北斉29	専管表檄、待以賓友之禮
李繪	？	記室参軍	趙郡平棘	北斉29	専管表檄、待以賓友之禮
崔士和	？	行台左丞	清河東武城	魏9	魏66には西道行臺元脩義の左丞

ある。

蕭寶夤は南斉の明帝蕭鸞の第六子。のちの梁の武帝蕭衍が建業に入ると、南朝王族の粛清を逃れるために北魏へ走った。蕭寶夤が北魏に到着したのは景明二年である。景明四（五〇三）年には都督東揚南徐兗三州諸軍事・鎮東将軍・東揚州刺史・丹陽縣開国公・斉王に任じられ、南朝の最前線である東城に鎮した。

ついで中山王英の南伐に従うが敗戦し、官爵を剥奪されたが、永平四年、朐山の役に使持節・假安南将軍として盧昶の指揮下に入った。延昌の始め、功績により安東将軍・瀛州刺史となり、斉王に復される。

さらに延昌四年、撫軍将軍・冀州刺史に任じられるが、すぐに鎮東将軍に転出して淮南に鎮した。一度は殿中尚書として都に戻ったが、神亀（五一八～五一九）中、都督徐南兗二州諸軍事・車騎将軍・徐州刺史となった。

正光五（五二四）年、隴西で莫折念生の叛乱が起こると、尚書左僕射となっていた蕭寶夤は西道行台大都督として、諸将を率いて鎮圧に向かった。孝昌二（五二六）年には、驃騎大将軍・儀同三司・假大将軍・尚書令に昇進した。孝昌三（五二七）年、隴西・関中の叛乱を鎮圧した蕭寶夤は使持節・都督雍涇岐南豳四州諸軍事・征西将軍・雍州刺史・車騎大将軍（仮授）・開府・西討大都督として長安に鎮し、関西の諸将を指揮下に置いたが、その直後に叛乱を起こし、長安で自立を図った。朝廷が派遣した軍に敗れると、叛乱軍の一つであった万俟醜奴の軍に降り抵抗を続けたが、永安三（五三〇）年、万俟醜奴とともに捉えられ、都で斬られた。蕭寶夤の官歴に関して整理したものが**表3**（一三五頁）であり、**表4**（一三六〜一三八頁）はそれを元に、蕭寶夤の府佐となった人物を年代順に並べたものである。単に「開府」という記述しかないなど、どの府に属したか不明のものは一番後ろにまとめた。

表をみると、確認できる属僚の多くは蕭寶夤が関西に派遣されて以降の部下である。叛乱が多発したため、人名が記録に残りやすかったこと、戦死などによって幕僚の入れ替わりが激しかったことなどが、府佐の名前が多く判明する理由である。

この蕭寶夤の属僚をみると、清河崔氏、范陽盧氏、趙郡李氏といった、華北の名族に加えて、関中の漢人名族が加わっている。その反面、亡命者を先祖とする属僚は崔伯驎・司馬惠安・高陵三人しかみられない。このうち、崔伯驎、司馬惠安は、時期的に比較的早い、五一五年以前に府佐となっている。また、蕭寶夤の叛乱について、『魏書』は「長安の輕薄の徒、因りて相ひ説き動かす」（『魏書』巻五九　蕭寶夤伝）と述べており、その幕下で関中出身者の発言力が大きかったことを示している。

蕭寶夤の府の構成は、劉昶・王肅の府とは異なり、亡命者の割合は少なく、華北の名族や隴西・関中の氏族の影響が強かった。その理由の一つとして、蕭寶夤自身が洛陽の帰正里に集住していた亡命者集団を蔑視していたことが挙げられる。

景明初、僞齊建安王蕭寶夤來降す。會稽公に封じ、爲に宅を歸正里に築く。後に爵を進めて齊王と爲し、南陽長公主に尚せしむ。寶夤は夷人と同列なるを恥とし、公主をして世宗に啓しせしめ、城内に入るを求む。世宗之に從ひ、賜を永安里に宅ふ。(『洛陽伽藍記』巻三 城南帰正寺条[53])

ここで蕭寶夤が最初に帝宅をもらった帰正里とは、『洛陽伽藍記』に、

伊、洛之間、御道を夾みて四夷館有り。道東に四館有り。一に金陵と名づけ、二に燕然と名づけ、三に扶桑と名づけ、四に崦嵫と名づく。道西に四里有り。一に曰く歸正、二に曰く歸德、三に曰く慕化、四に曰く慕義。吳人の投國せる者は金陵館に處し、三年已後、宅を歸正里に賜ふ。(『洛陽伽藍記』巻三 城南帰正寺条[54])

とあるものであり、国外からの亡命者が集住していた場所であった。

同様の事例は、蕭寶夤とともに北魏へ亡命した張景仁にもみられる。

(張)景仁は、會稽山陰の人なり。景明年初、蕭寶夤に從ひ歸化し、羽林監を拜し、宅を城南の歸正里に賜ふ。民間は號して吳人坊と爲し、南來の投化せし者多く其の內に居す。伊洛二水に近く、其の習御に任す。里は三千餘家、自ら巷市を立て、賣る所の口味、多く是れ水族。時人謂ひて魚鱉市と爲すなり。景仁は此に住みて以て恥と爲し、遂に徙りて孝義里に居せり。時に朝廷方に荒服を招懷せんと欲し、吳兒を待すること甚だ厚し。褰裳を褰げて江を渡る者は、皆な不次の位に居す。景仁は汗馬の勞無く、高官通顯たり。(『洛陽伽藍記』巻二 城東景寧寺[55])

とあり、ここでは、南朝からの亡命者である張景仁が、他の亡命者の住んでいる帰正里に住むことを恥とした事が記されていると同時に、帰正里に居住している南人が、独自の市場を形成して江南の食事を再現していたこと、それを華北の「時人」が奇妙なものと見ていたことが知れる。蕭寶夤が恥じた「夷人と同列なる」ことも、単に外国の人間というだけでなく、南朝からの亡命者を指しており、彼自身は亡命直後から、亡命者集団への帰属意識がなかったことを示している。

このように蕭寶夤や張景仁は、血縁関係や府主府佐関係で結束してきた亡命者集団と自らとの間に一線を画していた。それ以前には、張景仁の記事に「時に朝廷方に荒服を招懐せんと欲し、呉兒を待すること甚だ厚し。裳を褰げて江を渡る者は、皆な不次の位に居す」とあるように、南朝からの亡命者が官職面で優遇されていたとされる。しかし、太和末から景明年間にかけて、亡命者が殺到したことによって、このような優遇措置にも限界が現れつつあった。

南朝出身者から距離を置いた蕭寶夤のような亡命者とまったく対照的な例として、先に見た裴植が挙げられる。裴植の母は、亡命者である夏侯道遷の姉であり、渡北後も南朝の生活習慣を保持していた。後述するように、裴植は権力闘争に敗れ刑死するが、その後に名誉回復を訴えた「故吏」として代表的な亡命氏族の刁沖の名がみえるなど、亡命者集団と密接に関係していた。裴植は度支尚書、金紫光禄大夫の地位にあったが、非漢族に対する蔑視を隠そうとせず、蛮出身の田益宗を侮辱した。

又た表もて征南将軍田益宗を毀り、華夷は類を異にし、應に百世の衣冠の上に在るべからずと言ふ。率ね多く侵侮すること、皆な此の類なり。侍中于忠、黄門元昭は之を覽て切齒し、寢して奏せず。(『魏書』巻七一　裴植伝[56])

蛮の出身である田益宗だけでなく、北族出身の于忠、宗室の元昭らが裴植に対しても強い不快感を示していたことは、この表が田益宗を誹るだけでなく、北族である于氏、元氏まで含むものであると感じたためであろう。最終的に、胡漢の対立を煽る裴植の考え方は、権力を握った于忠によって粛清されるという結末を迎える。

景明元（五〇〇）年に裴植の長子である裴昕が南叛した時には、大辟に処せられるところであったが、「（裴）植は門を闔げて歸款す。子の昕は愚昧にして、人が爲に誘陥せらる。刑書に常有りと雖も、理は宜しく矜恤すべきなり。特に其の罪を恕し、以て勳誠を表すべし」（『魏書』巻七一 裴植伝）との詔によって赦免されていた。ところが、延昌四（五一五）年に親族である皇甫仲達の謀反に連座して捕縛された裴植に対して、于忠は矯詔を用いて処刑しようとし、このとき用いられた詔は「凶謀既に爾のごとし、罪は合に恕されず。歸化の誠有りと雖も、上議を容れる無く、亦た秋分を待つを須めず」という厳しいものであった。前後の詔はともに裴植が南朝から帰順した功績に言及しているが、景明元年の場合は「罪に当たるが、亡命者であるから許せ」という詔であったが、延昌四年には「亡命者であるが、許さない」という真逆の内容に変化している。

刑罰だけでなく、官職面での優遇も、次第に失われつつあった。裴植と同時に亡命して来た王世弼は、亡命直後には冠軍将軍・南徐州刺史、次いで東徐州刺史に任じられた。弾劾を受けて一時失職するも、赦免され、太中太夫、征虜将軍と、さらに将軍号・実職共に上昇していた。しかし、その後河北太守、渤海相となり孝明帝の正光年間（五二〇頃）になると、将軍号は平北将軍に進みながら、実職は中山内史となり、郡太守レベルに低下していた。

尋ひで中山内史に遷る。直閣の元羅は、領軍の元叉の弟なり。曾て行きて中山を過ぐるに、世弼に謂ひて曰く「二州の刺史、翻りて復た郡と爲る、亦た當に恨恨たるべきのみ」と。世弼曰く「儀同の號は、鄧隲より起る。平北の郡と爲るは、下官に在りて始まる」と。（『魏書』巻七一 王世弼伝[57]）

一度は州刺史を務め、将軍号も平北将軍（三品）と高位に至っている王世弼が、中山内史に落ちぶれていることを、当時の権臣である元叉の弟である元羅は「亦た當に悢悢たるべきのみ」と表現している。それ以前の「裳を褰げて江を渡る者は、皆な不次の位に居す」という優遇は将軍号の面では残っていたが、実職としては失われつつあったのである。

おわりに

北魏建国初期以来、孝文帝の漢化政策に至るまで、南朝からの亡命者は、南朝からの文化、制度を摂取し、皇帝の権威を強化する上で必要とされていた。亡命者は北魏への忠誠という点で、常に華北漢族・皇族から疑いの目を向けられつつも、その有用性によって優遇され続けていた。

孝文帝の改革において、亡命者集団が優遇されたのは、彼らが皇帝や国家から与えられる恩恵に大きく依存しており、皇帝・皇族と利害が一致していたためである。郷里との結びつきが薄く、俸給によって皇帝と結びつく亡命者は、矢野主税のいう「寄生官僚」というべき存在であったといえよう(58)。

ところが、府佐属僚の構成をみると、劉昶・王肅の活躍した太和末年から、蕭寶夤が関西に出鎮した正光五年までの二〇、三〇年間にかけて、大きく変化している。これは、蕭寶夤や張景仁も、亡命者集団との関与を避けるため、住居を移すよう求めていたことと、関係していると思われるが、では、なぜ、宣武帝から孝明帝にかけて、このような状況が進展していくのであろうか。

この問題の答えは、第六章で北魏宗室の南朝への亡命と帰還を検討することで、見通しを得たいと考えているが、その前に、亡命者集団の実態について、個別の氏族を追うことで、別の角度から確認してみたい。

【注】

（1）陳寅恪『隋唐制度淵源略論稿』（商務印書館、一九四六）参照。
（2）宮崎市定『九品官人法の研究』（同朋舎、一九五六）第五章「北朝の官制と選挙制度」（後に『宮崎市定全集』第六巻（岩波書店、一九九二）に収録）参照。
（3）以下、北魏の地方官制については、厳耕望『中国地方行政制度史　魏晋南北朝地方行政制度』下巻第四章「州府僚佐」（初出『魏晋南北朝地方行政制度』（中央研究院歴史語言研究所、一九六三））に基づく。
（4）北朝における州佐については、会田大輔「北魏後半期の州府府佐――「山公寺碑」を中心に」（『東洋学報』九一―二、二〇〇九）において具体的に検証されている。
（5）濱口重国「所謂、隋の郷官廃止について」（『秦漢隋唐史の研究』（東京大学出版会、一九六六）所収、初出『加藤博士還暦記念東洋史集説』富山房、一九四一）参照。
（6）石井仁「南朝における随府府佐」（『集刊東洋学』五三、一九八五）、「梁の元帝集団と荊州政権」（『集刊東洋学』五六、一九八六）参照。
（7）川勝義雄『六朝貴族制社会の研究』（岩波書店、一九八二）第Ⅱ部第五章「門生故吏関係」参照。
（8）前掲書（3）五八二頁参照。
（9）於時改革朝儀、詔昶與蔣少游專主其事。昶條上舊式、略不遺忘。
（10）「太和一八年、大將軍、宋王劉昶南鎭彭城、詔假立義將軍、爲昶府長史、以疾辭免、乃以王肅爲長史。其被寄遇如此。」（『魏書』巻五七 崔挺傳）および「尋除輔國將軍、大將軍長史、賜爵開陽伯、肅固辭伯爵、許之。」（『魏書』巻六三 王肅伝）
（11）「太和中、從大將軍宋王劉昶征義陽、板府法曹行參軍、假陵江將軍……（中略）……年三十餘、始辟大將軍府參軍事、署城局、仍從昶鎭彭城。板兼長史。俄以憂去任。」（『魏書』巻七二 陽固伝）
（12）及虜寇豫州、靈誕因請爲劉昶司馬、不獲。
（13）「（袁）濟襲父爵、位魏郡太守、政有清稱。加寧遠將軍。及宋王劉昶開府、召爲諮議參軍。」（『北史』巻二七 袁濟伝）（『魏

書』巻三八　袁濟伝には見えず）
（14）「袁翻、字景翔、陳郡項人也。父宣、有才筆、爲劉彧青州刺史沈文秀府主簿。皇興中、東陽平、隨文秀入國。而大將軍劉昶每毎提引之、言是其外祖淑之近親、令與其府諮議參軍袁濟爲宗。宣時孤寒、甚相依附。」（『魏書』巻六九　袁翻伝）
（15）「後乃啓乞宋王劉昶府諮議參軍事、欲立効南境、高祖不許。」（『魏書』巻六〇　韓顯宗伝）
（16）谷川道雄『隋唐帝国形成史論』（筑摩書房、一九七七）第二編第二章「北魏官界における門閥主義と賢才主義」（初出『名古屋大学文学部十周年記念論集』一九五九）。
（17）臣頃聞鎭南將軍王肅獲賊二三、驢馬數匹、皆爲露布。臣在東觀、私毎哂之。近雖仰憑威靈、得摧醜虜、兵寡力弱、擒斬不多。脱復高曳長縑、虚張功捷、尤而效之、其罪彌甚。臣所以斂毫卷帛、解上而已。
（18）「（韋）欣宗、以歸國勳、別賜爵杜縣侯。高祖初、拜彭城内史、遷大將軍、宋王劉昶諮議參軍。廣陵侯元衍爲徐州刺史、又請爲長史、帶彭城内史。撫綏内外、甚得民和。世宗初、除通直散騎常侍、出爲河北太守、不行。尋轉太中大夫、行幽州事。卒、贈龍驤將軍、南兗州刺史、謚曰簡。」（『魏書』巻四五　韋欣宗伝）
（19）「（薛）曇賢弟和、字導穆。解褐大將軍劉昶府行參軍。」（『魏書』巻四二　薛和伝）
（20）「（杜）祖悦、字士豁、頗有識尚。大將軍劉昶參軍事、稍遷天水、仇池二郡太守、行南秦州事。正光中、入爲太尉、汝南王悦諮議參軍。」（『魏書』巻四五　杜祖悦伝）
（21）「（沈）保沖、太和中、奉朝請、大將軍宋王外兵參軍、後爲南徐州冠軍長史。」（『魏書』巻六一　沈保沖伝）（『北史』巻四五には見えず）
（22）劉昶は宋王と同時に斉郡開国公にも封じられており、こちらが実封であった。宋王の称号は封土をもたない形式的なものであり、その属官も任地を持たず、劉昶に付き従っていたと考えられる。
（23）「轉宋王劉昶傅。以昔參定律令之勤、賜帛五百匹、粟五百石、馬一匹。昶以其官舊年耆、雅相祗重、妓妾之屬、多以遺之。拜光祿大夫、傅如故。昶薨後、徵爲宗正卿、而祐留連彭城、久而不赴。於是尚書僕射李沖奏祐散逸淮徐、無事稽命、處刑三歳、以贖論。詔免卿任、還復光祿。」（『魏書』巻五七　高祐伝）
（24）「（申）纂既敗、子景義入國。太和中、爲散員士、宋王劉昶國侍郎。景明初、試守濟陰郡、揚州車騎府録事參軍、右司馬。」（『魏書』巻六一　申景義伝）

(25)「王肅之爲豫州、以（傅）永爲建武將軍、平南長史。咸陽王禧慮肅難信、言於高祖。高祖曰「已選傅脩期爲其長史、雖威儀不足、而文武有餘矣」。肅以永宿士、禮之甚厚。永亦以肅爲高祖眷遇、盡心事之、情義至穆。」（『魏書』巻七〇 傅永伝）

(26)「（趙）超宗、身長八尺、頗有將略。太和末、爲豫州平南府長史、帶汝南太守、加建威將軍、賜爵尋陽伯。入爲驍騎將軍。超宗在汝南、多所受納、貨賂太傅北海王詳、詳言之於世宗、除持節、征虜將軍、岐州刺史。」（『魏書』巻五二 趙超宗伝）

(27)「（傅）豎眼、即靈越子也。沉毅壯烈、少有父風。入國、鎭南王肅見而異之、且奇其父節、傾心禮敬、表爲參軍。從肅征伐、累有戰功、稍遷給事中、步兵校尉、左中郎將、常爲統軍、東西征伐。世宗時爲建武將軍、討揚州賊破之、仍鎭於合肥、蕭衍民歸之者數千戶。」（『魏書』巻七〇 傅豎眼伝）

(28) 詔肅討蕭鸞義陽、聽招募壯勇以爲爪牙。其募士有功、賞加常募一等。其從肅行者、六品已下聽先擬用、然後表聞。若投化之人、聽五品已下先即優授。

(29)「尋轉長兼尚書左丞。壽春內附、尚書令王肅出鎭揚州、請（韋）纘爲長史、加平遠將軍、帶梁郡太守。肅薨、敕纘行州事。任城王澄代肅爲州、復啓纘爲長史。」（『魏書』巻四五 韋纘伝）

(30)「潘永基、字紹業、長樂廣宗人也。父靈虬、中書侍郎。永基性通率、輕財好施。爲冀州鎭東府法曹行參軍、遷威烈將軍、揚州曲陽戍主、轉西硤石戍主、治陳留、南梁二郡事、頗有威惠。轉揚州車騎府主簿。累遷虎賁中郎將、直寢、前將軍。」（『魏書』巻七二 潘永基伝）

(31)「張熠、字景世、自云南陽西鄂人、漢侍中衡是其十世祖。熠自奉朝請爲揚州車騎府錄事參軍。入除步兵校尉。」（『魏書』巻七九 張熠伝）

(32)「拜驍騎將軍、隨王肅至壽春、遣（夏侯）道遷守合肥。肅薨、道遷棄戍南叛。……道遷自南鄭來朝京師、引見於大極東堂、免冠徒跣謝曰「臣往日歸誠、誓盡心力、超蒙榮獎、灰殞匪報。但比在壽春、遭韋纘之酷、申控無所、致此猖狂」。」（『魏書』巻七一 夏侯道遷伝）

(33)「值刺史裴叔業以壽陽降魏、豫州豪族皆被驅掠。邃遂隨衆北徙。魏主宣武帝雅重之、以爲司徒屬、中書郎、魏郡太守。魏遣王肅鎭壽陽、邃固求隨肅、密圖南歸。天監初、自拔還朝、除後軍諮議參軍。」（『梁書』巻二八 裴邃伝）

(34)「（劉）文遠、歷步兵校尉、前將軍。景明初、爲統軍。在壽春、坐謀殺刺史王肅以壽春叛、事發伏法。」（『魏書』巻五九 劉昶伝）

(35) 劉義隆縱反間、云慧龍自以功高而位不至、欲引寇入邊、因執安南大將軍司馬楚之以叛。
(36) 前掲注（18）参照。
(37)「(沈) 文秀族子陵、字道通。太和十八年、高祖南伐、陵攜族孫智度歸降、引見於行宮。陵姿質妍偉、辭氣辯暢。高祖奇之、禮遇亞於王肅、授前軍將軍。後監南徐州諸軍事、中壘將軍、南徐州刺史。尋假節、龍驤將軍。二十二年秋、進持節、冠軍將軍。及高祖崩、陵陰有叛心。長史趙儼密言于朝廷、尚書令王肅深保明之、切責儼。既而果叛、殺數十人、驅掠城中男女百餘口、夜走南入。」（『魏書』巻六一 沈陵伝）
(38)「世宗初、攜兄子誦、翊、衍等入國。拜中書郎、遷司徒諮議、出爲輔國將軍、幽州刺史。卒、贈征虜將軍、徐州刺史。」（『魏書』巻六三 王秉伝）
(39) 十有一月、幽州民王惠定聚衆反、自稱明法皇帝、刺史李肅捕斬之。
(40) 前掲注（15）参照。
(41)「南青州、治團城。顯祖置、爲東徐州、太和二十二年改。」（『魏書』巻一〇六中 地形志中）
(42)（元）盛弟壽興、少聰慧好學。世宗初、爲徐州刺史、在官貪虐、失於人心。（『魏書』巻一五 元壽興伝）
(43) 出爲征虜將軍、齊州刺史。……（中略）……世宗初、以本將軍轉徐州刺史。……（中略）……先是、京兆王愉爲徐州、王既年少、長史盧淵寛以馭下、郡縣多不奉法。（『魏書』巻一六 元鑒伝）
(44) 既而蕭衍尋克建業、乃止。除平北將軍、恒州刺史。轉平東將軍、徐州刺史。又轉安南將軍、揚州刺史。（『魏書』巻一九中 元嵩伝）
(45)（司馬）祖珍弟宗龐、世宗時、父惠安以久病啓以爵轉授。解褐安定王府騎兵參軍、洛州龍驤府司馬。（『魏書』巻三七 司馬宗龐伝）
(46) 延昌三年、遷司農少卿。尋拜龍驤將軍、洛州刺史。……（中略）……熙平元年七月卒、年七十六。（『魏書』巻三八 刁遵伝）
(47) 曾祖（崔）諲、仕宋位青、冀二州刺史。祖靈和、宋員外散騎侍郎。父宗伯、始還魏、追贈清河太守。（『北史』巻二四 崔休伝）
(48) 後拜洛城鎭將、配兵三千人鎭金墉。既拜十餘日、太宗崩。世祖初即位、咸謂南人不宜委以師旅之任、遂停前授。

(49) 禧兄弟並敬而昵之、上下稱爲和輯。唯任城王澄以其起自羇遠、一旦在己之上。以爲憾焉。每謂人曰「朝廷以王肅加我上尚可。從叔廣陽、宗室尊宿、歷任内外、云何一朝令肅居其右也」。肅聞其言、恒降而避之。尋爲澄所奏劾、稱肅謀叛、言尋申釋。

(50) 初、道固之在客邸、與薛安都畢衆敬鄰館、時以朝集相見、本既同由武達、頗結僚舊。時安都志已衰朽、於道固情乃疏略、而衆敬每盡殷勤。道固謂劉休賓、房法壽曰「古人云『非我族類、其心必異』信不虚也。安都視人殊自蕭索、畢捺固依依也」。

(51) 性好酒、愛施、親舊賓客率同饑飽、坎壈常不豐足。畢衆敬等皆尚其通愛。

(52) 植雖自州送祿奉母及贍諸弟、而各別資財、同居異爨、一門數竈、蓋亦染江南之俗也。

(53) 景明初、僞齊建安王蕭寶夤來降、封會稽公、爲築宅於歸正里。後進爵爲齊王、尚南陽長公主。寶夤恥與夷人同列。令公主啓世宗、求入城内。世宗從之、賜宅於永安里。

(54) 伊、洛之間、夾御道有四夷館。道東有四館。一名金陵、二名燕然、三名扶桑、四名崦嵫。道西有四里。一曰歸正、二曰歸德、三曰慕化、四曰慕義。呉人投國者處金陵館、三年已後、賜宅歸正里。

(55) 景仁、會稽山陰人也。景明年初、從蕭寶夤歸化、拜羽林監、賜宅城南歸正里。民間號爲呉人坊、南來投化者多居其内。近伊洛二水、任其習御。里三千餘家、自立巷市、所賣口味、多是水族。時人謂爲魚鱉市也。景仁住此以爲恥、遂徙居孝義里焉。時朝廷方欲招懷荒服、待呉兒甚厚、褰裳渡於江者、皆居不次之位。景仁無汗馬之勞、高官通顯。

(56) 又表毀征南將軍田益宗、言華夷異類、不應在百世衣冠之上。率多侵侮、皆此類也。侍中于忠、黄門元昭覽之切齒、寢而不奏。

(57) 尋遷中山内史。直閣元羅、領軍元叉弟也。曾行過中山、謂世弼曰「二州刺史、翻復爲郡、亦當恨恨耳」。世弼曰「儀同之號、起自鄧隲。平北爲郡、始在下官」。

(58) 矢野主税『門閥社会成立史』（国書刊行会、一九七六）参照。

第五章　司馬氏の帰郷

はじめに

南朝からの亡命貴族は、北魏官界において無視できない規模の勢力であったとされ[1]、南朝から北朝に亡命した貴族として、河内司馬氏、太原王氏、勃海刁氏、彭城劉氏、瑯琊王氏などの氏族が挙げられる。前章でみたように、北魏における亡命者集団は、互いに子弟を府佐として推挙し合い、一つの政治勢力としてまとまりをもっていた。このうち勃海刁氏については、墓誌の検討から亡命貴族と多く姻戚関係を結んでいたことが指摘されており[2]、また、北魏亡命後の太原王氏が経済的に困窮していたことが守屋美都雄により明らかにされている[3]。しかし、北魏における亡命貴族の中心的存在であった河内司馬氏については、これまでの研究で中心的に取り上げられたことはない。

本章では、前章で論じた亡命貴族に関する具体的事例研究として、北魏に亡命した司馬氏を、官職や墓葬地、姻戚関係などに注目して検討し、北魏の貴族社会が南朝からの亡命者をどのようにして内に取り込んでいったか明らかにしたい。本章で司馬氏を取り上げる理由は以下の三点である。

第一に、司馬氏は北魏初期に亡命した南朝貴族のなかで中心的な役割を果たしていたことである。司馬氏の家柄は、南北朝どちらでも名族として認められていた。それは、南北朝時代の貴族にとって、「塚中枯骨」すなわち後漢から西晋にかけての歴史的背景が大きな意味を持っていたことに由来する[4]。西晋の皇室である司馬氏の家柄は、北魏の孝文帝によって西晋の後を継いでいるとされた北朝貴族社会においても十分通用したと考えられる[5]。

南朝の宗室の亡命は、晋宋革命以降も、南朝での王朝交替のたびに宋の劉氏、南斉、梁の蕭氏が亡命している。しかし、宗室といえども劉氏、蕭氏は軍人から成り上がった一族であり、司馬氏のような歴史的背景を持った漢代からの名族ではなく、当然ながら北朝の漢人貴族社会において高い地位が認められたとは考えられない。

第二に、司馬氏は北魏初期から北斉、北周に至るまで北朝全体を通じて政治的活動が確認できることである。司馬氏を検討することで、北魏初期から隋代に至るまでの亡命貴族のあり方を検討することができるであろう。

第三には、司馬氏は永嘉の乱（三〇四～三一六）によって、華北に残っていた一族がほぼ全滅しており、郷里社会とのかかわりが完全に絶たれている点である。亡命者の中には、東晋、劉宋に仕えた崔氏のように、華北に一部の宗族が残っていた例がある。しかし、司馬氏は一流の名門と認識されてはいたものの、頼りにすべき貴族もおらず、郷村支配などの経済的基盤も全くもたないまま、北朝での生活を始めねばならなかった。このように家柄以外何も持たず亡命した司馬氏は、亡命貴族がいかに北朝に融け込んだかを明らかにする上で、非常に好都合である。

さて、北魏亡命以前の司馬氏については、胡志佳の研究によれば西晋から東晋にかけて、司馬氏が近親婚と内紛によって宗族の人数を減らし、家庭内での教育に失敗したため、次第に力を失い、外戚・権臣の政治介入を許したと述べている。(6) 司馬氏は晋宋革命の際、主立った一族を劉裕によって殺害され、生き残った者の多くは北朝に亡命を余儀なくされた。南朝においては、王朝革命が起ころうとも上層の貴族たちの顔ぶれに大きな変動はみられないとされているが、劉宋以降、南朝で司馬氏が高位高官に昇った例はほとんど見られない。一方、この後で確認するように、北朝では皇帝家との姻戚関係が多く見られ、それにともない高官に昇っている。

隋唐の統一以降の司馬氏についてみてみると、唐代の代表的な氏族の系譜が収められている『新唐書』宰相世系表に司馬氏の名はみえない。一方、『元和姓纂』や敦煌発見の郡望表には、河内郡の郡望として司馬氏が挙げられている。(7) 司馬氏は西晋の皇帝家でありながら、西晋以来の官位を重視する北魏官界では最高級の家柄には挙げられず、北魏では高官を出しながらも唐代には一地方郡望となっている、という大まかな流れが確認できる。

このような流れを踏まえた上で、北魏における司馬氏の状況を検討するために、まず、司馬氏の亡命の経緯を確認し、どれほどの集団が、どのような状態で北魏に逃れてきたのかを確認したい。

一　司馬氏の北帰について

東晋末の桓玄・劉裕による二度の混乱によって、司馬氏の主な宗族は殺害され、それ以外の皇族も東晋の国外に亡命することで、身の安全を図ろうとした。当時の華北は五胡十六国末期であり、北魏は後燕を滅ぼし河北を版図に加えたものの、洛陽・長安にはいまだ後秦政権が健在であり、山東には南燕が存続していた。

桓玄の迫害から逃れるために、東晋の王族たちが最初に向かったのは、東晋と領土を接する後秦と南燕であった。東晋の元興元（四〇二）年、建康へ兵を向けた桓玄と戦って破れた司馬休之は、甥姪を連れて南燕の広固へ逃れた。その理由として、

遂に（崔逞に）死を賜ふ。後に司馬徳宗の荊州刺史司馬休之等數十人、桓玄の逐ふ所と爲り、皆な將に來奔せんとす。陳留の南に至り、分けて二輩と爲る。一は長安（後秦）に奔り、一は廣固（南燕）に歸す。太祖初め休之等の降るを聞き、大ひに悦ぶも、後に其の至らざるを怪み、兗州に詔して尋訪せしむ。其の從者を獲て、故を問はば、皆な曰く「國家の威聲遠被し、是を以て休之等咸な闕に歸さんと欲す。崔逞の殺さるるを聞くに及び、故に二處に奔る」と。太祖は深く之を悔む。是れ自り士人の過有る者、多く優容せらる。（『魏書』巻三二　崔逞伝）(8)

道武帝（位三九八～四〇九）が華北の名族である崔逞を殺したことを聞き、北魏への亡命を止めたとある。崔逞が殺された直接の原因は、南朝への国書の中で、「貴主」という語を用いて東晋を持ち上げた事が、道武帝の怒りを買ったことにある。この時期の北魏は官僚制度の草創期であり、華北漢族との協調関係を確立できていなかったため亡命先としては不向きであったのであろう。なお、桓玄は一度は帝位に即位するも、劉裕によって討たれ、東晋王朝が復活したため、司馬休之は東晋に戻っている。

しかし、劉裕が実権を握ると、再び皇族の亡命がみられるようになる。

晉の河間王の子（司馬）國璠、章武王の子（司馬）叔道來奔す。（姚）興 之に謂ひて曰く「劉裕は晉室を匡復す。卿等何の故にか來るや」と。國璠等曰く「裕は不逞の徒と王室を削弱し、宗門の能く自ら修立する者 之を害せざる莫し。是れ之を避けて來るは、實に誠款に非ず、死を避くる所以のみ」と。興 之を嘉び、國璠を以て建義將軍、揚州刺史と爲し、叔道を平南將軍、兗州刺史と爲し、賜ふに甲第を以てす。（『晉書』巻一一八姚興載記下[9]）

司馬國璠、司馬叔道らは、劉裕の迫害から逃れるため、義熙四（四〇八）年ごろ後秦の姚興のもとに亡命した[10]。後秦の領土は司馬氏の故地である河内郡にも及んでいたが、亡命してきた彼らは「是れ之を避けて來るは、實に誠款に非ず、死を避くる所以のみ」と庇護者である姚興に述べており、本貫へ帰郷するという意識はみられない。

後秦の立場としても、司馬氏を庇護する事に一定の意義があった。後秦の姚興・姚泓父子は、南方進出の大義名分の意味もあり、東晋からの亡命者を積極的に受け入れた。後秦は亡命者を庇護するだけでなく、場合によっては亡命者に兵を与え、南方への侵攻を援助することもあった[11]。東晋の荊州刺史だった司馬休之が義熙一一（四一五）

年、雍州刺史魯宗之らとともに劉裕に対して挙兵した際には、後秦は先に亡命してきていた司馬國璠を将軍とし、敗走した司馬休之らを迎えさせている。

このときも姚興は司馬休之を引見し、

（司馬）休之等長安に至るや、興之に謂ひて曰く「劉裕は晉帝を崇奉す。豈に便ち闕有らんや」と。休之曰く「臣前に都に下るに、琅邪王（司馬）德文泣きて臣に謂ひて曰く『劉裕の主上に供御するや、克薄奇深なり』と。事勢を以て之を推すに、社稷の憂ひ方に未だ測る可からず」と。（『晉書』巻一一八　姚興載記下）

司馬休之らの場合も、司馬國璠の場合と同様、「社稷の憂」を回避するための挙兵であり、亡命であった。司馬國璠、司馬休之のどちらも、後秦への亡命は一時的なものであり、彼らはあくまで東晋の臣であるとの立場であった。それゆえ、後秦の官人のあいだでは、司馬氏に軍権を握らせることには反対意見もあった。

乃ち（司馬）休之を以て鎮南将軍、揚州刺史と爲し、（魯）宗之等並びに拜授有り。休之将に行かんとするや、侍御史唐盛、興に言ひて曰く「符命の記す所、司馬氏應に河洛に復すべし、と。休之既に鱗を濯ひ南翔するを得。恐らくは復た池中の物に非ず。以て崇禮す可くも、宜しく之を放つべからず」と。興曰く「司馬氏脱し記す所の如くんば、之を留むるも適だ患を爲すに足るのみ」と、遂に之を遣る。（『晉書』巻一一八　姚興載記下）

司馬國璠、叔道に対して、姚興は甲邸を賜っており、彼らは郷里へ帰ることなく、後秦の都である長安に滞在していた。姚興の侍御史であった唐盛は、司馬氏を外藩に出してしまえば、二度と戻ってこないのではないかと危惧し、丁重に敬うのはよいが、外に出すべきではないと述べている。一方、姚興は都に留めたとしても、災いの種にしかならないとして、外へ出そうとしている。

東晋の実権を握った劉裕にとっても、国外に逃れた司馬氏は放置することのできないものであった。義熙一三（四一七）年に劉裕は後秦を伐つために大軍を北上させた。このとき河南に兵を進めた劉裕に対して、河北を勢力圏に入れつつあった北魏は、その意図を質す親書を送っている。

劉裕は東晋の持つ大義名分として、以下のように述べている。

「司馬休之、魯宗之父子、司馬國璠兄弟、諸桓の宗屬は、皆な晉の蠹なり。而して姚氏は此等を収集し、以て晉を圖らんと欲す。是を以て之を伐つ。道を魏に由るは……敢へて魏境を憑陵するに非ず」。（『魏書』巻二九叔孫建伝[12]）

晋の逆臣である司馬休之らを伐つことが目的であり、北魏の領土を侵すつもりはないと弁解している。結果的に後秦は劉裕によって滅ぼされ、司馬休之ら東晋からの亡命者数百人は妻子を連れて、北魏へ逃れた。その中には司馬氏以外にも、渤海の刁氏、陳郡の袁氏などがいた。北魏が先の劉裕が北魏に送った手紙を受け取りつつも亡命者を保護した背景には、劉裕と北魏がともに、亡命した司馬氏を、南朝にとって脅威になりうる存在であると見なしていたことを示している。

しかし、これ以外にも晋宋革命の際に、司馬氏が集団で亡命した事例は存在する。河南から亡命した司馬楚之らの集団などがその例である。

司馬楚之は東晋の益梁二州刺史であった司馬榮期の子であるとされる。父の榮期が暗殺されると、都の建康に戻っていたが、劉裕による東晋宗室の殺害を逃れ、四一九年ごろから魏・晋の国境地帯で同族の司馬順明、司馬道恭らとともに抵抗していた。

司馬順明、道恭等と與に所在に黨を聚む。劉裕の自立するに及び、楚之は規《はか》りて報復せんと欲し、衆を収めて長社に據り、之に歸する者 常に萬餘人。（『魏書』巻三七 司馬楚之伝⒀）

彼らは四二二年の北魏による河南侵攻に際して、北魏の奚斤の軍に呼応した。奚斤は司馬楚之に使持節、征南将軍、荊州刺史を假授した。のちに、

奚斤既に河南を平らげ、楚之の率ひる所の戸民を以て分けて汝南、南陽、南頓、新蔡の四郡を置き、以て豫州に益す。世祖（太武帝）初、楚之は妻子を遣はして鄴に内居せしめ、尋ひで徵されて入朝す。（『魏書』巻三七 司馬楚之伝⒁）

劉裕に抵抗していた時期の司馬楚之らは、一万あまりの戸民を抱え、北魏・劉宋の境界で半独立的な立場を保っていた。河南を平定後の北魏は、その独立性を奪うため、まず、戸民を司馬楚之から分離し、数年後には人質として妻子を鄴に住まわせることを求め、最後に本人を都に召し出したのである。

また、奚斤の軍と同時に、平原郡から青州・兗州へ侵攻した叔孫建の軍には、司馬愛之、秀之が衆を率いて降ったとある⒂。この両名については、『魏書』本紀以外では記述が見られないが、あるいはこれらの人物も司馬楚之と

同じように、北魏と劉宋の国境地帯で抵抗していた宗室の一人であったかもしれない[16]。

以上のように、北魏へ亡命した司馬氏は、さまざまな経緯をたどりながら、最終的には平城へ集められ、集住させられた。後秦が亡命してきた司馬氏を匿ったのと同様、都に邸宅を与えられていた可能性が高い。軍隊・民戸を有していた司馬楚之のような例では、それらを解体させられている。したがって、北魏の都に居住していた司馬氏は、土地や財産をほとんど持っていなかったと考えられる。

二　北魏前期における司馬氏

では、次にほとんど財産を持たずに北魏の都に住まわされた司馬氏が、北魏内でどのような待遇を受けたのかをみてみたい。北朝での活動を知ることができる司馬氏は、男女あわせて六〇人ほどであるが、そのほとんどが晋宋革命期に北に逃れた者の子孫である。彼らを血縁で分類すると、主に五つの系統に分けられる[17]。

（A）西晋の譙剛王遜の子孫。司馬遜は宣帝司馬懿の弟、進の子。譙王家は東晋に入っても存続しており、司馬休之の兄である尚之が継いでいた。司馬休之の子である文思は、一時、尚之の養子となっており、亡命後、北魏も文思を譙王に封じている。

（B）西晋の彭城穆王権の子孫。司馬権は宣帝司馬懿の弟、馗の子。司馬楚之は権の直系ではないが、『魏書』では司馬権に連なる人物とされる。なお、北宋の詩文集『文苑英華』巻九〇四に庾信「周大将軍司馬裔碑」が載っており、そこでは司馬楚之は司馬元顕の幼弟である、と記されている。とりあえずここでは、『魏書』の説に従う。

（C）西晋の汝南文成王亮の子孫。司馬亮は宣帝司馬懿の子、文帝司馬昭の弟で、八王の一人。北魏に亡命した司馬準・景之兄弟はこの末裔とされ、司馬景之は死後、汝南王を贈られている。

（D）西晋の安平獻王孚の子孫。司馬孚は、宣帝司馬懿の弟。司馬國璠、叔璠兄弟、司馬道賜はこの系統に属するという。のちに司馬叔璠の子の靈壽が司馬氏の郷里である温縣侯に封ぜられる。

（E）東晋の會稽忠王元顯の子。司馬天助がこれに当たる。しかし、『魏書』巻三七　司馬天助伝は「司馬天助、自ら司馬德宗の驃騎将軍の元顯の子と云ふ」とあり、その出自に疑問が持たれていたことを記す。後述するように、司馬天助の出自については、北魏亡命直後から疑問視されていた。

これからをまとめた**表1**（一六一頁）をみると、北魏へ亡命した司馬氏の待遇は、爵位の比較からみれば非常に厚遇されていた。平城到着前に死去した司馬休之には始平公が、司馬楚之には瑯琊王が、司馬景之には蒼梧公が、司馬準には新蔡公が、司馬國璠には淮南公が、司馬天助には東海公が、それぞれ与えられている。同時期に亡命した刁雍が、亡命後しばらくして初めて与えられた爵位が東光侯、王慧龍が長社侯、韓延之が魯陽侯、袁式が夏陽子であり、司馬氏一族には他の亡命者よりも一～二ランク上の爵位が与えられたことが分かる。

亡命者に対して高い官爵を与えることは、南朝に対して北魏の強盛さをアピールし、さらなる亡命者を招く上で有効であっただろう。また、このような待遇は北魏の側から提示されただけでなく、亡命する側が自ら求めることもあった。たとえば、司馬楚之が北魏へ降る際に奉じた表には、

「江淮以北、王師の南首するを聞き、抃舞せざる無く、徳化を思奉す。而して寇逆に逼られ、自ら致すに由

無し。臣民の欲するに因り、慕義を率ひて國の爲に前驅するを請ふ。今皆白衣にして、以て人望を制服する無し。若し偏裨の號を蒙り、王威を假り以て義を唱ふれば、則ち率従せざる莫からん」と。是に於ひて楚之に使持節、征南將軍、荊州刺史を假す。(『魏書』巻三七 司馬楚之伝[18])

とあり、司馬楚之の方から官職を求めたことが記されている。先に見たように、司馬楚之は北魏・東晋の国境地域で一万あまりの民を集めていたが、この時、将軍号を求めた理由として、「今皆白衣にして、以て人望を制服する無し」と述べており、部下を集め、統率するために北魏の権威を利用しようとしたのであった。

北魏の側としても、亡命者に権威付けをすることで、南朝から士人の亡命を期待したのはもちろんのこと、一般の人民を南朝から招きよせ、河南の経済的基盤を強化することも同時に期待していた。

劉義隆の境を侵すや、(司馬)靈壽に詔して義士を招引せしめ、二千餘人を得。(『魏書』巻三七 司馬靈壽伝[19])

(司馬)天助は義士を招率し、(劉)裕の東平、濟北二郡及び城戍を襲はんと欲す。又た裕の將閭萬齢の軍を破り、前後虜獲する所多し。(『魏書』巻三七 司馬天助伝[20])

又た之に謂ひて曰く「朕は先に叔孫建等を遣はして青州を攻めしむるも、民は盡く藏避し、城猶ほ未だ下らず。彼は既に素より卿の威を憚り、士民は又た相ひ信服す。今卿を遣はして建等を助けしめんと欲す。卿宜しく之に勉むるべし」と。……建先に東陽を攻む。(刁)雍至るや、義衆を招集し、五千人を得。遣はして郡縣を撫慰せしむるや、士人盡く下り、租を送り軍に供す。(『魏書』巻三八 刁雍伝[21])

	人名	亡命時期	爵位	官職	官品（太和前令）	出典	備考
司馬氏	司馬休之	泰常2（417）	始平公	征西大将軍・右光禄大夫	正一品下	魏37	追贈
	司馬文思	泰常2（417）	鬱林公	廷尉卿	正二品上	魏37	
	司馬楚之	泰常4（419）	瑯琊王	安南大将軍	正二品上	魏37	
	司馬景之	太宗時	蒼梧公	征南大将軍	正一品下	魏37	
	司馬準	泰常8（423）	新蔡公	寧遠将軍	正五品上	魏37	
	司馬叔璠	泰常2（417）	丹陽侯	安遠将軍	従三品下	魏37	
	司馬國璠	泰常2（417）	淮南公			魏37	
	司馬道賜	泰常2（417）	池陽子			魏3	
	司馬靈壽	神片元（428）	温縣侯	冠軍将軍	？	魏37	
	司馬道壽	神片元（428）	宜陽子	寧朔将軍	正四品上	魏37	
	司馬天助	延和2（433）	東海公	平東将軍	従二品上	魏37	
その他亡命者	刁雍	泰常2（417）	東光侯	鎮東将軍	従一品下	魏38	
	王慧龍	泰常2（417）	長社侯	龍驤将軍	正三品上	魏38	
	韓延之	泰常2（417）	魯陽侯			魏38	
	袁式	泰常2（417）	陽夏子			魏38	
	薛辨	泰常4（419）	汾陰侯	平西将軍	従二品上	魏38	
	嚴稜	泰常7（422）	郃陽侯	平遠将軍	？	魏43	
華北漢族	高湖		東阿侯	寧西将軍	？	魏32	
	崔賾		清河侯	大鴻廬卿	正二品上	魏32	
	封懿		章安侯	都坐大官	？	魏32	
	崔浩		東郡公	司徒	正一品中	魏35	
	李順		高平公	安西将軍	正二品下	魏36	

表1　亡命者に与えられた爵位・官職

又た詔して南入し、以て賊境を亂さしむ。雍攻めて項城に克つ。會ま赦有り追ひて機に隨ひ効を立てしむ。雍是に於いて譙、梁、彭、沛の民五千餘家を招集し、二十七營を置き、遷りて濟陰に鎮す。（『魏書』巻三八刁雍伝[22]）

滎陽太守を拜し、仍ほ長史を領す。在任十年、農戰並びに修まり、大ひに聲績を著す。邊遠を招攜し、歸附する者は萬

餘家、號して善政と爲す。(『魏書』巻三八　王慧龍伝[23])

など、国境地帯で南朝からの亡命者に人を集めさせた記事がある。これらの記事にみえるように、南朝からの亡命者は東平・濟北・東陽・譙・梁・彭・沛・滎陽など、山東から河南にかけての地域に配され、南朝から人戸を引き抜くことに従事していた。

また、太武帝の時代には、

南鎭の諸將復た、賊至り而して自陳の兵少く、幽州以南の戍兵・佐守を簡び、漳水に就きて造船し、嚴にして以て備へと爲さんと表す。公卿の議する者は僉《み》な然りとし、騎五千を遣はし、并せて司馬楚之、魯軌、韓延之等に假署し、邊民を誘引せしめんと欲す。(『魏書』巻三五　崔浩伝[24])

という議論が、公卿議者によって提案されている。南朝からの亡命者を使って、辺境の民を北魏に誘引しようという目論見であるが、このことは、亡命者のみならず、北魏の朝廷において南朝からの亡命者を使って「邊民」を招集することが一般的だと考えられていたことを示している(ただし、この議は崔浩の反対によって実現しなかった)。

これら「招集邊民」の事例は、当時の社会、特に北魏・劉宋の国境地帯において、東晋からの亡命者が相当の名声を持っていたことを示している。先にみたように、後秦が東晋からの亡命者を匿っていたことが問題となった背景には、単なる大義名分の問題だけでなく、不足しがちな人口を奪われるという現実的な危機感があったのであろう。

亡命者の持つ名声と、北魏の持つ軍事的な圧力が組み合わさることによって、北魏の河南経略は比較的スムーズに進んだと考えられる。

　このように、司馬氏を初めとする南朝からの亡命者は北魏の南方進出において特殊な役割を果たしていたが、この方針は北魏の華北統一の時期を境に一変する。北魏にとって、司馬氏の名声は、劉宋との国境地帯での戦争を有利に進める上で有効に活用されていた。北魏にとって、一兵も失わずに人民や士族、あるいは土地を得ることができたメリットは非常に大きかったと考えられる。

　しかし、司馬氏の持つかつての皇族としての名声や信望は、それが劉宋に反対する立場であるうちは有効な武器だが、反面、矛先が北魏に向かったときは脅威となりかねなかった。司馬楚之らが北魏に降った翌年の泰常五（四二〇）年には、早くも司馬氏を中心とした北魏への叛乱が起こっている。


　文思は淮南公國璠、池陽子道賜と平ならず、而して僞りて之に親しみ、引きて與に飲宴す。國璠は性疏直、酒醉に因り、遂に文思に語り、己の將に温楷及び三城胡酋の王珍、曹栗等と與に外叛せんとし、因りて京師の豪強の與に謀を爲す可き數十人を説けるを言ふ。文思之を告げ、皆な坐して誅さる。文思を以て廷尉卿と爲し、鬱林公の爵を賜ふ。（『魏書』巻三七　司馬文思伝[25]）

叛乱の中心となったのは淮南公司馬國璠と池陽子司馬道賜であった[26]。彼らは同じく南朝からの亡命者である温楷、三城胡の王珍らと叛乱を計画した。先にみたように、亡命者は兵権を奪われていたため、「京師の豪強」の力を借りようとしたのである。この叛乱計画は司馬文思の密告によって事前に鎮圧されたが、上記の亡命者、胡以外に、華北の名族である渤海の封玄之も加わっており、参加者は亡命者・華北漢族・胡族の広い範囲に及んでいた。事前に鎮圧されたとはいえ、なぜ、北魏へ亡命してからわずか一年で、これだけ広範囲の人間を巻き込んだ叛乱が計画できたのだろうか。そこには、南朝との国境で辺境の民を引きつけたのと同じ、「司馬氏である」というネームバリューの大きさが働いていたと考えられる。

この事件以降、南朝からの亡命者に対する不信を示す記述が見られるようになる。

後に洛城鎮将を拜し、兵三千人を配され金墉に鎮す。既に拜して十餘日、太宗崩ず。世祖初めて即位するや、咸な南人の宜しく委ぬるに師旅の任を以てすべからざるを謂ひ、遂に前授を停《や》む。（『魏書』巻三八 王慧龍伝[27]）

王慧龍は、太原王氏の一族であり、崔浩の姻族であった。門閥・姻戚とも、亡命者の中で非常に恵まれた人物の一人である。それでも「南人には軍隊を任せるべきではない」という意見のため、洛城鎮将への任官を止められている。北族だけでなく、五胡十六国時代に河北の動乱を生き抜いてきた華北漢族にとっても、郷里を捨てて南へ逃れ、華北が安定してから帰ってきた「南人」をにわかに信じることができなかったのであろう。

王慧龍の姻族である崔浩ですら、南朝からの亡命者が北魏に対して忠誠心が薄いことに危惧を抱いていた。先にみたように南方の諸将が太武帝に司馬楚之ら亡命者の派遣を要請したことにも、反対の立場をとり、以下のように論じている。

浩曰く「上策に非ざる也。彼の幽州已南の精兵悉く發し、大ひに舟船を造り、輕騎の後に在り、司馬を存立し、劉族を誅除せんと欲するを聞かば、必ずや國を擧げて駭擾し、滅亡を懼れ、當に悉く精鋭を發し、來たりて北境に備ふべし。後に審らかに官軍の有聲無實なるを知らば、其の先に聚まるを恃み、必ずや喜びて前行し、徑來して河に至り、其の侵暴を肆《ほしいまま》にせん。則ち我が守將は以て之を禦する無く、若し彼に見機の人有らば、善く權譎を設け、間に乘じて深入し、我が國の虛なるを虞《はか》り、變を生ずるに難からず。制敵の良計に非ざるなり。今公卿は威力を以て賊を攘《はら》はんと欲し、乃ち所以に招きて速かに至らしめんとす。夫れ虛聲を張りて實害を召すとは、此れ之の謂ひなり。思はざる可からず、後悔の及ぶ無し。我が使は彼に在りて四月前に還るを期す。使の至るを待ち、審らかにして後に發す可くも、猶ほ未だ晩からざるなり。且つ楚之の徒は、是れ彼の忌む所、將に其の國を奪はんとすれば、彼は安くんぞ端坐して之を視ることを得んや。故に楚之往けば則ち彼來たり、止れば則ち彼息む。其の勢然るなり。且つ楚之等は瑣才にして、能く輕薄無賴を招合するも、而して大功を成就する能はず。國の爲に事を生じ、至れば則ち散敗し、兵連なり禍結ばしむるは、必ずや此の輩なり。臣嘗て、魯軌の姚興に說きて荆州に入るを求め、至れば則ち散敗し、乃ち蠻賊掠賣して奴と爲るを免れず、禍をして姚泓に及ばしむるを聞く。已然の效なり」と。……（中略）……世祖衆に違ふ能はず、乃ち公卿の議に從ふ。浩復た固く爭ふも、從はれず。遂に陽平王杜超を遣はして鄴に鎮せしめ、琅邪王司馬楚之等を潁川に屯せしむ。（『魏書』巻三五　崔浩伝[28]）

この論議がなされたのが神䴥三（四三〇）年のことであった[29]。崔浩は後秦の例を挙げ、亡命した司馬氏らの目的が、晋室の復興と劉宋の誅除であって、北魏の利害とつねに一致するとは限らない、と述べ、司馬楚之らを河南に配置することが、開戦の準備を進めている劉裕をさらに刺激することになると指摘している。しかし、結果的に崔浩の言は受け入れられず、司馬楚之ら亡命者は引き続き南朝との最前線に駐屯し続けた。

この動向は北魏の華北平定が完了する太平真君四（四四三）年まで続く。この年、北魏は南北朝の間で最後まで独立を保っていた仇池の楊氏政権を併合し、華北統一を完成させた。北魏の侵攻に対して仇池国が劉宋に援助を求めたため、両国の間は非常に険悪なものとなった。このとき、平原鎮都大将であった拓抜提は、劉宋の徐州刺史臧質に書を送っている。

十九年、虜の鎮東將軍、武昌王宜勒庫莫提（拓抜提）、書を益梁二州に移し、仇池を往伐し其の附屬を侵す。而して書を移して徐州に越詣せしめて曰く、

「……（楊）難當は其の妻子及び其の同義を將ゐ、敗を闕下に告ぐ。聖朝憮然とし、顧みて羣臣に謂ひて曰く『彼の信に違ひ和に背くは、牢・洛と與に三を爲す。一すら之を甚しきと爲し、其の再なる可けんや。是れ若し忍ぶ可くんば、孰んぞ忍ぶべからざらん』。是を以て吾等磬聲の臣に分命し、難當の報復を助けしむ。

使持節、侍中、都督雍秦二州諸軍事、安西將軍、建興公吐奚愛弼は、南秦王楊難當を率ゐ、祁山自り南に出で、直ちに建安を衝き、南秦をして自ら信臣を遣はして舊户を招集せしむ。……（中略）……使持節、侍中、都督荊梁南雍三州諸軍事、領護南蠻校尉、征南大將軍、開府儀同三司、荊州刺史、故晉譙王司馬文思、寧遠將軍、荊州刺史、襄陽公魯軌は、南のかた荊州に趨く。……（中略）……使持節、侍中、都督梁益寧三州諸軍事、領護西戎校尉、鎮西大將軍、開府儀同三司、揚州刺史、晉琅邪王司馬楚之、南のかた壽春に趣く。使持節、侍中、都督揚豫兗徐四州諸軍事、征南將軍、徐兗二州刺史、東安公刁雍、東のかた廣陵に趣き、南のかた京口に至る。使持節、侍中、都督青兗徐三州諸軍事、征東將軍、青徐二州刺史、東海公、故晉元顯子司馬天助、直ちに濟南に趣く。

十道並びに進み、營を連ぬること五千、歩騎百萬、隱隱桓桓たり。此を以て城を屠らば、何の城か潰えず、此を以て奮撃せば、何の堅きをか摧かざらんや。邵陵踐土、區區たる齊晉、尚ほ能く強楚に克勝し、以て一匡を致す。況んや大魏は沙漠の突騎を以て咸夏の勁卒を兼ぬるをや。……（後略）」。（『宋書』巻九五　索虜伝[30]）

拓拔提は劉宋に逐われた仇池氏の楊難當を擁し、十軍に分けて進軍することを宣言している。この十軍のうち、（1）司馬文思、魯軌の荊州攻略軍、（2）司馬楚之の寿春攻略軍、（3）刁雍の広陵、京口攻略軍、（4）司馬天助の済南攻略軍と、四軍までもが、南朝からの亡命者によって率いられていた。この時期まで、南人に南朝との国境を任せるという運用が継続していたことがわかる。

しかし、この戦争は北魏の勝利で終わった直後から、司馬氏を含めた亡命者が相次いで転任させられている。翌年には、司馬楚之が太武帝の柔然討伐に従軍し、そのまま雲中鎮大将に任じられている。[31] 司馬文思も、この役の後「還京、爲懷荒鎭將」（『魏書』巻三七 司馬文思伝）とあり、役の直後に懐荒鎮将に転出している。刁雍については太平真君五（四四四）年に薄骨律鎮将となったことが列伝に記されており、司馬天助は柔然討伐に従軍して陣没している。

このように、南朝攻撃の司令官となった亡命者のほぼ全員が、南方の最前線から去り、多くは正反対である北方の柔然との国境に任じられている。それ以外にも、司馬楚之の長子である寶胤は中書博士から雁門太守に転出している。司馬楚之が就いた雲中鎮大将の地位は、寶胤の弟である金龍、躍兄弟に引き継がれ太和年間まで続く。また、司馬叔璠の子であり、司馬楚之の幕僚でもあった靈壽は遼西太守に、靈壽の子の惠安は恒州別駕から、桑乾太守となり、甥の紹も固州鎮将といずれも北方の辺境へ転任させられている。

これら北方諸鎮は、胡族の子弟が配属されていた。山東貴族が漢人の居住している農耕地域の地方長官に任じられていたのに対し、司馬氏を初めとする亡命者は鮮卑族が多い地域に赴任しており、彼らが山東貴族とは異なる特殊な任用のされかたをしていたことを裏付けている。

北辺にいる間の司馬氏については記録が乏しいが、太和初年までは北辺の諸鎮で防備に当たっていたらしい。当時生き残っていた司馬氏のほとんどが北辺へ移されていることは、北魏朝廷に何らかの方針変更があったことをうかがわせる。

崔浩の議にもあったように、司馬氏を初めとする亡命者は「南人」と呼ばれ、華北に残っていた漢人貴族とは異なる扱いを受けていた。多くの亡命者が北辺へ移された際、唯一南辺に残された魯軌は、太武帝末年の南征に従軍し、そのまま劉宋へ再亡命している。

亡命者は、その名声によって南朝国境で民衆を招き寄せることが期待されていた。しかし、司馬氏が北方へ移された太武帝末年は、南朝では宋の文帝による「元嘉の治」により、最盛期を迎えていた。南朝の政情が安定したことで、民衆の引き抜きは困難になり、亡命者の利用価値が下がっていたことは否めないであろう。

北魏前期の司馬氏は亡命者として、郷里とのつながりを断たれ、華北漢族との関係も良いものではなかった。経済的にも政治的にも、王朝に依存せざるを得ない状況にあった。しかし、魏宋国境で民衆を招集し、叛乱の計画したことからは、政治権力や財力を十分に持たない司馬氏が、名声によって人を動かしていた様子がうかがえる。

この点について、別の視角から当時の司馬氏の名声についてみてみたい。

三　司馬氏を騙るものたち

この節では、司馬氏を名乗る叛乱を検討することで、東晋滅亡後の司馬氏の名声がどれほどの範囲で、どの程度の時間広がっていたのかを探る。

前節でみたように、東晋滅亡後も司馬氏は北魏、劉宋国境地帯を中心に一定の名声を得ていた。この時期、晋宋革命の際に行方不明になった司馬氏の末裔を名乗って叛乱を起こす例がみられる。

まずはその例として、仇池国に現れた司馬氏の偽物の事例を取り上げたい。

是より先、四方の流民に許穆之、郝恢之の二人有り。（楊）難當に投じ、並びに姓を改めて司馬と爲し、穆之は自ら云ひて飛龍と名のり、恢之は自ら云ひて康之と名のり、是れ晉室の近戚と云ふ。康之は尋ひで人の殺す所と爲る。（元嘉）十年、難當は益州刺史の劉道濟　蜀土の人情を失ふを以て、兵力を以て飛龍に資し、蜀に入りて寇を爲さしむ。道濟は擊ちて之を斬る。（『宋書』巻九八　略陽清水氏伝）[32]

劉宋の元嘉一〇（四三三）年は、東晋の滅亡から一二年後のことである。もとは「四方流民」であった許穆之、郝恢之の二人が、仇池で司馬飛龍、司馬康之と改名し晋の宗室を名乗った。司馬飛龍こと郝恢之は四川に侵攻しようとして斬られたが、彼が司馬氏を名乗っていた影響は、それだけでは収まらなかった。

司馬飛龍なる者有り、自ら晉の宗室を稱し、晉末　仇池に走る。元嘉九（四三二）年、（劉）道濟の綏撫して和を失ふを聞き、遂に仇池より綿竹に入り、羣小を崩動して、千餘人を得。巴興縣を破り、令の王貞之を殺し、進みて陰平を攻む。陰平太守の沈法興は、城を焚きて遁走す。道濟は軍を遣はし、飛龍を擊ちて之を斬る。初め、道濟は五城の人の帛氏奴、梁顯を以て、參軍督護と爲す。……（中略）……其の年七月、道濟は羅習を遣はし、五城令と爲す。氐奴等謀りて曰く「羅令は是れ使君の腹心、而して卿には猶ほ賊盜を作し止まざる者有り。一旦發露せば、則ち禍を爲すこと測られず。宜しく要誓を結び、共に相ひ禁檢せん」と。乃ち牛を殺し盟誓す。俄にして氐奴及び趙廣等唱へて曰く「官は牛を殺すを禁ず。而れど村中は公に法禁に違ふ。脱し羅令をして使君に白し、吾が徒更めて賊を作さんと欲すと疑はしむれば、則ち餘類無からん」と。因りて詐りて言へらく「司馬殿下は猶ほ陽泉山中に在り、若し能く共に大事を建つれば、則ち功名立つべし。然らずんば立ちに滅して久しからず」と。衆既に亂を樂しみ、因りて相ひ率ゐて之に從ひ、數千人を得て、復た廣漢に向ふ。……（中略）……趙廣は本もと譎詐を以て兵を聚め、城下に兵を頓するも、飛龍を見ず、各おの分散せんと欲す。廣懼れ、乃ち三千人及び羽儀を將ゐ、其の衆を詐りて、飛龍を迎ふと云ふ。陽泉寺の中に至り、道人の程道養に謂ひて曰く「但だ自ら是れ飛龍と言はば、則ち坐して富貴を享け、若し從はずんば即日便ち頭を斬らん」と。道養惶怖して許諾す。道養は、枹罕の人なり。（『宋書』巻四五　劉道濟伝[33]）

劉道濟の参軍督護であった帛氏奴や趙廣らは村民を騙して叛乱の兵を起こさせた。このとき、既に死亡している司馬飛龍がまだ陽泉山にいると詐り「若し能く共に大事を建てれば、則ち功名立つべし。然らずんば立ちに滅すること久しからず」と民衆を煽ると、瞬く間に数千の兵が集まったという。彼らは官軍を撃破して遂に成都に逼ったが、兵たちは司馬飛龍の姿が見えないことに疑念を抱き、叛乱軍は解散の危機に陥った。そこで趙廣は陽泉寺の道人を脅して司馬飛龍の身代わりにして、どうにか衆心をつなぎ止めたのである。

民衆は司馬飛龍のことを「殿下」と呼び、共に功名を立てることを大義名分として立ち上がった。さらに、司馬飛龍の姿がみえなかったため、兵たちは解散しようとしている。司馬氏の声望は、劉宋の初期には、都の建康から遠く離れた益州の地でも、一般民衆のレベルにまで浸透していたのである。

なお、この益州での叛乱の時、趙廣の陣営には司馬龍伸、司馬飛燕と名乗る者も参加していた。司馬飛龍の事情を鑑みると、これらの人物もあるいは司馬氏を騙った別の人間であったのかもしれない。

先に述べたように、北魏に逃れた司馬氏の中でも、東海公司馬天助は晋の宗室かどうかを疑われていた。『魏書』巻三七　司馬天助伝には「自云、司馬德宗驃騎將軍元顯之子」とあり、『魏書』の作者である魏收がその出自に疑い

No.	人名	出典	叛乱時期	場所	備考
N1	司馬順宰	魏3	神瑞2（415）	上党	自號晉王
N2	司馬順之	魏3	泰常2（417）	常山	稱受天帝命年二十五應爲人君
N3	司馬休符	魏6	皇興2（468）	徐州	自稱晉王
N4	司馬小君	魏7上、16	延興1（471）	平陵	自稱晉後……號年聖君
N5	司馬朗之	魏7上	太和4（480）	五固	
N6	司馬惠御	魏7下	太和14（490）	平原	自言聖王
S1	司馬靈期	宋65	少帝初（423）	東萊	
S2	司馬順之	宋65	少帝初（423）	東萊	
S3	司馬朗之	宋78	元嘉5（428）	東安	
S4	司馬元之	宋78	元嘉5（428）	東安	
S5	司馬可之	宋78	元嘉5（428）	東安	
S6	司馬順則	宋5、78 南斉27	元嘉28（453）	梁鄒	詐稱晉室近屬自號齊王
S7	司馬黒石	宋76、77、97	元嘉29（454）	淮上	
S8	司馬従之	南斉25	明帝時（466～473）	蘭陵	
S9	司馬龍駒	南斉26	永明1（483）	広漢	

表2　司馬氏を名乗る叛乱指導者

を抱いていたことがうかがえる。また、先にみた仇池の役の時、劉宋の徐州府へ送られた書状に対する返信の一節には、

> 司馬楚・文思は亡命竄伏し、魯軌・刁雍は實に蠆尾爲り、而して其の逋逃を擁し、其の壇場を開く。元顯に子無し、焉くんぞ天助を得んや。謬稱や假託は、何ぞ以て云ふに足らん。（『宋書』巻九五　索虜伝）[34]

とあり、司馬楚之と文思については「亡命竄伏」と称し司馬氏の一族であると認めてはいるが、司馬天助のみは「元顯に子無し、焉くんぞ天助を得んや。謬稱や假託は、何ぞ以て云ふに足らん」と断じている。ただし、司馬天助の子の元伯は、司馬氏の本貫である温縣子に封じられている。これは北魏が元伯を司馬氏の一族だと認識

していた故の処置であろう。ところが、唐代に編纂された『晋書』巻六四 司馬元顯伝には、桓玄に捕らえられた司馬元顯の子は「其六子皆害之」とある。『晋書』は、北斉の魏收が編纂した『魏書』を踏まえて編纂されているにもかかわらず、『晋書』の記載と『魏書』の司馬天助の経歴とは食い違っている。これは、『晋書』の編纂者が、魏收が司馬天助伝で「自云」の二文字を書き加えていることを踏まえて、その出自を偽物と判断したのであろう。司馬天助の家柄については、北魏では疑念を持たれつつも、司馬天助の一族を司馬氏と認めていたが、北斉ではその真偽が問題とされ、唐代に至って司馬天助の家系を偽物だとする説が主流になったと考えられる。

　これら以外にも史料上には司馬氏を名乗る人間が見られる。それは、農民叛乱の指導者である。**表2**は、北朝・南朝の農民叛乱の指導者で、司馬氏を名乗っていたものの一覧である。No.の欄のNは北朝を、Sは南朝での叛乱を示している。司馬氏を名乗る叛乱指導者は南北朝併せて一五人ほど見られる。そのうち北朝で三人、南朝で一人が確実に河内温縣の司馬氏の末裔として自ら晋王や斉王の称号を名乗っている。それ以外の人物も、司馬飛龍の例でみたように、全国的な司馬氏の影響力を利用とした者が大半であろう。劉宋初年に南朝で起きた司馬氏による叛乱は、司馬楚之のように、国境地帯で抵抗活動を続けていた「本物の」皇族である可能性も否定できないが、少なくともこの表に現れる司馬氏を名乗る人物のうち、『晋書』に宗室として記載されている名前と合致する者は一人もいない。

　なお、**表2**のN2とS2に司馬順之という同一の名前が見られるが、N2は「趙郡大盗趙徳、執送京師、斬之」とあり、S2とは別人である。S8の司馬従之も、中華書局版『南斉書』補注には、梁の諱を避けて「順之」を「従之」に変えたとあるが、年代的に見て同一人物とは考えづらい。『宋書』巻六五 崔諲伝には、「少帝初、亡命司馬靈期、司馬順之、千餘人圍東莱、（崔）諲撃之斬、靈期等三十級」とあるのみで、司馬順之を斬ったという記述は見えず、同一人物である可能性を否定することはできないが。

司馬氏を名乗る人々が叛乱を起こした場所を比較すると、北魏では全域にわたっており、南朝では淮河―長江流域に比較的多いが、益州や広漢でも叛乱が起こっている。地理的な分布からみれば、司馬氏の名声は全国的に広がっていたといえるであろう。

年代をみると、最も早いものは北魏神瑞二（四一五）年であるが、これは東晋の滅亡前である。劉裕の北伐以前であり、亡命した司馬氏の多くは長安の後秦に身を寄せていた。以後、南北とも劉宋の前半に当たる時期に集中しているが、四八〇年代を最後に、北、南とも司馬氏を名乗る叛乱指導者はみえなくなる。これの意味するところは、東晋の滅亡から六〇年が経過して、直接東晋の治世を知るものはいなくなったため、もはや司馬氏を名乗って人心を集めることが難しくなったということではないだろうか。

四　華北名族としての司馬氏

第二節で述べたように、太武帝の太平真君四年以降、司馬氏の多くは劉宋との国境から北辺の鎮将や太守に左遷され、中央官界からは遠ざけられていた。この傾向が変化するのは、孝文帝の時代に入ってからである。しかし、その空白の三〇年間に、亡命した司馬氏のほとんどが史書から姿を消している。（A～Eは第二節（一五八・一五九頁）の五つの系統に対応）

（A）司馬休之の系統は、懐荒鎮将となった司馬文思が興安（四五二～四五三）初年に死去し、後を継いだ彌陀は、

興光初め、（賓）瑾の女婿、鬱林公司馬彌陀は、選を以て臨涇公主に尚す。瑾は彌陀に教へ辭託せしむるに

誹謗呪詛の言有り、彌陀と同に誅さる。（『魏書』巻四六 竇瑾伝[35]）

とあるように興光元（四五四）年ごろ舅の竇瑾とともに、大逆の罪で誅殺されている。これにより、司馬休之の子孫は絶えている。

（C）司馬景之、準兄弟については、司馬準が興光元年に死去したこと、司馬景之の後を司馬師子が、司馬準の後を司馬安國が継いだことが記されているのみで、以後の消息は不明である。ただし、唐代に編纂された『元和姓纂』に、司馬景之の子孫を蒼梧房司馬氏として区別しており、七代孫の司馬思恩が唐の左衛長史になっていると記されていることから、この家系が断絶した訳ではないと知れる[36]。

（E）司馬天助については、天助が太武帝の北伐に従軍して陣没した後、子の元伯が継ぎ、司馬氏の本貫である温縣に封ぜられている。司馬天助の東海公からの降爵ではあるが、司馬氏に縁の深い土地に封ぜられている所をみると、前節でみたように、北魏では司馬天助は東晋宗室の子孫と認識されていたのであろう。元伯は太和年間に建威将軍、泰山太守となったが、その後の消息は不明である。

太和年間以降の動向を知ることができるのは、（B）司馬楚之の子孫と、（D）司馬叔璠の子孫だけである（司馬叔璠の兄弟である國璠、道賜は前述のように泰常年間に誅殺されている）。

司馬楚之の子孫は、司馬金龍、躍兄弟が久しく雲中鎮都大将の任にあったが、後に都に呼び戻され、金龍は吏部尚書に、躍は祠部尚書、大鴻臚卿に任じられている。彼らは北辺以外の地方官を経ることはなく、晩年に中央の大官に任じられた。『魏書』巻三七には、司馬躍が朔州刺史であった時期に河西の禁苑を民間に開放するように求めるよう上奏しており、これが孝文帝により認可されたとある。少なくとも太和初（四七一）年頃までは、まだ北辺にいたことが分かる。

官職	人名	就任時期	出典
懐州大中正	司馬子如	北齊初期	司馬遵業墓誌
河内郡中正	司馬裔	（北周）大統3（537）	周36
河内邑中正	司馬纂	永平元（508）直前	魏37
司州治中	司馬纂	太和8（478）以降	魏37
司州別駕	司馬纂	太和年間	魏37
司州別駕	司馬仲粲	（東魏）武定末（549）	魏37、北32
司州別駕	司馬悦	太和8（478）以降	魏37

表3　本籍地の治中・別駕・中正就任者

初めて北辺以外の地方官があらわれるのが、司馬金龍の次子、纂の時代である。纂は司州治中、司州別駕、河内邑中正となっている[37]。治中・別駕・中正の職には、その土地の有力者の子弟が辟召された。司馬氏が司州・河内郡の治中・別駕・中正となった例は、北朝を通して五例みられるが、いずれも太和年間以降のことである（**表3**）。

また、司馬叔璠の子孫も、靈壽の次子の直安が済北済南二郡太守となり、孫の景和が清河内史に、道壽の子の仲明が涼州刺史に、その子彦邕が相州刺史へと、各地へ地方官を出すようになっている。

この中で、北魏における司馬氏の最盛期を築いたのが司馬金龍の子、司馬悦であった。悦は娘を宣武帝に嫁がせ、息子を孝文帝の女に尚させた。墓誌に「男降懿主、女徽貴賓、姻婭綢疊、戚聯紫掖」と記されるような皇室との密接な関係により、宣武帝（在四九九～五一五）の時代に、梁との国境地帯である豫州、郢州の刺史を歴任した。祖父の司馬楚之以来六〇年ぶりに南朝との国境に鎮することとなったのである。しかし、永平元（五〇八）年、豫州で暗殺され、その首は南朝に送られた。

司馬悦の例にみえるように、司馬氏は北魏皇室と強い姻戚関係を持つことで、華北での影響力を回復しようとしていた。**表4**（一七六頁）は北朝期を通じて、司馬氏と婚姻関係を結んだ家の一覧である。これを姻族別に統計を取ってみると**表5**（一七七頁）のようになる[38]。二四例のうち七例までが北魏

人名	結婚時期	婚姻関係	出典
司馬楚之	世祖初以降	河内公主（河南元氏）	魏書37
司馬彌陀	興光元（454）ごろ	竇瑾女（頓丘竇氏）	魏書37
司馬金龍	延興4（474）以前 太和8（484）以前	欽文姫（源賀女） 沮渠牧建女（世祖妹所生）	魏書37 司馬金龍墓誌 欽文姫墓誌
司馬躍	太和8（484）以前	趙郡公主（河南元氏）	魏書37
司馬靈壽	皇興3（469）以前	李峻女（梁国李氏・文成元皇后の姪）	魏書37
司馬景和	太和12（488）	孟敬訓（清河孟氏）	魏書37 司馬景和墓誌 孟敬訓墓誌
司馬鴻	？	博陵長公主（河南元氏）（孝静帝姑）	魏書37 北斉39
司馬氏	神亀2（519）	元譚（河南元氏）	司馬氏墓誌
司馬仲明	正光5（524）以前	靈太后従姉（安定胡氏）	魏書37
司馬朏	正光5（524）以前	華陽公主（世宗妹）	魏書37
司馬顯明	？	高雅（渤海高氏）	高雅墓誌
司馬氏	世宗～天平初	盧道裕（范陽盧氏）	魏書47
司馬消難	？	（北斉）高祖女（渤海高氏？）	北斉書18 周書21
司馬令姫	大象元（579）	（北周）静帝（宇文氏） 李丹	周書9
司馬子瑞	北斉末期	陸氏（陸令萱之妹）	北斉書18
司馬氏	北魏末	封述（渤海封氏）	北斉書43
司馬氏	北魏末	盧道虔（范陽盧氏）	魏書47
司馬氏	太和以前	刁纂（渤海刁氏）	刁遵墓誌
司馬氏	北魏後期	刁紹（渤海刁氏）	刁遵墓誌
？	北魏後期	元懌女（河南元氏）	元邵墓誌
司馬氏	北魏中期	寇治（上谷寇氏）	寇治墓誌
司馬氏	？	元景獻（河南元氏）	北斉39
司馬選	周末隋初	鄭術女（滎陽鄭氏）	鄭術墓誌

表4　司馬氏婚姻表　　＊網掛けは女性

宗室との婚姻であり、これに北周宇文氏、北斉高氏を加えると三分の一を超える。さらに北魏の外戚の一族が二例ある。沮渠氏との通婚も、沮渠氏の母が太武帝の妹であるという関係に基づいたもので、宗室との関係が前提となっている。宗室との関係強化のための婚姻が全体の四割以上にのぼり、特に、北魏宗室と司馬氏は亡命直後から何重にも姻戚関係を結んでいる。これまでみてきたように、亡命直後の司馬氏は晋の宗室であるという名声以外に何も持っておらず、草創期の北魏の皇帝たちは、司馬氏と姻戚関係を結ぶことで華北漢族を支配する上での権威を得ようと考えたのであろう。

一方で、華北漢族との通婚はどうであろうか。特に目を引くのが、渤海や上谷といった、やや辺境に位置する氏族との通婚が多く見られ、逆に華北の名族である崔氏、李氏との通婚が見られない（范陽盧氏、滎陽鄭氏との通婚はあるが）。しかし、**表5**に登場する氏族のうち、清河孟氏と渤海刁氏、上谷寇氏を除いた華北漢族は、すべて北魏宗室との婚姻関係を持ち、一流の貴族といえる家系であった[39]。

宗室	洛陽元氏	7
	宇文氏	1
	渤海高氏（高歡）	1
外戚	安定胡氏	1
	梁國李氏	1
旧五胡王族	沮渠氏	1
	源氏	1
亡命氏族	渤海刁氏	2
華北漢族	渤海高氏	1
	渤海封氏	1
	滎陽鄭氏	1
	上谷寇氏	1
	范陽盧氏	2
	頓丘竇氏	1
	清河孟氏	1
その他	陸氏	1
	計	24

表5　司馬氏の婚姻相手

華北漢族との婚姻関係は太和末年、すなわち孝文帝の洛陽遷都前後を境にして、一気に増えている。孝文帝以前で司馬氏と婚姻関係を確認できるのは、頓丘竇氏と渤海刁氏だけであり、残りは宗室・外戚・五胡王族で占められている。北魏皇室が積極的に司馬氏と姻戚関係を結び、その名声を取り込もうとしたのとは対照的に、司馬氏は華北の漢人貴族社会に本格的に参入できていなかったのである。

洛陽遷都前の司馬氏は宗室、外戚と結んだ、北魏王朝への依存度の高い氏族であった。しかし、洛陽遷都後、華北漢族との通婚が進むと、貴族社会内で一定の地位を確保していく。それは、博陵崔氏・趙郡李氏といった一流の名門と比較するとやや見劣りがするものの、一流と言って差し支えない水準のものであったといえる。

郷里との関係の変化もまた、孝文帝期に一つの変化がみられる。墓葬地が平城付近から河内へ移動したことがその一つである。洛陽遷都以前の北魏で、南朝からの亡命者の墓所を平城周辺に集中させる政策が取られていたことは、太平真君元（四四〇）年ごろのこととして、「時制、南人入國者皆葬桑乾」（『魏書』巻三八 王慧龍伝）とあることからも明らかである。北朝に仕えた漢族の墓葬地について述べた室山留美子の研究によれば、この政策は平斉郡の設置と同時に強化されるが、洛陽遷都後は逆に、郷里に一族墓を形成することが許容されたとされる[40]。これは、北魏で葬礼を重視する風潮が高まったことを受けてのことであり、南人も平城から郷里へ遷葬する傾向がみられた。その一方で、郷里へ帰葬せず、洛陽の周辺に新たに一族墓を形成する氏族もあらわれはじめ、この両者の差は、その貴族が在地に根ざしているか、あるいは皇帝の権力に寄生しているかの差によるところが大きいと述べている。

表6は、北朝墓誌から確認できる司馬氏の墓葬の状況である。北魏初期から北周末まで、全部で八例見いだすことができる。地域的に見ると、平城が一例（夫婦一例）、温縣（温城）が四例（夫婦一例）、鄴が二例、長安（武功縣）が一例となる。

先にみたように、南朝からの亡命者は当初、北魏の都である平城に集住させられていた。この時期に死去した司馬金龍とその妻の墓誌は、平城から発見されている。一方、司馬氏の本貫である河内郡温縣からは、司馬悦、司馬紹、司馬昞およびその妻、司馬昇の五名の墓誌が見つかっている。しかし、東魏時代に入ると、司馬興龍、司馬子如父子の墓誌は鄴で発見されている。また、東魏で叛乱を起こし西魏に仕えた司馬裔は、長安に葬られたことが

人名	死亡年	死亡地	埋葬年	墓葬地	出典	その他
司馬金龍	484			平城（金陵）	墓誌	埋葬地は墓誌出土地による
司馬元興	493	第(平城)	511	温城西北廿里	墓誌	
司馬悦	508	豫州	511	温縣西郷嶺山之陽	墓誌	
司馬景和	520	河内城	520	本郷温城西十五都郷孝義里	墓誌	夫人孟氏も温縣に埋葬
司馬昇	535	懐縣	535	温縣	墓誌	
司馬興龍	490	朔州	541	鄴城西北十五里釜陽城西南五里平岡土山之陽	墓誌	
司馬遵業	552	鄴都中壇里第	553	鄴城西北十五里山崗之左	墓誌	
司馬裔	571	京師（長安）	571	武功縣三畤原	庾子山集	

表6　北朝における司馬氏の墓葬地一覧

人名	死亡年	死亡地	埋葬年	墓葬地	出典	その他
司馬興	670		670	河陽縣東北一十七里平原	彙編	年号に疑念あり。墓誌には総章三年七月死亡とあるが、総章三年三月に咸亨と改元されている
司馬寔	686	□都弘教里第	689	邙山之河陰郷瀍陽里	彙編	
司馬論	666		701	廣武澶泉□陽	彙編	夫人と合葬
司馬銓	731	洛陽毓徳里之私第	731	北邙原故夫人范陽郡君盧之塋左	彙編	夫人と合葬
司馬元禮	743	東京福善里之第	743	龍門山天竺寺之東谷	彙編	夫人と合葬
司馬望	761	洛陽毓徳里之私第	761	河南縣平楽郷之原	彙編	
司馬斉卿				洛陽縣陰平郷	彙編	夫人の死亡年・場所のみ判明
司馬叡	649	安康里第	649	萬年縣銅人郷	續集	
司馬慘	835	永嘉里私第	836	萬年縣長楽郷龍首原長壽村	續集	

付表：唐代における司馬氏の墓葬地一覧　※彙編＝唐代墓誌彙編／續集＝唐代墓誌彙編續集

『庾子山集』に載せられている。従って、司馬氏が本貫に墓地を持っていたのは、北魏の中期から、司馬裔の叛乱（五三七）までの期間であったと考えられる。司馬氏が河内郡に墓地を移した正確な時期は分からないが、司馬金龍が死んだ太和八（四八四）年から、司馬元興、司馬悦が埋葬された永平四（五一一）年の間、すなわち孝文帝・宣武帝期であったことは間違いないであろう。

温縣から発見された墓誌のうち、司馬悦、司馬昇は司馬楚之の系統であり、司馬紹、司馬昞は司馬叔璠の系統である。この二つの系統はともに西晋の宣帝司馬懿の弟から出た家系であり、系譜が分かれてから既に三〇〇年近く経とうとしていた。しかし、それでも同じ場所に一族墓を作っていたことは、当時、異なる経緯で北魏へ亡命した司馬氏の人々のあいだで、郷里を同じくする同族だという意識が保たれていたことを意味している。司馬楚之の瑯琊房、司馬叔璠の冠軍房とともに、唐代に三祖司馬氏と号された司馬景之の子孫である蒼梧房の人々も、墓誌は発見されていないが温縣に帰葬していたものと考えられる。

さらに、史料上にあらわれる司馬氏の起家官から、彼らの北魏官界での地位を検討したい。**表7**では司馬氏のうち、起家官の分かるものをリストアップした。このうち、中散は胡族独特の官であり、駙馬都尉は公主に尚した者に与えられる官職であるので、それらを除外すると、その他の起家官はほぼ七～六品の間に収まっている(41)。ただし、起家の官の大半は三公府および王府の参軍から始まっており、著作郎、著作佐郎、秘書郎といった門下・中書系統の官ではない。清河崔氏・范陽盧氏など四姓と呼ばれる一流名族が門下、中書系統の官で起家していたことと比較すると、司馬氏の家格はそれよりも一段落ちるものと見なされていた可能性がある。このことは、姻戚関係で見た結果と符号するであろう。

以上から太和年間以降の司馬氏の急速な変化をうかがえるであろう。

太和年間以前も高級官僚を世襲してきていたものの、それは司馬氏の名声や皇族との姻戚関係に依存したもので

	人名	起家官	最終官位	出典	備考
太和以前	司馬金龍	中散（正五品中）	侍中（正二品上）・鎮西大将軍（従一品上）・吏部尚書（従一品下）・開府（正一品下）・琅邪王	魏書37 司馬金龍墓誌 欽文姫墓誌	
	司馬躍	駙馬都尉（従四品上）	潁川王師（正三品上）	魏書37	
	司馬朏	駙馬都尉（正六品下）	員外散騎常侍（正五品上）・鎮遠将軍（正四品下）	魏書37	特除
太和以降	司馬祖珍	員外散騎侍郎（正七品上）	員外散騎侍郎（正七品上）	魏書37	司州秀才・解褐
	司馬宗龐	華州安定王府騎兵参軍（正七品下）	洛州龍驤府司馬	魏書37	
	司馬景和（昞）	奉朝請（従七品下）	清河内史	魏書37 墓誌	
	司馬悦	司州主簿（正五品中）	征虜将軍（従三品）・豫州刺史・漁陽縣開国子（正四品下）	魏書37 墓誌	太和中起家
	司馬昇	太尉府行参軍（正七品上）		司馬昇墓誌	孝昌2年起家
	司馬裔	司徒府参軍事（正七品上）	（北周）大将軍・西寧州刺史	魏書37 周書36 庾子山集13	起家（『周書』）
	司馬澄	司空功曹参軍（従六品上）	給事中（従六品上）	魏書37	司州秀才
北斉期	司馬消難	著作郎（正七品下）	（陳）都督安隋九州八鎮・車騎将軍・司空・隋公	北斉書18 周書21	起家（『周書』）

表7　司馬氏の起家官・最終官位一覧　※下線の引かれた官位は太和前令による

あった。郷里とは切り離され、官職の中に漢人が多く住む地域の地方官はみられなかった。

本貫である河内温縣へ一族墓を移し、郷里との関係を復活させた司馬氏は、官歴の面では、北辺の地方官と中央の官のみに充てられていた状態から、本貫のある地域を含めた、漢族居住地域で治中、別駕、中正などを出すことができるようになった。同時にそれ以前から続く元氏との婚姻関係を強化すると同時に、范陽盧氏、上谷寇氏など有力な家同士で姻戚関係を結び、華北の貴族社会に参入している。

第三節でみたように、司馬氏を名乗る叛乱が姿を消し、晋の皇族としての全国的な民衆への影響力はこの時期に消滅している。それと時を同じくするこのような変化は、名声と皇帝との姻戚関係に依存した状態から、在地での影響力を回復し、華北漢族社会へ参加することで、司馬氏を取り巻く環境に質的な変化が起きたことを示しているのではないだろうか。

おわりに

孝文帝、宣武帝期以降の司馬氏は、郷里との関係が復活しても生活の拠点を洛陽に置いていた。

莊嚴寺、東陽門外一里の御道の北に在り、所謂る東安里なり。里内に駙馬都尉司馬悦、濟州刺史刁宣、幽州刺史李眞奴、豫州刺史公孫驤等の四宅有り。（『洛陽伽藍記』巻二　城東荘厳寺）[42]

とあり、司馬悦の家が洛陽の東の門外にあったことが知れる。[43] 司馬氏が郷里に定住するのは、司馬金龍の曾孫である裔の時代のことである。司馬裔は東魏に仕え中堅将軍、員外散騎常侍の官にあったが、官を辞して帰郷している。

帰郷した司馬裔は五三七年、西魏の弘農進出に呼応して温縣で兵を挙げ、西魏から河内太守に任じられている。(44)裔は後に北周で大将軍まで昇り、娘は北周の静帝の皇后となっている。西魏大統八（五三九）年、司馬裔は郷里の人民を率いて長安に入朝した。このとき司馬裔とともに長安に至った者は千戸ほどあったという。

　頃之《しばらくして》、河内より四千餘家歸附する有り、竝びに裔の郷舊なり。乃ち前将軍、太中大夫を授け、河内郡守を領し、流民を安集せしむ。……（中略）……十五年、太祖は山東の立義の諸将等の能く衆を率て入關せし者をして、竝びに重賞を加へしむ。裔は戸千室を領して先に至る。太祖は以て裔を封ぜんと欲す。裔固辭して曰く「立義の士の、郷里を辭し、親戚を捐て、遠く皇化に歸するは、皆な是れ誠心の内に發せばなり。豈に裔能く之を率ゐんや。今 以て裔を封ずるは、便ち是れ義士を賣りて以て榮を求むるなり。願ふ所に非ざるなり」と。

（『周書』巻三六　司馬裔伝）(45)

とあり、さらにその後温縣の「郷舊」四千家あまりが西魏に至ったことを述べ、大規模な移住があったことが想定される。(46)これによって司馬氏の本貫である温縣周辺での司馬氏の影響力は根こそぎ北周に移された。司馬裔の墓は長安周辺から発見されており、また唐代以降、河内郡の郡望を名乗るものの、郷里との関係はみられない（**表6・付表**　一七九頁）。

司馬氏は郷里との関係を復活させ、北魏末には郷兵を率いて挙兵するまでに至ったが、その挙兵の結果として、郷里とのつながりを失うことになったのである。

以上みてきたように、司馬氏を初めとする亡命者は北魏前期において、姻戚関係の面でも、官歴の面でも、華北に残っていた漢人貴族と大きく異なっていた。そこには、居住地の制限や、郷里への帰葬の禁止など制度的な要因と、華北漢族が南朝貴族に対して抱いていた不信感があった。しかし、それでも彼らが高位高官に昇った背景には、彼ら亡命者が持っていた名声が、北魏が劉宋に対抗する上で有効だったためであった。

亡命者の名声は、現在の亡命者の持っている権力や経済力、軍事力によるものではなく、彼らが何代にもわたって南朝で貴族としての地位を保っていたことに由来している。このような名声が、多くの人々を動かす上で実際に機能していた点が、北朝貴族社会の特徴の一つと言えるであろう[47]。

しかし、同時にそのような名声にも限界があった。高い名声を持っていた亡命者だが、華北の漢人貴族社会へ参入することは許されなかった。亡命者は北魏宗室や、同じような境遇にある亡命者同士で姻戚関係を築いた。北魏の漢人貴族は、郷里社会の支持を得て王朝から独立的な山東貴族と、都に集住し、権力も財政も王朝に依存的な亡命貴族が、別々の集団として存在していたと言えるのではないだろうか。

そのような、漢人社会の分裂が解消されるのは孝文帝の漢化政策が実行される直前であった。この時期、司馬氏のみならず南朝からの他の氏族も本貫への帰葬が許されている[48]。「胡漢融合」を目指した孝文帝の諸改革は、南朝や河西といった、山東以外の出身者の協力によって進められており、華北の漢人社会に南朝出身者が受け入れられていく時期と一致している。単に胡族の華北漢族への同化を目指したものではなく、郷里における経済的・政治的基盤が弱く、王朝への依存度が高い南朝などからの亡命者を登用することで、胡族とも華北漢族社会とも距離を置きつつ、改革を進めようとしたのではないかと考えられるのである。

【注】

（1）葛剣雄編『中国移民史』第二巻（福建人民出版社、一九九七）四四五～四五〇頁。
（2）王大良「従北魏刁遵墓誌看南北朝世族婚姻」（『北朝研究』一九九二―二）。
（3）守屋美都雄『六朝門閥の一研究』（日本出版共同、一九五一）。
（4）唐長孺「論北魏孝文帝定姓族」（『魏晋南北朝史論拾遺』中華書局、一九八三）。
（5）川本芳昭「五胡十六国・北朝時代における「正統」王朝について」（『魏晋南北朝時代の民族問題』汲古書院、一九九八、第一篇第二章。初出『九州大学東洋史論集』二五、一九九七）参照。ただし、北魏初期には「漢を継承する」という意識のもとで、魏という国号が定められたとされ、北魏政権内の貴族が抱いていた正統に対する意識にはぶれがあったものと考えられる。佐藤賢「もうひとつの漢魏交替」（『東方学』一一三、二〇〇七）参照。
（6）胡志佳『門閥士族時代下的司馬氏家族』（文史哲出版社、二〇〇五）。
（7）池田温「唐代の郡望表（上・下）」（『東洋学報』四二―三、四、一九五九）。
（8）遂賜死。後司馬徳宗荊州刺史司馬休之等數十人爲桓玄所逐、皆將來奔、至陳留南、分爲二輩。一奔長安、一歸廣固。太祖初聞休之等降、大悅、後怪其不至、詔兗州尋訪、獲其從者、問故。皆曰「國家威聲遠被、是以休之等咸欲歸闕、及聞崔逞被殺、故奔二處」。太祖深悔之。自是士人有過者、多見優容。
（9）晉河間王子國璠、章武王子叔道來奔、興謂之曰「劉裕匡復晉室、卿等何故來也」。國璠等曰「裕與不逞之徒削弱王室、宗門能自修立者莫不害之。是避之來、實非誠款、所以避死耳」。興嘉之、以國璠爲建義將軍、揚州刺史、叔道爲平南將軍、兗州刺史、賜以甲第。
（10）彼らが亡命した年代は、『晋書』安帝紀、姚興載記下、『魏書』司馬國璠伝いずれにも記載されていない。ただし、『晋書』巻一一八 姚興載記下では、司馬國璠らの亡命は、赫連勃勃が自立（四〇七）した後、蜀に割拠した東晋の武将譙縦による荊州攻撃（四一〇）よりも前のこととある。なお、義熙二年に劉裕は揚州刺史、録尚書事に進んでいる。
（11）『晉書』巻一一八 姚興載記下。
（12）司馬休之、魯宗之父子、司馬國璠兄弟、諸桓宗屬、皆晉之蠹也。而姚氏收集此等、欲以圖晉、是以伐之。道由於魏……非敢憑陵魏境。

(13) 與司馬順明、道恭等所在聚黨。及劉裕自立、楚之規欲報復、收衆據長社、歸之者常萬餘人。

(14) 奚斤既平河南、以楚之所率戸民分置汝南、南陽、南頓、新蔡四郡、以益豫州。世祖初、楚之遣妻子内居於鄴、尋徵入朝。

(15) 『魏書』巻三 太宗紀 泰常七（四二二）年十月条。

(16) 司馬楚之が兵力と領民を抱えた半独立勢力として存在できた背景には、北魏・劉宋の間に国境線が明確に引かれていたわけではなく、両国の間にどちらにも属さない中立的な緩衝地帯が広がっていた事がある。北魏の南方進出に呼応した他の亡命者も、このような「中間地帯」に潜伏していたと考えられる。陳金鳳『魏晉南北朝中間地帯研究』（天津古籍出版社、二〇〇五）参照。

(17) 司馬氏の系図については堂薗淑子・太平幸代「魏晉南北朝四氏世系表（上）」（『六朝学術学会報』五、二〇〇四）参照。なお、これ以外にも北魏末期から北斉・北周にかけて司馬氏を名乗った一族がある。西晋の南陽王保の子孫であり、北斉で四貴と呼ばれた権臣、司馬子如（遵業）がこれに当たる。南陽王保は西晋末に涼州に鎮しており、その子孫が涼州に存していたが、北魏が涼州を制圧すると、雲中へ徙民されたという。しかし、『北斉書』巻一八 司馬子如伝には、上記のような経緯を記した後、「其の自序に爾云ふ」と付け加えられており、『北斉書』の編纂者もその出自に疑問を抱いていたことがうかがえる。『晋書』巻三七 南陽王模伝には、涼州に割拠した司馬模は劉聰に敗れて殺され、その子の保は上邽に拠ったが、病死して子がなかった。部下が宗室の司馬瞻を迎えて後を奉じさせたが、瞻も劉曜に捕らえられて殺された、とある。

(18) 「江淮以北、聞王師南首、無不抃舞、思奉德化。而逼於寇逆、無由自致。臣因民之欲、請率慕義爲國前驅。今皆白衣、無以制服人望。若蒙偏裨之號、假王威以唱義、則莫不率從」。於是假楚之使持節、征南將軍、荊州刺史。

(19) 劉義隆侵境、詔靈壽招引義士、得二千餘人。

(20) 天助招率義士、欲襲裕東平、濟北二郡及城戍。又破裕將閭萬齡軍、前後多所虜獲。

(21) 又謂之曰「朕先遣叔孫建等攻青州、民盡藏避、城猶未下。彼既素憚卿威、士民又相信服、今欲遣卿助建等、卿宜勉之」。……建先攻東陽、雍至、招集義衆、得五千人。遣撫慰郡縣、士人盡下、送租供軍。

(22) 又詔令南入、以亂賊境。雍攻克項城。會有敕追令隨機立效、雍於是招集譙、梁、彭、沛民五千餘家、置二十七營、遷鎮濟陰。

(23) 拜滎陽太守、仍領長史。在任十年、農戰並修、大著聲績。招攜邊遠、歸附者萬餘家、號爲善政。
(24) 南鎭諸將復表賊至、而自陳兵少、簡幽州以南戍兵佐守、就漳水造船、嚴以爲備。公卿議者僉然、欲遣騎五千、并假署司馬楚之、魯軌、韓延之等、令誘引邊民。
(25) 文思與淮南公國璠、池陽子道賜不平、而僞親之、引與飲宴。國璠性疏直、因酒醉、遂語文思、言已將與溫楷及三城胡酋王珍、曹栗等外叛、因説京師豪強可與爲謀數十人。文思告之、皆坐誅。以文思爲廷尉卿、賜爵鬱林公。
(26) 司馬國璠、叔璠の入国については、中華書局本の校勘にもあるように、史料に矛盾がある。列伝には、
　桓玄、劉裕之際、叔璠與兄國璠北奔慕容超。後西投姚興。劉裕滅姚泓、北奔屈丐。世祖平統萬、兄弟倶入國。（『魏書』巻三七　司馬國璠伝）
とあるが、一方で本紀泰常三（四一八）年には、
　九月癸酉、司馬德宗平西將軍、荊州刺史司馬休之、息譙王文思、章武王子司馬國璠、司馬道賜、輔國將軍溫楷、竟陵内史魯軌、荊州治中韓延之、殷約、平西參軍桓謐、桓璲及桓溫孫道子、勃海刁雍、陳郡袁式等數百人來降。（『魏書』巻三太宗紀）
とあり、さらに泰常五（四二〇）年五月には、
　庚戌、淮南侯司馬國璠、池陽侯司馬道賜等謀反伏誅。（『魏書』巻三　太宗紀）
とある。すなわち、本紀によれば、司馬國璠は泰常三年に司馬休之らとともに入国し、泰常五年には謀叛の疑いで誅殺されているのである。司馬文思伝には、この謀叛を密告したのが文思であると記されており、國璠の入国は泰常三年であると考えるのが妥当であろう。
　では、列伝にある「北奔屈丐。世祖平統萬、兄弟倶入國。」をどう理解したらよいのであろうか。世祖太武帝が夏の本拠地であった統萬城を制圧したのが始光四（四二七）年のことであった。司馬叔璠の子に、司馬靈壽と道壽の兄弟がいる。二人は神𪊲年間（四二八～四三一）に北魏に「帰国」したとされる。靈壽は北魏に逃れた後、陳郡太守となり宋の明帝の北伐を迎撃、安頡とともに虎牢・滑台・洛陽を落としている。この明帝の北伐と北魏の洛陽占拠があったのが、神𪊲三（四三〇）年のことである。
　このことを踏まえると、「北奔屈丐。世祖平統萬、兄弟倶入國。」の「兄弟」の語は、本来司馬靈壽・道壽兄弟を指してい

たのが、いつのまにか直前の司馬國璠・叔璠兄弟の事に置き換えられ、『魏書』の記述に矛盾が生じたのではないかと考えられる。

(27) 後拜洛城鎭將、配兵三千人鎭金墉。既拜十餘日、太宗崩。世祖初即位、咸謂南人不宜委以師旅之任、遂停前授。

(28) 浩曰「非上策也。彼聞幽州已南精兵悉發、大造舟船、輕騎在後、欲存立司馬、誅除劉族、必擧國駭擾、懼於滅亡、當悉發精鋭、來備北境。後審知官軍有聲無實、恃其先聚、必喜而前行、徑來至河、肆其侵暴、則我守將無以禦之。若彼有見機之人、善設權譎、乘間深入、虞我國虚、生變不難、非制敵之良計。今公卿欲以威力攘賊、乃所以招令速至也。夫張虚聲而召實害、此之謂矣。不可不思、後悔無及。我使在彼、期四月前還。可待使至、審而後發、猶未晚也。且楚之之徒、是彼所忌、將奪其國、彼安得端坐視之。故楚之往則彼來、止則彼息、其勢然也。且楚之等瑣才、能招合輕薄無賴、而不能成就大功。爲國生事、使兵連禍結、必此之群矣。臣嘗聞魯軌説姚興求入荊州、至則散敗、乃不免蠻賊掠賣爲奴、使禍及姚泓、已然之效」。……世祖不能違衆、乃從公卿議。浩復固爭、不從。遂遣陽平王杜超鎭鄴、琅邪王司馬楚之等屯潁川。

(29) 『魏書』巻四上 世祖紀に神䴥三年三月のこととして「帝聞劉義隆將寇邊、乃詔冀、定、相三州造船三千艘、簡幽州以南戍兵集于河上以備之」とある。

(30) 十九年、虜鎭東將軍武昌王宜勒庫莫提移書益、梁二州、往伐仇池、侵其附屬、而移書越詣徐州曰「……難當將其妻子、及其同義、告敗闕下。聖朝憮然、顧謂羣臣曰『彼之違信背和、與牢、洛爲三、一之爲甚、其可再乎。是若可忍、孰不可忍』。是以分命吾等磬聲之臣、助難當報復。使持節、侍中、都督雍秦二州諸軍事、安西將軍、建興公吐奚愛弼、率南秦王楊難當自祁山南出、直衝建安、令南秦自遣信臣、招集舊戸。……使持節、侍中、都督荊梁南雍三州諸軍事、領護南蠻校尉、征南大將軍、開府儀同三司、荊州刺史、故晉譙王司馬文思、寧遠將軍、荊州刺史、襄陽公魯軌南趨荊州。……使持節、侍中、都督梁益寧三州諸軍事、領護西戎校尉、鎭西大將軍、開府儀同三司、揚州刺史晉琅邪王司馬楚之南趣壽春。使持節、侍中、都督揚豫兗徐四州諸軍事、征南將軍、徐兗二州刺史、東安公刁雍東趣廣陵、南至京口。使持節、侍中、都督青兗徐三州諸軍事、征東將軍、青徐二州刺史、東海公故晉元顯子司馬天助直趣濟南。十道並進、連營五千、步騎百萬、隱隱桓桓。以此屠城、何城不潰、以此奮擊、何堅不摧。邵陵踐土、區區齊晉、尚能克勝強楚、以致一匡。況大魏以沙漠之突騎、兼咸夏之勁卒哉……」

(31) 「在邊二十餘年、以淸儉著聞。和平五年薨、時年七十五」(『魏書』巻三七 司馬楚之伝)とある。和平五(四六四)年は、北魏による仇地併合(四四三)の二一年後であり、司馬楚之はこの役の直後に雲中鎮大将に転出したと考えられる。

（32）先是、四方流民有許穆之、郝恢之二人投難當、並改姓爲司馬。穆之自云名飛龍、恢之自云名康之、云是晉室近戚。康之尋爲人所殺。十年、難當以益州刺史劉道濟失蜀土人情、以兵力資飛龍、使入蜀爲寇、道濟擊斬之。

（33）有司馬飛龍者、自稱晉之宗室、晉末走仇池。元嘉九年、聞道濟綏撫失和、遂自仇池入綿竹、崩動羣小、得千餘人、破巴興縣、殺令王貞之、進攻陰平。陰平太守沈法興焚城遁走。道濟遣軍擊飛龍斬之。初、道濟以五城人帛氐奴、梁顯爲參軍督護……其年七月、道濟遣羅習爲五城令、氐奴等謀曰「羅令是使君腹心、而卿猶有作賊盜不止者、一旦發露、則爲禍不測。宜結要誓、共相禁檢」。乃殺牛盟誓。俄而氐奴及趙廣等唱曰「官禁殺牛、而村中公違法禁、脫使羅令白使君、疑吾徒更欲作賊、則無餘類矣」。因詐言司馬殿下猶在陽泉山中、若能共建大事、則功名可立。不然、立滅不久」。衆既樂亂、因相率從之、得數千人、復向廣漢。……趙廣本以譎詐聚兵、頓兵城下、不見飛龍、各欲分散。廣懼、乃將三千人及羽儀、詐其衆云迎飛龍。至陽泉寺中、謂道人程道養曰「但自言是飛龍、則坐享富貴。若不從、即日便斬頭」。道養惶怖許諾。道養、枹罕人也。

（34）司馬楚、文思亡命竄伏、魯軌、刁雍實爲蠆尾、而擁其逋逃、開其疆場。元顯無子、焉得天助。謬稱假託、何足以云。

（35）興光初、瑾女壻鬱林公司馬彌陀以選尚臨涇公主、瑾教彌陀辭託、有誹謗呪詛之言、與彌陀同誅。

（36）『元和姓纂』巻二 司馬氏に「瑯琊、冠軍、蒼梧號三祖司馬氏。……（中略）……蒼梧公景之七代孫思恩、唐左衛長史」とある。

（37）なお、司州は孝文帝の洛陽遷都にともない、平城周辺から洛陽周辺に移されている。司馬氏の本籍である河内郡も、洛陽遷都にともない懐州から司州へと所属を変えている。

（38）なお、渤海高氏に関して、北斉宗室が渤海高氏を名乗っているが、同族とは考えにくいため区別した。

（39）北魏宗室と華北漢族の婚姻関係については、宮川尚志『六朝史研究　政治・社会編』第六章 北魏における貴族制度（日本学術振興会、一九五六）および長部悦弘「北朝隋唐時代における胡族の通婚関係」（『史林』七三―四、一九九〇）参照。

（40）室山留美子「北魏漢人官僚とその埋葬地選択」（『東洋学報』八七―四、二〇〇六）。

（41）例外的に、司馬悦の司州主簿（正五品中）起家がある。ただし、これは司馬悦墓誌に「太和中、司牧初開、綱詮望首。以君地極海華、器識明斷、擢拜主簿。」とあり、司州設置、すなわち洛陽遷都にともない、特例的に在地の人間を優遇したのだと考えられる。

（42）莊嚴寺在東陽門外一里御道北、所謂東安里也。里内有駙馬都尉司馬悅、濟州刺史刁宣、幽州刺史李眞奴、豫州刺史公孫驤四宅。

(43) ただし、司馬悦が駙馬都尉となったという記録はない。司馬悦の子の司馬朏が駙馬都尉に就官しており、その家を指しているのであろう。なお、北魏洛陽城の居住地は、身分によって厳格に区分されていた。司馬氏と姻戚関係を結んでいる刁宣の家が、司馬朏の家のすぐ近くにあったことは、彼らが同じ政治的な身分に属していた可能性を示している。朴漢濟(尹素英訳)「北魏洛陽社会と胡漢体制」(『お茶の水史学』三四、一九九一)参照。

(44) このとき裔が率いた兵士は、いわゆる郷兵であり、司馬氏が郷里社会に対して強い影響力を持っていたことを示している。谷川道雄「北魏後期の郷兵集団」(谷川道雄『隋唐帝国形成史論』(筑摩書房、一九七一)第Ⅲ編第一章)参照。

(45) 頃之、河内有四千餘家歸附、竝裔之郷舊、乃授前將軍、太中大夫、領河内郡守、令安集流民……十五年、太祖令山東立義諸將等能率衆入關者、竝加重賞。裔領戸千室先至、太祖欲以封裔。裔固辭曰「立義之士、辭郷里、捐親戚、遠歸皇化者、皆是誠心内發。豈裔能率之乎。今以封裔、便是賣義士以求榮。非所願也」。

(46) ちなみに、温縣は東魏末には武徳郡に属した。武徳郡は天平年間に河内郡を分けて置かれたものだが、温縣を含む四つの縣を持ち、その戸数一万一千八百三十五、人口が五万五千七百一十四とある。河内郡が戸数九千九百五戸、人口四万二千六百一人であり、合わせて約二万戸が東魏末に存在したことを加味しても、司馬裔によって移った「郷舊」五千戸は少なくない影響を郷里に与えたであろう。

(47) こうした王族の亡命は、北魏末期に南朝へ北朝王族が逃れた事例でも見える。南朝へ亡命した北魏王族は、司馬氏と同様、高官を得ながら辺境に追いやられている。しかし、彼ら、あるいは彼らの子孫の大部分は、そのまま南朝に留まることなく、北朝に帰還している。これは、一般に梁の武帝の個人的資質によるものとされるが、同時に北魏元氏の墓所が洛陽にあったことも関係している。司馬氏が華北にとどまり、元氏は埋葬のために北帰していることは、当時の貴族にとって、本貫に帰葬することの意味が大きかったことを示している。蔡幸娟「客死異国和落葉帰根之間的国与家」(『成大歴史学報』三三、二〇〇八)参照。

(48) 前掲(40)室山論文参照。

第六章　北魏宗室の亡命と帰還

はじめに

前章までは、北魏における南朝からの亡命者が独自の政治集団を形成していたことを論じた。彼らは孝文帝の改革以降、郷里との関係を取り戻し、華北漢人貴族社会へ加入した一方で、北魏の政権内で保っていた集団としての影響力を徐々に失っていった。当時、先進的であるとされていた南朝の知識、習慣に明るく、華北漢族とも通婚し、郷里社会での影響力も回復したのであれば、それまで以上に北魏の官界で権勢を振るえると考えることもできる。しかし、現実には、前章の最後でみたように、宣武帝期後半以降、北魏の亡命氏族集団出身者の北魏政権内での立場は低下していく。

本章では、宣武帝期以降の南北朝間の人の移動の中で、この時期に特徴的な北魏宗室の亡命と帰還について検討することで、このような亡命氏族の凋落の原因について探りたい。

北魏宣武帝期から、東西魏分裂直前まで、史料上には北魏宗室の梁への亡命が散見する。北魏の宣武帝から孝武帝までの時期は、華北においては、六鎮の乱以降、北魏の東西分裂に至る時期であり、混乱を極めたが、南朝では梁の武帝の治世（五〇二～五四二）にあたり、最盛期といわれている。そのため、多くの北魏宗室が華北の政争を逃れるため江南へ亡命した。彼らは梁へ亡命したものの、一部の人間はしばらくすると北魏に戻ってきている。このような「出戻り」の多さは、容易に南朝へ亡命することも、そこから何の咎めもなく帰ってこられることも含めて、孝文帝以降、北魏宗室の対南朝観に変化があったことをうかがわせる。

孝明帝から孝武帝期の北魏宗室に関する研究としては、窪添慶文の研究に詳しい(1)。この時期の北魏宗室の変化として、孝文帝期の宗室の改革によって、宗室内での血縁の親疎による待遇上の差別が拡大した。同時に、孝文帝の官制改革によって従来宗室にあてがわれていた内朝官のポストが消滅し、宗室同士でも限られたポストを奪い合う必要が生じてきた。これにより宗室内での近親と疏族との関係が悪化しつつあったことを述べている。この時期の政争では、皇帝の側近や、禁衛軍と門下を掌握することが重要であったが、そのようにして実権を握った場合でも、制度的に確立した意思決定のシステムに乗っ取って政策が決められていたとしている。

禁軍を掌握する領軍将軍については、張金龍の研究があり、権力を掌握し、維持するためには領軍将軍の地位に就かねばならず、皇帝もその掌握に腐心していたこと、六鎮の乱以降、禁軍兵力が減少し、その重要性が低下していくことを述べている。(2)

最終的に、このような権力闘争は、霊太后による孝明帝（在五一五～五二八）の暗殺と、軍閥であった爾朱榮の入洛を招き、河陰の変（五二八）における宗室・官僚の虐殺に至る。岡田和一郎は、この宣武帝―霊太后の政策と、孝明帝―爾朱榮―孝荘帝の政策対立を、孝文帝の改革以降の政策と、それ以前の体制に戻そうとする潮流との対立と捉え、孝文帝期から北斉までを通じてこの二つの路線対立が北魏・東魏・北斉政治史の基軸となると捉らえている。(3)

ところで、本章では宣武帝期以降の南朝への亡命を扱うが、この時期の北魏と梁は、孝文帝の南征以来、外交関係は途絶していた。そのような中で、榎本あゆちは南朝に仕えた将軍蘭欽の出自を北魏からの亡命者であるとし、北魏の城民が鮮卑族を中心とした北族兵士、被征服漢人の末裔、流罪人から形成され、北魏末の混乱が、このうち北族兵士の閉塞感を原因として発生したとする谷川道雄の城民研究を踏まえ、(4)南北朝国境地帯の城民について論じた。榎本は南朝との国境に位置する地域の特色として、谷川が指摘した北族兵士の境遇に加え、南朝貨幣経済の影響とそれにともなう人、物、情報の流動化を挙げた。(5)そして暴動、叛乱へ発展した六鎮と異なり、南北朝国境地域では南朝との交流があったため、梁への投降という形で顕在化したとし、侯景の乱直前の梁の軍隊には、北族出身者が多数含まれていた可能性を指摘した。

榎本の議論は下層から中層の軍人を対象としたものであったが、北魏の宗室についても「帝室の人々が梁に帰降したのはおおむね北魏末の混乱の中で、爾朱榮ら新興勢力によって軍事的に圧迫され、やむをえず梁に救いを求めたという事情による」と述べている。ところが、後述するように宗室の亡命自体は宣武帝の初期から見られ、また、亡命の経緯も爾朱榮や新興勢力による圧迫だけではない。

もう一つ特徴的な点が、榎本が取り上げた蘭欽のように、梁の将軍として忠誠を尽くした人物がいる一方、北魏宗室の一部は、亡命した後、北魏への帰国が許されている。梁から北魏へ亡命した蕭寶夤、蕭綜らが、簡単に帰国できなかったことと対照的である。

本章では、右に述べたような特殊な状況が、なぜ北魏後期に集中して発生するのかを検討することで、北魏後期の南北朝における人の移動の特徴を明らかにしようとするものである。

一　北魏宗室の亡命の理由と経緯

まずは、北魏宗室の亡命がどのような理由で行われたのかについて見てみたい。**表1**（一九七頁）は宣武帝から東魏孝静帝（在五三四～五五〇）までの期間に梁へ亡命した宗室の一覧である。

咸陽王諸子の帰国（No.1～5）

宣武帝の景明三（五〇二）年に、咸陽王元禧が謀反の疑いで死を賜った。咸陽王元禧は孝文帝の弟にあたり、また孝文帝から宣武帝の補佐を遺嘱された六輔の筆頭であった。しかし、領軍将軍于烈の補佐を得た宣武帝が、年長の宗室から実権を取り戻し、親政を開始すると、身の危険を感じた元禧は、宣武帝の留守を狙ってクーデターを起こそうとしたとされる。しかし事前に発覚し、逃亡した元禧は捕らえられ、自宅で死を賜った。元禧の八子のうち、長子の元通は殺されたが、それ以外の七子は庶人に落とされた。次子の元翼は、「(元)通弟翼、字仲和。赦に會ひし後、闕に詣りて上書し、其の父を葬るを求む。頻年泣請するも、世宗許さず。翼乃ち弟の昌、曄と與に蕭衍に奔る」(『魏書』巻二一上 元翼伝)とあるように、何年も父の葬儀を求めたが叶えられないため、弟の元昌、元曄とともに梁へ奔った。ついで、元翼の同母弟の元顯和、昌の同母弟の元樹も梁へ逃れた。ここで元翼が求めた葬儀とは、単に墓葬を意味するだけでなく、父の名誉回復を求めていたのであろう。北魏が元禧の名誉を回復し、葬儀が行われるのは、正光四(五二三)年のことである。次男から六男までが梁に奔っていたため、第七子の元坦が爵を襲いだ。

元禧の叛乱は、直接的には「趙脩専寵し、王公は進見を得ること罕し」(『魏書』巻二一上 咸陽王禧伝)とあるように、恩倖である趙脩との対立が原因であるが、その背景には、外戚で領軍将軍の于烈、恩倖の趙脩らの助力を得て、親政を行おうとする宣武帝と、いわゆる四廟(太武、景穆、文成、獻文)の宗室による補弼体制を維持しようとする元禧らの対立があった。元禧らは領軍の于烈を外任に出そうとし、一方で于烈の子の于忠は宣武帝に密かに「諸王等の意は測る可からず、宜しく之を廃し、早く自ら政を覧よ」と勧めるなど、互いに相手を排斥しようとしていた(『魏書』巻二一下 彭城王勰伝)。

元略の亡命(No.6)

孝明帝の正光元(五二〇)年、領軍将軍の元叉はクーデターによって霊太后を幽閉し、矯詔を用いて実権を握っ

No.	人名	系統	世代	亡命年	経緯	帰国	官職	出典
1	元翼	献文系	2	509	咸陽王禧の謀反後数年して	なし	咸陽王	魏21上
2	元昌	献文系	2	509	兄の翼に従う	なし	不明	魏21上
3	元曄	献文系	2	509	兄の翼に従う	なし	不明	魏21上
4	元顕和	献文系	2	509以降	元翼の亡命から数年後	なし	不明	魏21上
5	元樹	献文系	2	509以降	元翼の亡命から数年後	532 （捕縛）	魏郡王 散騎常侍	魏16、21上 梁39 北史19
6	元略	景穆系	3	520	兄の中山王熙が叛乱、敗死	526	中山王 宣城太守	魏19下 元略墓誌
7	元法僧	道武系	4	525	皇帝を名乗り挙兵、敗れ梁に逃れる	なし	始安郡公 司空、侍中	魏9、16 梁39
8	元景隆	道武系	5	525	父の法僧に従う	なし	沌陽縣公	魏9、16 梁39
9	元景仲	道武系	5	525	父の法僧に従う	なし	枝江縣公	魏9、16 梁39
10	元穎	道武系	4	526	父の元叉が失脚、殺害され梁へ	なし	不明	魏16 元乂墓誌
11	元慶和	景穆系	3	527	梁の攻撃を受け降伏	なし	魏王 北道総督	魏9、12、 19上
12	元悦	孝文系	1	528	河陰の変を免れ逃亡	532	魏主	魏9、22
13	元顥	献文系	2	528	河陰の変を免れ逃亡	529 （侵攻）	魏主	魏9、10、 21上、98 梁32、 伽藍記1
14	元彧	太武系	4	528	河陰の変を免れ逃亡	528	なし	魏9、18
15	元願達	明元系	不明	528	梁の攻撃を受け降伏	なし	楽平公	魏10 梁39
16	元穎	孝文系	2	528	河陰の変を免れ逃亡	なし	なし	北史19
17	元冠受	献文系	3	528	河陰の変を免れ逃亡	529 （侵攻）	なし	魏21上 梁32
18	元延明	文成系	2	529	元顥政権の崩壊に伴い逃亡	なし	不明	魏20 元延明墓誌
19	元斌之	文成系	4	534	孝武帝側の武将として高歓と戦い敗北	不明	不明	魏20 周43
20	元羅	道武系	3	535	西魏の梁州刺史として降伏	不明	南郡王？	北史16 梁3 梁56

表1　北魏宗室の亡命者一覧

ていた清河王元懌を殺害した。元懌と親しかった相州刺史・中山王元熙は任地の鄴で元叉打倒の兵を挙げたが、わずか数十日で鎮圧された。このとき、元熙の三子と弟の元誘は刑死しているが、末弟の元略は逃れて南朝へたどり着いた。

元熙は中山王元英の子であり、景穆太子の系譜に連なる。一方で元叉は、道武帝から分れた支族であり、孝文帝の改革によって疎外された支族の出身であった。元叉によって殺害された清河王元懌は孝文帝の子であり、孝明帝にとっては叔父にあたる。この両者の対立について、窪添慶文は「つまり懌と叉の対立は、個人的な対立抗争にとどまらず、宗室の中核的存在と疏族の対立という側面を持っていたと見ることができる」と述べている。

これを裏付ける記事として、梁へ亡命していた元樹（No.5）が、次で述べる元法僧の叛乱（No.7）を受けて、北魏の百官へ「元叉は険慝狼戻にして、人倫を歯せず、屬籍は疏遠にして、素より問望無きも、特に太后の姻婭を以て、早に寵擢を蒙る。曾て音に懐かず、公行反噬して、肆に茲に悖逆するは、人神同に憤る」（『魏書』巻一六　元叉伝）と檄文を飛ばしているように、疏族であるにもかかわらず太后の姻戚であったため引き上げられたとして非難している。前述の通り、元樹は献文帝の孫にあたり、北魏宗室の中核に存在した。梁の軍事侵攻のためのプロパガンダという目的があったとしても、元叉は疏族であり、本来なら抜擢されるべきではない、と元樹が述べているところに、北魏宗室における対立の深さを見ることができよう。

元法僧の叛乱と亡命（No.7～9）

孝昌元（五二五）年、六鎮の乱で混乱状態に陥った北魏を見て、徐州刺史であった元法僧は自ら皇帝を名乗り、「天啓」の年号を制定した。北魏はこの叛乱に対して、宗室の元彧、元延明を派遣してこれを討たせ、追い詰められた元法僧は梁へ帰順を申し出た。梁は皇子の蕭綜と、既に亡命していた元略と元樹に命じてこれを迎え入れさせた。

元法僧がなぜ挙兵したのか、『魏書』ではその理由を詳らかにしていない。「叉は其の親の元法僧を擧げて徐州刺史と爲す」（『魏書』巻一六　元叉伝）とあるように、当時権力を握っていた元叉の与党と見られていた。元叉と元法僧はともに道武系の宗室であり、孝文帝の宗室改革以降、疎外された一族の側に属していた。元法僧が元叉と政治的に対立関係にあったとは考えにくい。元法僧の挙兵について、梁の武帝の側近であった朱异は「王師北討して自り、剋獲相ひ繼ぎ、徐州の地は轉た削弱され、咸な罪を法僧に歸さんと願ふ。法僧は禍の至らんを懼る。其の降るや必ず僞に非ざるなり」（『梁書』巻三八　朱异伝）と述べ、梁の徐州侵攻による敗責から逃れるため挙兵し、梁に降ったと分析している。

『魏書』は元略と元法僧について、「叉た法僧の人と爲りを悪み、法僧と言るに、未だ嘗て一笑せず」（『魏書』巻一九下　元略伝）とあり、同じ亡命者でありながら、二人の折り合いが悪かったことを記している。『魏書』にみえる元法僧の人となりが、「素より治幹無く、加うるに暴虐を以てし、殺戮自らに任せ、威怒恒無し」という劣悪なものであったとされるところにもあるのかもしれないが、ここにも宗室中核と疏族の間の溝を見ることができよう。

元顥の亡命（No.10）

孝昌元年四月、霊太后が臨朝称制を再開したことにより、元叉は失脚することとなり、翌年には叛乱の嫌疑で弟の元爪とともに死を賜わることとなる。『魏書』元叉伝によると、「叉庶長子稚、祕書郎中。叉の死の後、遂に蕭衍に亡奔す」（『魏書』巻一六 元叉伝）とあり、元叉が死んだ後、庶長子の稚が梁へ逃れたことが書かれている。この元叉の庶長子については、中華書局本『魏書』巻一六　校勘記が指摘しているように、「元乂墓誌」（『墓誌彙編』一八一頁）にみえる元穎、字が稚舒という人物であろうと考えられる。この元穎については、詳細は不明であるが、『北史』巻四九 賀抜勝伝に「府長史元穎」という人物が存在する。年代的には合致し、同一人物の可能性はある。その場合、いずれかの時期に北帰を果たしたということになる。

元慶和の降伏（No.11）

霊太后の臨朝称制期にも、孝昌三（五二七）年、東豫州刺史であった元慶和が梁の攻撃を受け、降伏している。元慶和は景穆太子の子、汝陰王元天賜の孫にあたるが、北朝での活動は史料からは明らかにし得ない。

河陰の変と北魏宗室の亡命（No.12～17）

霊太后と成人した孝明帝との間で権力闘争が起こると、最終的に孝明帝は太原に鎮していた爾朱榮の軍事力を借りて霊太后を排除しようとし、霊太后は孝明帝を毒殺するに至る。軍を率いて上洛した爾朱榮は、河陰で霊太后、幼帝以下、北魏宗室、百官を虐殺した。

このとき、難を逃れた宗室の一部は梁へ逃れている。

（武泰元（五二八）年夏四月）是月、汝南王悦、北海王顥、臨淮王彧は前後して蕭衍に奔り、郢州刺史元願達は城に據りて南叛す。（『魏書』巻九 孝荘帝紀）

汝南王元悦（No.12）、北海王元顥（No.13）、臨淮王元彧（No.14）が亡命、郢州刺史元願達（No.15）が梁へ降伏している。また、元悦の子の元穎（No.16）、元顥の子の元冠受（No.17）も親とともに亡命している。

岡田和一郎は爾朱氏政権について、孝文帝の改革によって抑圧されていた北人層の反孝文帝路線の表出と捉え、それを北魏発祥の地である「代」の地を理想とする復古主義的な「代体制」と呼んでいる。当然、そこで排除されるべきは孝文帝体制を補弼する役割を担っていた宗室中核であった。汝南王元悅は孝文帝の子、北海王元顥は孝文帝の弟である北海王元詳の子であった。臨淮王元彧は太武帝の子の元譚から四代目に当たる。

また、元彧はのちに孝荘帝が父である元勰に尊号と廟号を加え、孝文帝を伯考としようとしたときに反対していた。岡田の指摘するように、これは孝荘帝が孝文帝の政治路線を撤回することに反対したものであった。[6]

元願達については、『梁書』の記載によれば、明元帝の子の楽平王元丕の子孫であるとするが、[7]『魏書』『北史』には楽平王元丕の末裔については記載がなく、詳細は不明である。[8]

元顥の北帰と元延明の亡命（No.18）

江南に逃れた元顥は梁の支援を受け、洛陽に入り、孝荘帝は爾朱榮とともに河北へ逃れた。このとき、百官を率いて元顥を迎え入れたのが、先に帰国していた元彧と、安豊王元延明であった。二人は元顥側の将として、洛陽を取り戻そうとする爾朱榮側と交戦したが、敗れ、洛陽は再び孝荘帝側に奪還された。元彧は降伏し、元顥は逃亡途中で殺害され、爾朱氏の報復を恐れた元延明は梁へ逃れた。

元延明は文成帝の子の安豊王元猛の子。「羣書を博く極め、兼ねて文藻有り、圖籍を鳩集すること萬有餘卷」（『魏書』巻二〇 元延明伝）と評される博学で知られ、宣武帝、孝明帝期の服制制定に参与し、宮中の金石を監督したとされる。また『五経宗略』『詩礼別義』を撰するなど、儒学にも明るく、北魏宗室の中でも特に漢族的教養を学んだ人物であった。

元斌之の亡命（No.19）

元斌之は文成帝の四代孫で、兄の元鑒とともに叛乱を起こし、葛栄の軍に逃げ込んでいた経緯を持つ。後に孝武帝の代に穎川王に封じられると共に「委ぬるに腹心の任を以てす」という信用を得る。孝武帝が高歡に対して兵を挙げると、成皐で高歡の軍と戦うが敗れ、梁へ逃亡した。後に孝武帝を追って長安に帰還している。

元羅の降伏（No.20）

元羅は元叉の弟である。元叉失脚後も北魏に仕え、東西魏の分裂に際しては孝武帝側に付いた。梁州刺史として関中に鎮していたが、梁の蘭欽の攻撃を受けて降伏した。後に西魏の宇文泰が帰国を要請し、長安へ帰還させている。元羅は西魏で韓国公となり、この時代の北魏宗室には珍しく、天寿を全うしている。

上述のように、北魏宗室の亡命は二〇例にのぼる。しかし、実際の亡命が具体的に、どのような人々の力を借りたり、どのようなルートを経たのかについて記述が残っている事例は少ない。ただし、例外的に『魏書』巻一九下元略伝には亡命の詳しい事情が描写されている。

清河王（元）懌の死後、（元）叉は（元）略を黜して懐朔鎮副将と爲す。未だ赴任に及ばずして、會ま（元）熙は起兵し、略に書を與へて來去せしむ。尋ひて熙の敗るるに値り、略は遂に潛行し、自ら舊識の河内司馬始賓に託す。始賓は便ち荻筏を爲り、夜に略と倶に盟津を渡り、上黨の屯留縣の栗法光に詣る。法光は素より信義に敦く、忻として之を納む。略の舊識の刁雙は時に西河太守爲り、略復た之に歸す。停止すること經年、雙は乃ち從子の昌をして略を送りて江左に潛遁せしむ。蕭衍甚だ之を禮敬し、略を封じて中山王、邑一千戸、宣

城太守と爲す。（『魏書』巻一九下　元略伝[9]）

元叉のクーデターによって、元略は懐朔鎮副将に左遷されていた。任地に赴く前に、兄の元熙が挙兵し、敗死したため、元略は古くからの知り合いの司馬始賓を頼った。司馬始賓は盟津で黄河を北に渡り、上黨郡屯留縣の栗法光へ送り届けた。次いで、これも古い知り合いの西河太守刁雙を頼った。留まること数年、刁雙は従子の刁昌に命じて元略を江南へ送り届けさせたという。

ここで注目されるのが、元略が頼った「旧識」が河内司馬氏と渤海刁氏であったことである。河内の司馬氏は第五章で見たように、東晋宗室の末裔であり、北魏亡命者集団の中心的人物であった。また、刁氏も刁雍が司馬氏とともに北魏へ亡命した亡命氏族集団の中核であり、司馬氏や北魏宗室と何重にも姻戚関係を結んでいた[10]。司馬始賓と刁雙は「旧識」と書かれ、栗法光にのみ書かれていないのは、司馬氏、刁氏と元略のあいだに古くから強い絆があったためであろう。刁雙の伝には、

正光初、中山王熙の誅さるるや、熙の弟の略は命を雙に投ず。雙 之を護ること周年。時に略を購ずること甚だ切なり。略乃ち雙に謂ひて曰く「我が兄弟は屠滅され已に盡き、唯だ我一身のみ刃を漏れ相ひ託す。卿は厚恩にして、久しく容蔽し、但だ事は變生を留むると雖も、終には保ち難きを恐る。脱し萬一發覺し、我の死を分かつや、事は相ひ卿を累する無し。若し吾を送りて出境せしむれば、便ち是れ再生の恵なり。如し其の爾らずんば、輒ち自裁せんと欲す」。雙曰く「人生は會ま一死有り、死は遇ひ難き所のみ。今知己に遭ふ、死を視ること歸するが如し、願はくば慮を爲すを以てせず」と。略後に苦しく南轉を求め、雙乃ち從子の昌を遣はして江左に送達せしむ。（『魏書』巻三八　刁雙伝[11]）

とあり、刁雙が追っ手から元略を匿ったうえ「今知己に遭ふ、死を視ること歸するが如し」と言っていることから、やはり刁氏と元略の一族のあいだに強い紐帯があったことが知れる。

後に、元叉が失脚し、元略が梁から帰国するときには、

粛宗は光祿大夫の刁雙に詔して境首に勞問せしめ、又た徐州に敕して絹布各一千匹を賜はしむ。略を侍中、義陽王、食邑一千戸に除す。還りて石人驛亭に達するや、宗室、親黨、内外百官の先に相ひ識る者に詔して、之を近郊に迎へるを聽す。帛三千匹、宅一區、粟五千石、奴婢三十人を賜ふ。其れ司馬始賓を給事中、領直後に除し、栗法光を本縣令とし、刁昌を東平太守とし、刁雙を西兗州刺史とす。其れ略の至る所、一餐一宿の處、霑賞せざる無し。(『魏書』巻一九下 元略伝[12])

孝明帝は刁雙が国境まで迎えに出るよう詔を出した。これは、元略の亡命に刁雙が尽力したことを朝廷が認めたことを意味している。元略の帰国後、彼を匿った恩に報いるため、司馬始賓、栗法光、刁昌、刁雙はそれぞれ昇進させられている。

元略の亡命は兄の元熙の敗死によるものであり、元熙の挙兵は、北魏宗室内での皇帝に近い血筋と、疏族との構造的対立が原因にあった。生命の危険を冒してまで、元略を庇おうとした刁雙は、孝文帝に近い宗室と親しい関係にあったのであろう。孝文帝の改革に、南朝からの亡命者集団が協力しており、当然、彼らの政治的立ち位置は元略や元樹、元彧、霊太后といった孝文帝路線を継承しようとする人々に非常に近いところにあった。刁雙と同族の刁整は、

相州刺史、中山王熙は鄴に在りて起兵し、將に元叉等を誅さんとす。事敗れ、首は京師に傳はる。熙の親故は視へて敢る莫し。整の弟婦は即ち熙の姊、遂に其の屍を收めて之を藏し、後に乃ち熙の親しむ所に還す。叉聞きて憾みを致し、因りて熙の弟の略蕭衍に南走するを以て、整將に叛さんとすと誣し、整と弟の宣及び子恭等をを送りて之を幽繫す。御史王基、前軍將檢事使魏子建を賴り理雪し、免るるを獲。……（中略）……元略曾て整の坐するに泣きて黄門王誦、尚書袁翻に謂ひて曰く「刁公は我が家を收斂す、卿等宜しく知るべし」と。（『魏書』巻三八　刁整伝[13]）

とあるように、元熙の姉は刁整の弟、刁宣に嫁いでいた。その縁もあり、刁整は刑死した元熙の亡骸を受け取り、親族に引き渡した。このことが元叉の恨みを買い、刁整は謀反の冤罪で牢に繫がれることとなる。刁整もまた、元叉に恨まれることを予想しながら、元熙の一族のために力を尽くしている。帰国した元略はこの話を黄門王誦と尚書の袁翻に語り、「卿ら宜しく知るべし」と言っている。なぜ、元略は王誦と袁翻にこの話をしたのか。そして、この二人が知っておくべきだと考えたのか。

王誦は孝文帝のブレーンだった王肅の甥であり、汝南王元悦の王友などを経て、孝明帝のときに給事黄門侍郎となった。霊太后が孝明帝を毒殺し、幼帝を擁立した際に、詔書を読み上げ、百僚で嘆美しないものはなかったという[14]。袁翻も南朝の出身で、劉昶の亡命者集団の一員であった袁濟に養われていた過去を持つ。袁翻は霊太后政権下で中書令となり、徐紇とともに文翰を司った[15]。二人とも最終的には霊太后、幼帝とともに河陰で爾朱榮に殺害されており、霊太后路線の側近であった。

王誦、袁翻、元略らが親交を持っていた別の根拠として、『魏書』元熙伝には、始め（元）熙の鄴に鎭するや、知友才學の士袁翻、李琰（之）[16]、李神儁、王誦兄弟、裴敬憲等咸な河梁に餞し、詩を賦して別を告ぐ。（『魏書』巻一九下 元熙伝[17]）

とあり、元熙が洛陽から鄴に向かう際に、餞別をしたのが、袁翻、王誦らであったことが記されている。李琰、李神儁はともに西涼の王族である隴西李氏の出身で、孝文帝の改革の実質的な担当者であった李沖の甥と族弟にあたる。裴敬憲は河東の名族で、華北の名族であった。元熙の交友関係が、孝文帝の改革を支えた亡命者集団と、隴西出身者で占められていたことは、宣武帝、孝明帝の時代に、亡命者集団が孝文帝の改革を支持する勢力と密接な関係を持っていたことを示している。

窪添が指摘しているように、北魏後期の政争は宗室内部での権力抗争を含みながらも、大きくは、「孝文帝の路線を維持しようとする宗室四廟の末裔と霊太后の勢力」と「政権から疎外された宗室疏族（元叉）、北族（爾朱榮）」の対立として理解できる。この対立は、北魏宗室の南奔という形であらわれ、亡命者集団は孝文帝路線に属する元略らをサポートしている形跡がある。

この対立は最終的に爾朱榮によって河陰で霊太后、北魏宗室、百官が殺害される事態に発展する。岡田が北斉中期までを見通したように、孝文帝の改革によって成立した制度自体は高歡らによって継承されていくが、中核的宗室が亡命者集団のような寄生官僚的な貴族を駆使して維持される国家像は、破綻を余儀なくされた。河陰の変によって、孝文帝が目指した形での北魏は実質的に滅びたが、それは同時に、孝文帝の改革を支えた南朝からの亡命者集団が、中央での後ろ盾を喪失したことも意味していた。

二　梁における北魏宗室の待遇と帰国

節を改め、南朝における北魏宗室の待遇と帰国について検討したい。

亡命した宗室の多くは、南朝でも北魏での立場に応じた爵位が与えられた。咸陽王元禧の長子である元翼には咸陽王が、中山王元熙の弟である元略には中山王が、楽平王元丕の子孫である元願達には楽平公[18]が与えられた。元樹は魏郡王が与えられ、後に鄴王に遷ったが、これは元樹が梁の武帝に高く評価されていたため、北魏の国号に因んで与えられたものであろう。元法僧は始安郡公[19]とされたが、これついては根拠となる事例が見当たらない。元法僧は後に宋王に格上げされている。宋王となったのは、元法僧が宋の地を含む徐州刺史であったことに因むものである。徐州の州治がある彭城は、劉宋の建国者である劉裕の出身地でもあった。元羅は『北史』によれば南郡王となったとされるが、『梁書』には爵位の記事はない。

爵位と同時に、亡命した宗室には封邑が与えられた。史料から判明する範囲では、元法僧が五千戸で最も多く、元樹が二千戸（後に功績により三千戸、三千五百戸と増封）、元略が一千戸、元願達が一千戸となっている。元法僧の封邑が最も多いのは、徐州一州を挙げて帰降した功績によるものであろう。

元法僧は五千戸の封邑を受け、官位も司空、侍中を与えられるなど、亡命した北魏宗室の中でも破格の待遇を与えられているにもかかわらず、帰降直後に与えられた爵位は郡公であった。同様に、州を挙げて帰降した元願達も郡公しか与えられていない。その反面、単身帰国した元翼、元樹、元略には王号が与えられている。封邑の多少と爵位とは、明らかに対応していない。

封邑の戸数が功績に酬いるものであったとするならば、爵位はいったい何を基準に与えられたのだろうか。元翼、元樹、元略と元法僧、元願達の間で、区別があるとすれば、それは北魏の皇帝との血縁の近さに拠ったとしか考えられない。元法僧は既に述べたように道武帝から分かれた疏族であり、元願達も明元帝から分かれている。いわゆる窪添の明らかにした「宗室四廟」から外れる血筋にあたる。反対に、元翼、元樹兄弟は献文系、元略は景穆系と、郡公しか与えられなかった二人と比較して北魏皇帝に近い家柄であり、梁へ亡命した後も親疎による差別があったことが見て取れる[20]。

官爵や封邑以外にも、亡命した宗室には様々な恩典が与えられた。例えば元法僧には、

時方に招攜を事とし、降附を撫悦す。法僧に甲第、女樂、及び金帛を賜ふこと、前後に數ふるに勝ふ可からず。法僧 魏に在りし日、久しく疆場の任に處り、毎に寇掠に因りて、殺戮甚だ多きを以て、兵を求めて自ら衞らんとす。詔して甲仗百人を給ひ、禁闥に出入せしむ。（『梁書』巻三九 元法僧伝[21]）

とあるように、屋敷と女楽、金銭や帛などが与えられた。さらに、北魏にいた時に梁の民を多く殺害し、恨みを買っていた元法僧のために、特別に護衛のための兵士を宮中まで帯同させることが許された。「甲第女樂」の賜与は元願達のときにも見られる。

元彧に対しては、

衍も亦た先に名を聞き、深く相ひ器待し、彧を樂遊園に見、因りて宴樂を設く。（『魏書』巻一八 元彧伝[22]）

とあり、来降した元彧のために宴会を開いたとある。また、元斌之の時にも、

魏孝武西遷するや、（李）棡は大都督元斌之に從ひ齊神武と成皐に戰ふ。兵敗れ、遂に斌之と梁に奔る。梁主は待するに賓禮を以てす。後に逃歸するを得。（『周書』巻一五　李棡伝[23]）

とあり、元斌之と李棡が梁へ逃れ、「賓禮」をもって待遇されたとある。

では、これらの待遇を、亡命した北魏宗室はどのように受け止めていたのであろうか。『魏書』元彧伝には、

前後奔叛してより、皆な旨を希みて魏を稱するに僞と爲す。唯だ彧のみ上表して啓するに、常に魏の臨淮王と云ふ。衍は彧の雅性を體し、以て責と爲さず。（『魏書』巻一八　元彧伝[24]）

亡命した北魏宗室が、梁におもねり、北魏を指して「偽」と言っていたことと、その中で元彧だけが梁においても上表文に「魏の臨淮王」と記していたことが記録されている。

また、中興二（五三二）年、梁の将として北魏へ侵攻し、捕らえられた元樹は、

樹は年十五にして奔南し、未だ富貴に及ばず。毎に嵩山の雲の南に向かうを見、未だ嘗て引領歔欷せざるなし。初め梁を發するに、其の愛妹の玉兒を覩ふに、金の指環を以て與別とし、樹が常に之を著す。寄するに還梁を以て、必還の意を表す。朝廷之を知り、俄にして死を賜ふ。（『北史』巻一九　元樹伝[25]）

とあるように、南朝を思い偲んで涙を流していた。妹から託された金の指輪を身につけていたが、「環」は「還」と同じ音であり、南朝へ必ず帰るという決意の表れであった。北魏の朝廷はこれを知り、元樹に死を賜ることとな

った。元樹の没年は四八歳であり、一五歳で梁に逃れてから三〇年以上を江南で過ごしたこととなる。もはや、元樹のアイデンティティは南朝にあったのであろう。また、先に述べたように、正光四年に元禧の名誉が回復され、北魏の咸陽王家は元樹の弟の元坦が継いでいた。元坦は兄の帰国に対して、

孝武の初め、其の兄の樹禽はる。坦は樹の既に長にして且つ賢なるを見、其の己に代はらんことを慮り、密かに朝廷に勸めて以て之を法除せんとす。樹 之を知り、泣きて坦に謂ひて曰く「我は往て家難に因り、死亡する能はず、江湖に寄食し、其の爵命を受く。今者之の來るは、義に由りて至るに非ず、活を求むるのみ。豈に榮華を望まんや。汝は何ぞ其の猜忌を肆にし、在原の義を忘るるや。腰背は偉と雖も、善は稱す可くも無し」と。坦 色を作して去る。樹死するも、竟に臨哭せず。(『北史』巻一九 元坦伝[26])

優秀な兄に取って代わられることを恐れた元坦は、朝廷に勸めて兄を除こうとした。それに対して元樹は「今者之の來るは、義に由りて至るに非ず、活を求むるのみ。豈に榮華を望まんや」と述べており、北魏への忠誠がないことを自ら述べている。

また、後に北魏へ帰国し、河陰で殺害された元略についても、その墓誌には、

正光の初、元昆は蕃と作り、杼を横集に投じ、濫りに安忍を塵す。在原の應、當時事切し、遂に影を潛めて洛を去り、刃を避けて江を越へ、賣買價を同じうするや、寧ぞ此れに過ぎんや。僞主蕭氏、雅より相ひ器尚し、秩は親枝に等しく、賞は密席に齊し。而して莊舄の念、榮願を本とすると雖も、渭陽の戀、偏楚の心よりす。孝昌元年、象魏に旋軸す。(元略墓誌[27])

とあり、兄の挙兵によって江南へ難を逃れたことと、梁の武帝に厚遇されていたことを記している。墓誌は建義元（五二八）年の河陰の変の直後に建てられている。「梁の武帝はその器を重んじ、恩賞は宗室と等しかった」という墓誌の記載は元略本人の認識とは限らないが、元略に近い北魏の文人が墓誌を撰したと考えられ、北魏の貴族の中に、宗室が南朝で厚遇されたという認識があったことを示している。

同様に、江南に逃れてそこで死去した元延明の墓誌には、

既に泥莽の形を覩ひ、実に宗祏の慮を深くし、方に力を善隣に借り、茲に君側を討たんとす。而して江南は卑濕、地は養賢に非らず、賈に隨ひて未だ歸らず、忽ちにして焉れ反葬す。梁の中大通二年三月十日を以て建康に薨ず。（元延明墓誌㉘）

とあり、元延明が梁へ亡命した理由について「方に力を善隣に借り、茲れ君側を討たんとす」とあり、没年についても梁の年号（中大通）を使っている。同じ墓誌のなかで、埋葬年について北魏の元号を使い「太昌元（五三二）年七月癸巳朔廿八日庚申葬於洛城西廿里奇坑南源」としている。列伝によれば、元延明は孝荘帝の末年に亡骸が北魏へ戻され、孝武帝の初めに名誉回復がなされたとある。太昌元年はまさにその孝武帝が即位した年であり、名誉回復を機に、北魏で墓誌が作られ、埋葬されたと考えられる。北魏で作成された墓誌に、梁を指して「善隣」と記し、没年に梁の武帝の年号を用いているのは、通常の墓誌では考えられない。これも、当時の北魏の宗室や貴族の中に、梁を「善隣」であり、互いに併存できる国であるとの認識が広がっていたことを示しているのではないだろうか。

北魏宗室と梁王朝との関係について、具体的な言及がある史料はこれだけであるが、宗室が梁での待遇に比較的

満足していたことを示す事実として、謀反、逃帰の事例がほとんどみられないことも挙げられる、謀反については、最初期に元翼が信武将軍、青冀二州刺史となり、州を挙げて北魏に戻ろうとした疑いをもたれた時と、元法僧の子の元景仲が侯景の乱のときに侯景に擁立されて魏主を名乗った事件の二例だけであった。

梁に残った北魏宗室に、亡命先の梁に対して不満を持っている様子は見えない。梁の爵位を名乗らず、魏での爵位を名乗り続けたとされる元彧は、

> 莊帝の踐阼するを知るに及び、彧は母の老いたるを以て還るを請ひ、辭旨は懇切たり。衍は其の人才を惜しむも、又た其の意に違ひ難く、其の僕射徐勉を遣はして私かに彧に勸めて曰く「昔 王陵は漢に在り、姜維は蜀に相たり。在所に名を成すは、何ぞ必ずしも本土ならんや」と。彧曰く「死してすら猶ほ北を願ふ、況んや生に於ひてをや」と。衍乃ち禮を以て遣はす。（『魏書』巻一八 元彧伝[29]）

と、母親が北魏に残っていることを理由に、帰国を申し出ている。梁の武帝は徐勉に引き留めさせたが、意志は変わらなかった。梁の武帝はそれ以上無理強いすることをせず、最終的に礼をもって帰国させている。

また、平和的な帰国として、本人からの申し出だけでなく、北魏の側から亡命している宗室の帰還を要請している事例もある。

『魏書』元略伝には元略の帰国について、

> 會ま（蕭）綜は城を以て歸國し、綜の長史江革、司馬祖暅、將士五千人は悉く擒虜さる。肅宗は有司に敕して悉く革等を遣はして南に還し、因りて以て（元）略を徵す。（蕭）衍乃ち禮を備へて之を遣はす。（『魏書』巻

一九下　元略伝[30]）

とある。これは、元法僧の叛乱に際し、梁から派遣された梁の皇子の蕭綜が、徐州の州治である彭城で北魏へ亡命した事件を指している。蕭綜の亡命の理由は、生母がかつて南斉の東昏侯の後宮にいたことから、自らを南斉の宗室であると信じ、梁の武帝を仇と見なしていたという、非常に個人的な理由であった。しかし、総大将の突然の亡命により、徐州に留まっていた梁軍は崩壊して徐州は北魏の支配下に入り、蕭綜の副官であった江革、祖暅を初めとして、将士五千人が捕虜となった。北魏はこれらの捕虜の帰国と交換で、江南に逃れていた元略の帰国を求めたのである。[31]

元略を召還した時の北魏朝廷の状況であるが、孝昌元（五二五）年正月に元法僧が叛乱を起こすと、四月には元熙の叛乱の原因となった元叉は失脚し、霊太后が政権を奪い返していた。元叉に殺害された宗室は同年一一月二〇日に共に手厚く葬られたことが墓誌から明らかになっている。[32] 元略が北帰したのは墓誌によれば孝昌元年中、『魏書』本紀によれば孝昌二（五二六）年五月のことであるが、帰国の時期にはすでに彼の身の安全は保障されていたであろう。

北魏が元略の帰国を求めた経緯については、

靈太后返政し、（元）略の（刁）雙に因りて免るるを獲るを知り、徵して光祿大夫を拜せしめんとす。時の略姊の饒安公主は、刁宣の妻なり。頻りに靈太后に訴へ、略を徵して朝廷に還らしめんことを乞ふ。（『魏書』巻三八　刁整伝[33]）

とあり、元略の姉の饒安公主が霊太后に帰国させるように求めたとある。

（元）略の將に還らんとするや、（蕭）衍は爲に酒を置きて餞別し、金銀百斤を賜ふ。衍の百官は、悉く江上にて送別す。其の右衞徐確を遣はして百餘人を率ゐて送りて京師に至らしむ。粛宗は光祿大夫刁雙に詔して境首にて勞問せしめ、又た徐州に敕して絹布各一千匹を賜はしむ。略を侍中、義陽王に除し、食邑一千戸。還りて石人驛亭に達するや、宗室、親黨、内外百官の先に相ひ識る者に詔して、之を近郊に迎ふるを聽す。帛三千匹、宅一區、粟五千石、奴婢三十人を賜ふ。（『魏書』巻一九下 元略伝[34]）

梁の武帝は帰国する元略のために百官とともに長江まで見送り、右衞将軍の徐確に護衛させた。北魏も光禄大夫の刁雙に国境まで迎えに行かせ、宗室、親族、百官に詔して洛陽近郊まで迎えに行かせた。侍中、義陽王として食邑一千戸が与えられ、それ以外にも、帛、宅地、穀物、奴婢が与えられた。

では、北魏が江革、祖暅らを元略との交換材料として南朝に返す意味はどこにあったのであろうか。先に元彧の礼でみたように、帰国の意志を訴えれば、梁の武帝が（引き留めようとすることはあっても）それを無碍に却下したという事例は見当たらない。後述するように、梁の武帝は、帰りたい者は帰らせる方針であったようにみえる。元略本人が帰国を求めれば、北魏・梁とも認める可能性が高かった。そうであるならば、北魏が捕虜の返還を申し出た理由はどこにあったのか。『魏書』元略伝では、「因りて以て略を徵す」とある。この記述と、北魏に戻った後の元略が「時に天下多事なれど、軍國萬端、（元）略は守りて常に自ら保ち、他に裨益する無く、唯唯として具臣たるのみ」（『魏書』巻一九下 元略伝）という無気力なものであったことを併せると、元略本人は帰国を望んでいなかったのではないかとすら考えられる。

平和的に北魏へ帰還したもう一つの事例として、元悦の帰還がある。

齊獻武王（高歡）の既に（爾朱）榮を誅するに及び、悅の高祖の子なるを以て、宜しく大業を承けしめ、乃ち人をして意を示さしめんとす。悅既に至るも、清狂故の如く、動けば罪失を爲し、扶持すべからざれば、乃ち止む。（『魏書』巻二二　元悅伝[35]）

爾朱榮の立てた後廃帝元郎を廃立した高歡は、代わりに孝文帝の子の元悅を立てようとした。高歡が高祖孝文帝の子を立てようとしたことの意義については、佐川英治、岡田和一郎が指摘しているように、孝文帝の政策路線の継承を表明することで、爾朱榮の配下であった過去を清算し、漢人貴族の支持を得ようという目論みがあったためである[36]。このとき、梁の武帝は「太子右衞率薛法護は平北將軍、司州牧と爲り、元悅を衞送して入洛す」（『梁書』三巻　武帝紀下）とあるように、薛法護に元悦を護送させ、洛陽に至っている。元略のときと異なり、代わりに北魏から梁へ捕虜の返送があったという記録はない。最終的に実現しなかったものの、皇帝にするために呼び戻すという特殊な事情であったため、梁の武帝、元悦のどちらにとっても帰国に異存はなかったのであろう。

なお、このとき元悦を護送した薛法護も『魏書』巻七下に「（太和二〇年）夏四月甲辰、廣州刺史薛法護南叛す」とみえ、北朝からの亡命者であった。

また、西魏から梁へ降った元羅は後に、侯景の乱で侯景に付いて尚書令となった後、宇文泰によって長安に呼び戻されている。侯景の乱は五四八年から五五二年の間であり、宇文泰は西魏恭帝三（五五七）年に死去しているので、この間に長安に戻ったことが知れる。

以上は平和的な交渉によって帰国が成立した事例だが、これ以外に梁が北魏宗室を軍事的に支援して、傀儡政権を打ち立てようとする動きがあった。北魏から梁へ亡命した宗室は爵位を与えられていたが、それ以外に「魏主」とされることがあった。「魏主」とは本来、南朝における北魏の君主の呼び名であった[37]。しかし、梁においては、「魏主と爲す」という表記がみられ、梁の皇帝によって任命されている。例えば、河陰の変を避けて梁へ逃れた元顥は、

顥は事を以て意諧はず、遂に子の冠受と與に左右を率ひて蕭衍に奔る。顥は衍に見へ、泣涕して自ら陳べ、言辭は壯烈たり。衍之を奇とす。遂に顥を以て魏主と爲し、之に兵將を假し、其の北へ入らしむ。永安二年四月、梁國城南に於て壇に登り燔燎し、孝基元年と號す。(『魏書』巻二一上 元顥伝)

大通初、魏北海王元顥は本朝の大亂を以て、自ら拔けて來降し、立てて魏主と爲さんことを求む。顥は渙水に於て魏の帝號に即し、(陳)慶之に使持節、鎭北將軍、護軍、前軍大都督を授く。(『梁書』巻三二 陳慶之伝)

とあるように、梁の武帝に自分自身を魏主として立てて貰えるよう要請している。元顥は梁の兵を率いて北入し、皇帝に即位し、独自の元号を建てた。『魏書』『梁書』の記事から、元顥は梁の武帝によって「魏主」とされた後、即位の儀礼を経て「魏皇帝」を名乗ったことになる。このとき元顥は梁の軍に保護されていたため、梁の了解なく即位儀礼を行うことはあり得ない。南朝が華北への帰還を早い段階で断念していたことは、川合安・戸川貴行らも指摘しているが[38]、元顥の即位と洛陽帰還は、梁が華北の直接経営を断念し、傀儡政権による間接的支配を企てていたことを示している。

北上した梁軍を避けて北魏の孝荘帝は河北へ逃れ、爾朱榮の軍と合流する。洛陽に入城した元顥を、百官を率い

て迎え入れたのは、先に梁から帰国していた元彧と、宗室の元延明であった。二人は、

（元）顥既に志を得、酒色に荒じ、乃ち日夜宴樂し、事を視るを復せず、安豐（王元延明）と、臨淮（王元彧）とは共に姦計を立て、將に朝恩に背き、賓貢の禮を絶たんとす。（『梁書』巻三二　陳慶之伝）

とあるように、元顥のブレーンとして梁からの自立を献策し、陳慶之を排除しようとした。元顥と陳慶之の反目によって足並みが乱れた梁軍は、洛陽を奪回するために戻ってきた孝荘帝および爾朱榮の軍に敗れ、元顥、元冠受父子は逃亡途中で殺害され、陳慶之は僧に身をやつして辛うじて梁へ帰国した。元延明も爾朱榮による報復を恐れて梁へ逃亡、元彧は孝荘帝に降り、許された。

南朝が洛陽を一時的に勢力下に置いたのは、東晋末の劉裕の北伐以来のことであり、南北朝の士人が直接に交流する機会となった。東魏の時代に北魏後期の洛陽について記述した楊衒之『洛陽伽藍記』には、陳慶之が洛陽で張景仁と宴会をした記事が残されている。

（張）景仁は在南の日、（陳）慶之と舊有り。遂に酒を設け引きて慶之の宅に過ぎんことを邀む。司農卿蕭彪、尚書右丞張嵩並びに其の坐に在り。彪も亦た是れ南人、唯だ中大夫楊元慎、給事中大夫王檣有りて是れ中原士族。慶之は醉に因りて蕭、張等に謂ひて曰く「魏朝甚だ盛んなるも、猶ほ五胡と曰へり。正朔相ひ承くるは、當に江左に在り。秦皇の玉璽は、今梁朝に在り」と。元慎色を正して曰く「江左は假息し、一隅に僻居す。地多く濕蟄にして、蟲蟻を攢育し、彊土は瘴癘にして、蛙黽穴を共にし、人鳥は同じく羣れり。短髪の君は、杼首の貌無く、文身の民は、蕞陋の質を稟す。三江に浮び、五湖に棹さす。禮樂の沾まざる所、憲章は革む能は

す。復た秦の餘、漢の罪あると雖も、雜するに華音を以てす。復た閩、楚は難言にして、改變す可からず。君臣立つと雖も、上は慢にして下は暴たり。是れ劉劭の父を前に殺し、休龍の母を後に淫すを以て、人倫に逆らふを見るに、禽獸と異ならず。加へて以山陰は壻を請ひ夫を賣ひ、家に朋淫し、譏笑を顧みず。卿は其の遺風を沐し、未だ禮化に沾まず、所謂る陽翟の民にして、癭の醜を爲すを知らず。我が魏は籙を膺け圖を受け、鼎を嵩洛に定め、五山鎭と爲し、四海家と爲す。移風易俗の典は、五帝と與に並びに跡づく。禮樂憲章の盛は、百王を淩ぎて獨り高し。宜しく卿 魚鱉の徒、義を慕ひて來朝し、我が池水を飲み、我が稻粱を啄むべし。何ぞ不遜を爲すこと、以て此に至らん」と。慶之等は元愼の淸詞雅句、縱横に奔發するを見、口を杜じ汗を流じ、聲を含み言はず。(『洛陽伽藍記』巻二 景寧寺)

陳慶之、張景仁、蕭彪、張嵩、楊元愼、王檣らとともに宴席となった際、南人が多かったために陳慶之が口を滑らせて北魏を「五胡」と貶し、梁を「正朔相受く」と持ち上げたところ、華北漢族の楊元愼から猛烈な反論を受けた記事である。ただし、宴席の上とはいえ、北朝を侮辱した陳慶之、楊元愼ともにこの後で処罰された様子はない(39)。南北朝の士族が互いの正統観をぶつけ合いながら、酒を飲むことができる環境が、この時期の洛陽には存在していた。

この洛陽での経験が、南朝へ与えた影響として、北朝側の史料ではあるが、

北海(元顥)尋ひで誅に伏す。其の慶之は還りて蕭衍に奔り、用ひられて司州刺史と爲り、欽だ北人を重んずること、特に常と異なる。朱异之を問ふ。曰く「晉、宋以來より、洛陽を號して荒土と爲し、此中は長江以北、盡く是れ夷狄と謂ふ。昨に洛陽に至り、始めて衣冠の士族、並びに中原に在るを知る。禮儀は富盛にし

No.	人名	時期	史料
1	元顥	大通二（528）	以魏北海王元顥爲魏主、遣東宮直閤將軍陳慶之衞送還北。
2	元悦	中大通二（530）	遣魏太保汝南王元悦還北爲魏主。庚申、以魏尚書左僕射范遵爲安北將軍、司州牧、隨元悦北討……輿駕幸德陽堂、設絲竹會、祖送魏主元悦。
3	元法僧	中大通四（532）	新除太尉元法僧還北、爲東魏主。以安右將軍元景隆爲征北將軍、徐州刺史、雲麾將軍羊侃爲安北將軍、兗州刺史、散騎常侍元樹爲鎭北將軍。
4	元貞	太清元（547）	遣太子舍人元貞還北爲魏主。

表2　梁における「魏主」

て、人物は殷阜、目の識らざる所、口の傳ふ能はず。所謂る帝京翼翼、四方の則たり。始めて泰山を登る者は培塿を卑しとし、江海を渉る者は湘、沅を小とす。北人安んぞ重んぜざる可けんや」と。慶之は此に因り羽儀服式、悉く魏法の如し。江表の士庶は、競ひて相ひ模楷し、褒衣博帶、秣陵に被及す。（『洛陽伽藍記』巻二　景寧寺）

とあり、梁へ帰国した陳慶之は司州刺史に任じられたが、そこで北朝出身者を重用したとされる。そのことを怪しんだ朱异に対して、夷狄の住む地だと思っていた洛陽が、想像以上に文化的であったことを説明している。『洛陽伽藍記』は、陳慶之が魏のファッションを真似、それが江南で流行したと記している。

このように、元顥の北帰は、それまで制限されていた南北朝間の情報が広く交換される契機となったといえよう。

元顥以外に梁にいた北魏宗室が「魏主」とされた事例もみてみよう（**表2**）。

元顥による北伐の失敗の翌年（五三〇）、梁の武帝は元悦を「魏主」とし、魏の尚書左僕射の范遵[40]とともに北伐を行わせた。

（中大通二年）六月丁巳、魏の太保汝南王元悦を遣はし北に還りて魏

主爲らしむ。庚申、魏の尚書左僕射范遵を以て安北將軍、司州牧と爲し、元悅に隨ひ北討せしむ。（『梁書』巻三　武帝紀下）

衍は立てて魏主と爲し、年を更興と號す。衍は其の將軍の王辯を遣はして送りて境上に置き、以て侵逼を覬はしむ。（『魏書』巻二一　元悅伝）

このときも、元悅は独自の元号を建てている。これは、孝荘帝による爾朱榮暗殺の混乱に乗じて、再び洛陽を目指したものであるが、侵略の機会をうかがっているうちに、前出のように爾朱氏政権を打倒した高歡が元悅を召還したため、目立った功績もなく解散した。

高歡は帰国した元悅の人となりを見て擁立を断念し、改めて元悅の甥にあたる元脩を即位させる（孝武帝）。孝武帝よりも孝文帝に近い血筋の元悅は、危険な存在であるとされ、帰国した年の暮れには殺害された。元悅が殺害されると、梁は中大通四（五三二）年、元法僧を魏主として北伐を再開しようとした。

（中大通四年二月）新除の太尉元法僧は北に還り、東魏主と爲る。安右將軍の元景隆を以て征北將軍、徐州刺史と爲す。雲麾將軍羊侃は安北將軍と爲り、兗州刺史、散騎常侍元樹は鎭北將軍と爲る。（『梁書』巻三　武帝紀下）

（中大通）四年、太尉に進み、金紫光祿を領す。其の年、立てて東魏主と爲すも、行かず、仍ち使持節、散騎常侍、驃騎大將軍、開府同三司之儀、郢州刺史を授く。（『梁書』巻三九　元法僧伝）

『梁書』は元法僧を「東魏主」に立て、元法僧の長子の元景隆、北魏の降将である羊侃、元樹らを附けて北伐させようとした。しかし、『梁書』元法僧伝には「不行」とあり、実際には元法僧は「東魏主」を名乗らなかったようである。

このとき、元法僧は羊侃を名指して、自らの軍に入れるように梁武帝に要請した。武帝は羊侃に北伐の方略を聞き、さらに、

高祖（梁の武帝）は因りて曰く「卿を知りて太尉（元法僧）と同行せんことを願ふ」。侃曰く「臣は迹を抜き朝に還り、常に命を効さんと思ふ。然れど實に未だ曾て法僧と同行することを願はず。北人は臣を謂ひて吳と爲すと雖も、南人は已に臣を呼びて虜と爲す。今法僧と同行せば、還りて是れ羣類相逐ひ、素心に乖ること有るに止むるに非ず、亦た匈奴をして漢を輕んぜしむ」。高祖曰く「朝廷今は卿の行かんことを要須《もと》む」。（『梁書』巻三九　羊侃伝）

羊侃は泰山梁甫の人で、羊氏は泰山の名族であった。祖父の羊規は劉宋に仕えたが、四六六年、劉宋の徐州刺史薛安都が叛くと、羊規は北魏に降り、魏の営州刺史となった。その後、孫の羊侃は北魏から梁へ亡命したが、北人からは「吳」と呼ばれ、南人からは「虜」と呼ばれた。羊侃は元法僧と同行することで、元氏の同類と見られ、「虜」の同類と見られるのを厭ったのである。「匈奴をして漢を軽んぜしむ」という羊侃の発言は、南朝において北朝の人間がどのように見られていたかを如実に語っている。なお、「虜」であることを恥とし、「吳」であらんとした羊侃は、侯景の乱に際して、武帝を護って建康内城で籠城の指揮を執り、病没している。

先にみたように、元顥とともに洛陽に至った陳慶之も、「晉、宋より以來、洛陽を號して荒土と爲し、此中は長

江以北、盡く是れ夷狄と謂ふ」と華北が夷狄の地となっていると聞いていた、と述べている。

羊規が北魏に降ったのは、羊侃の発言の六六年前であり、世代としても二世代しか経っていない。それでも梁の人々からは「虜」とみなされてしまうのであれば、その遙か以前に北魏へ亡命した、河内司馬氏、渤海刁氏、陳郡袁氏などの亡命氏族集団に対して、南朝の人々がどうみていたかは推して知るべしである。

第四章（一三九頁）で述べた、蕭寶夤、張景仁らがそれまでの南朝人のコミュニティを見下し、洛陽場内に家を移すことを要求した、という記事も、このような南朝人の北魏観を反映してのことであった。

さて、元法僧の北伐は、反撃に遭い頓挫する。北魏領深くまで侵入した元樹は包囲され、そのまま捕虜となった。元樹が南朝を懐かしみ、それを見た北魏の朝廷が彼に死を賜ったことについては、先にみた通りである。「魏主」を派遣した最後の事例は、五四七年、東魏の河南大行台であった侯景が叛乱を起こし、梁へ援軍を求めた時である。このとき侯景は援軍とともに、梁に残っている元氏の宗室を担ぎ出し、東魏に対抗しようとした。梁は元樹の子である元貞を「魏主」とし、侯景の元へ送り出した。結果的に、侯景は東魏の軍に敗れ、手勢とともに梁へ逃げ込むこととなり、元貞も建康に戻ることとなる。

河陰の変で北魏の宗室が大量に亡命してきて以来、梁は一貫して「魏主」を立てて北魏へ侵攻させる方法で、華北をコントロールしようとしてきた。傀儡政権さえ樹立できれば、西晋以前の都である洛陽・長安の直接支配にこだわらない姿勢を見せている。そこには、もちろん南北の軍事力の差が覆しがたいほど開いていたという現実的な問題も存在していた。しかし、羊侃の言にあるように、洛陽は既に廃墟で、華北は夷狄の地となっており、もはや直接支配する価値もないという認識も存在した。たとえそれが南朝人の負け惜しみが多分に含まれているとしても、むしろ、負け惜しみが含まれていたからこそ、華北に居住している漢族を、江南の人間と区別し、「虜」と見下す視点が必要とされたのではないだろうか。

三　北魏宗室以外の貴族の亡命と帰還

ここまでは北魏の宗室の亡命を中心に取り上げてきたが、それ以外にも南朝へ亡命し、帰国した北朝の貴族の事例がある。この節ではその事例を取り上げ、梁の北朝人全般に対する扱いを検討したい。

徐州刺史元法僧の叛乱は、徐州の属僚を巻き込んだ大規模なものであった。元法僧に協力した徐州の属僚の大半は、「大軍討を致し、法僧は諸子を攜ひ、城内及び文武を擁掠して、南のかた蕭衍に奔る」（『魏書』巻一六 元法僧伝）とあるように、北魏の討伐軍とに敗れた後、文武の属僚とともに梁へ亡命した。

元法僧の長史であった高諒は叛乱に反対して斬られたが、監軍として本来なら叛乱を未然に阻止する役割のあった畢祖彦は、

侍御史を以て元法僧の監軍と爲る。法僧反するや、祖彦に逼りて南入せしむ。永安中、還るを得。（『魏書』巻六一 畢祖彦）

とあり、元法僧の脅迫に屈して、梁への亡命に同行している。この畢祖彦は、劉宋の時代に薛安都ともに北魏へ亡命した畢敬衆の同族であり、ルーツを南朝に持っていた。畢祖彦は永安年間（五二八～五三〇）には帰国したとあるので、梁での滞在は最長でも三年強にすぎなかった。

また、徐州の州治のあった彭城の内史だった劉世明は、

刺史元法僧の城を以て外叛するに屬し、遂に蕭衍に送らる。衍は封爵を加へんと欲するも、（劉）世明は固辭して受けず、頻る衍に請ひて還るを乞ひ、衍之を聽す。……孝莊の末、征虜將軍、南兗州刺史に除さる。時に爾朱世隆等は威もて自己を權し、四方は怨み叛く。城民王乞得は逼りて世明を劫し、州に據りて蕭衍に歸す。衍は世明を開國縣侯、食邑千戸に封じ、征西大將軍、郢州刺史とし、又た儀同三司を加ふ。世明復た辭して受けず、固く北歸せんことを請ふ。衍は其の意奪はず、乃ち躬ら之を樂遊苑に餞す。世明既に還り、持る所の節を奉送し、身は郷里に歸る。（『魏書』巻五五　劉世明伝）

とあり、元法僧とともに梁へ亡命した後、梁の封爵を断り、帰国を許された。ところが、中興元（五三一）年、南兗州刺史となっていた劉世明は、城民王乞の叛乱により、再び梁へ降ることとなる。梁に降った劉世明は、再び梁の封爵を断り、帰国を許され、帰国後は、郷里に隠棲した。

劉世明の事例は、生涯に二度、梁へ降り、二度とも帰国を許された希有な例であるが、二度とも梁の武帝は劉世明に封爵を与えようとし、劉世明はそれを辞して武帝に帰国を願い出ている。そして、いずれの場合も最終的に武帝が折れ、劉世明の帰国を認めている。

これ以外でも、元法僧の鎧曹参軍だった李叔仁が梁へ亡命しているが、彼が帰国したかどうかについては記録が残されていない。また、元法僧の叛乱に、使者を斬って抵抗を示した陽平太守の薛曇尚は、梁将王希聃の捕虜となり江南に送られた。薛曇尚に対しても武帝は「衍は禮を以て之を遇し、曇尚は歸るを乞ひ、衍は乃ち還るを聽す」（『魏書』巻四四　薛曇尚伝）とあり、礼を以て待遇し、帰国の願いを受け入れた。

孝武帝が高歡と対立し、関中に走る際、北魏の荊州刺史だった賀抜勝は孝武帝の求めに応じて高歡と戦っている。[41]

時に齊神武（高歡）は已に行臺侯景、大都督高敖曹を遣はして之に赴く。（賀抜）勝は敗れ、流矢に中り、梁に奔る。南に在ること三年、梁武帝の之を遇すること甚だ厚し。勝は師もて北のかた齊神武を討たんことを乞ふも、既に果さず、乃ち還るを求む。梁武帝之を許し、親ら南苑に餞す。勝は是の後より、弓矢を執る毎に、鳥獣の南向する者を見て、皆な之を射ず、以て懷德の意を申。既に長安に至り、闕に詣り謝罪す。（『北史』巻四九　賀抜勝）

とあり、高歡の派遣した侯景、高敖曹に敗れた賀抜勝は、梁に落ち延びた。賀抜勝は梁の武帝に対し、東魏を攻めるよう求めたが果たせず、長安への帰国を求めた。武帝は之を許し、手ずから餞別を渡した。帰国後、賀抜勝は狩りに出る度に、南へ逃げる獲物を射ないことで、南朝への懐徳の意を示したという。

このとき賀抜勝の配下に、行台左丞の崔士謙と行台右丞の陽休之があった。崔士謙と陽休之は賀抜勝とともに梁へ逃れるが、

州人鄧誕は侯景の軍引て奄《たちま》ち至り、勝は戰ひ敗績し、遂に梁に奔る。士謙は與に倶に行く。梁に至るに及び、毎に師を乞ひ援に赴かんとす。梁武は出軍を爲さずと雖も、而して勝等の志節を嘉し、並びに其の國に還るを許す。乃ち士謙をして先んじせしめ、且つ隣好を通ず。（『北史』巻三二　崔士謙伝）

尋ひて（賀抜）勝に屬して南奔し、仍ち隨ひて建業に至る。休之は高祖の靜帝を推奉するを聞き、乃ち勝に白して梁武に啓して還るを求め、以天平二年鄴に達し、仍ち高祖の命を奉じて晉陽に赴く。（『北斉書』巻四二　陽休之伝）

とあるように、崔士謙は賀抜勝とともに長安に、陽休之は東魏の都である鄴へ帰還している。賀抜勝・崔士謙と陽休之の事例から、梁は東西魏のどちらにも帰国を許していることは明らかである。それをさらに補強するのが、獨孤信の事例である。

東魏は又た其の將高敖曹、侯景等を遣はして衆を率ひて奄ち至る。信は衆寡敵せざるを以て、遂に麾下を率ひて梁に奔る。居ること三載、梁武帝は方に始めて信の北へ還るを許す。信の父母は既に山東に在り、梁武帝信に往く所を問ふ。信答ふるに以て君に事へること二無しと。梁武帝深く之を義とし、禮送すること甚だ厚し。（『周書』巻一六　獨孤信伝）

賀抜勝の敗北後、荊州に入った獨孤信は、やはり侯景、高敖曹に敗れ、梁へ逃れる。梁に滞在すること三年にして、梁の武帝は獨孤信に父母のいる山東か、君主のいる関中か、どちらに帰りたいのかと問うた。獨孤信は「君に事うること二無し」と答え、武帝は非常に感心して手厚く送り届けたとある。帰国を許した後で、行き先を問う武帝の様子からは、東西魏のどちらに帰るのも自由にさせる方針を見ることができる。

また、後に東魏から南朝への使者としてなる皇甫亮も、

亮は率より性は任眞、劇職を樂しまず。……後に梁に降り、母兄の北に在るを以て、還るを求む。梁武奪はざるなり。（『北史』巻三八　皇甫亮伝）

とあるように、一度は梁に降りながらも、母と兄が北にいることを理由に帰国を求め、梁の武帝はそれを許したと

ある。

このような武帝の態度が最もはっきり現れているのが、薛懐儁の事例である。

天平初、代りて還りて梁州に至り、刺史の元羅と倶に蕭衍の將蘭欽の擒ふる所と爲り、江南に送らる。衍は懷儁を見て、之に謂ひて曰く「卿の父は先に魏の荊州爲り。我は時に猶ほ襄陽に在り、且つ州壤は連接し、極めて相ひ知練す。卿今此に至る。當に能く住むべけんや。若し還らんと欲さば、亦た禮を以て相ひ遣らん」と。顧みて左右に謂ひて曰く「此の家は北に在りて、富貴の極むること言ふべからず」と。懷儁は便ち歸るを乞ひ、衍は國に還るを聽す。（『魏書』巻六一　薛懐儁伝）

第二節で見た元羅とともに捕虜として江南に送られた薛懐儁だったが、梁の武帝は「卿の父は先に魏の荊州刺史で、私はそのとき襄陽にいて、隣同士だったから、よく知っている。卿はせっかくこちらに来たのだから、永住してはどうか。もし帰りたいのであれば、ちゃんと送り届けてやろう」といい、さらに左右の者に「この者の家は華北で、言葉では言い尽くせぬほど富貴を極めているのだ」といったという。帰国を願った薛懐儁に、梁の武帝は約束通り帰国を許したのである。

薛懐儁の父は薛眞度といい、劉宋から北魏に帰順した薛安都の族弟であった。薛眞度は北魏の太和年間（四七七〜四九九）に荊州刺史となっており、梁の武帝は、南斉の建武二（四九五）年に雍州刺史となっている。この時期の北魏、南斉関係は、北魏孝文帝が南斉を攻撃したため、険悪なものとなっていたが、それでも最前線の地方官同士では面識があったということであろうか。

梁の武帝は薛懐儁の父と面識があったという特殊な事情があったとはいえ、捕虜として捕られた北魏の人間に対して、定住するか帰国するかの選択肢を与えている。

このような、亡命者、捕虜の帰還を許していた理由はどこにあったのだろうか。名君と呼ばれた梁の武帝の個人的な資質が理由の一つとしてあっただろうが、全てをそれに帰すことはできない。亡命者を帰国させる理由の一つとして、外交使節が断絶している関係下で、南北朝間のコネクションを維持するために必要だったことが挙げられる。五〇八年に豫州で起こった叛乱の鎮撫に向かった董紹は、その道中で梁の捕虜となり、江南に送られた。

蕭衍の領軍將軍呂僧珍は暫く紹と言り、便ち相ひ器重す。衍之を聞き、使を遣はし紹を勞はしめて云く「忠臣孝子は、人無かるべからず。今當に卿の國に還るを聽さん」と。紹對へて曰く「老母は洛に在り、復た方寸無し。既に恩貸を奉り、實に更生するが若し」と。衍又た主書の霍靈超を遣はし紹に謂はしめて曰く「今卿を放ちて還し、卿をして兩家を好通ぜしめん。彼此の民を息めるは、豈に善ならざるや」と。對へて曰く「通好息民は、乃ち兩國の事、既に命を蒙るに及ぶ。輒ち當に本朝に聞奏せん」と。衍は紹に衣物を賜ひ、引き入れて之に見へ、其の舍人の周捨をして慰勞せしめ、并せて「戰爭すること多年、民物は塗炭す。是れ以て先言を耻じず、魏朝と通好せん。比れ亦た書有り、都《すべ》て報旨無し。卿宜しく此意を備申すべし。故に傳詔の周靈秀を遣はし卿を送り國に至らしめ。遲《のち》に嘉問有あらん」と稱す。又た紹に謂はしめて曰く「卿は不死を得る所以を知るや。今者卿を獲るは、乃ち天意なり。夫れ千人の聚、散らざれば則ち亂れ、故ち君を立て以て天下を治むるを須め、天下は一人を養ふを以てせず。凡そ民の上に在るは、胡ぞ此を思はざりき。若し通好せんと欲さば、今宿豫を以て彼に還し、彼も當に漢中を以て歸さるるべし」と。（『魏書』巻七九　董紹伝）

このとき、梁の武帝はまだ即位したばかりであり、南朝と北朝の関係は北魏孝文帝の南伐以来、断絶したままであった。領軍将軍呂僧珍の報告を聞いた武帝は、董紹の帰国を許した。董紹も母親が洛陽おり、帰国を願っていた。帰国する董紹へ出した条件は、北魏と梁の間の戦争を停止するよう、親書を北魏の朝廷に届けることであった。

実際に、帰国した董紹は北魏の朝廷に梁からの親書を提出し、その内容について北魏朝廷内で議論となったようである。

初め、早生の反するや、世宗は主書の董紹を遣はし詔を銜め宣慰せしむ。紹は早生の執ふる所と爲り、之を衍に送る。衍は乃ち資を厚くして紹に遣り、書を朝廷に奉らしめ、請ひて宿豫を割きて内屬せしめ、以て和好を求む。時に朝廷或ひは異同有り。世宗は衍の辭は款順を以てすと雖も、而して藩を稱さず、有司に詔して許さず。（『魏書』巻九八　島夷蕭衍伝）

最終的には宣武帝の決断により、このときの和平は成立しなかったが、正式な外交使節が交換されない状況で、北朝人の帰国を許すことが一つの外交チャンネルとなっていたことを示している。

北朝と南朝の外交使節交換が再開されるのは、東魏の時代に入ってからであるが、このときの外交再開も、捕虜の帰還をきっかけとしたものであった。

仍ち蕭衍の將樊文熾の爲に攻圍され、（傅）敬和は城を以て降り、江南に送らる。後に衍は齊獻武王の威德日に廣がるを以て、敬和をして國に還らしめ、以て和通の意を申す。（『魏書』巻七〇　傅敬和伝）

東魏の天平四（五三七）年、梁の捕虜となった傅敬和を通じて、梁から和通の意が伝えられ、これに応じる形でその年、東魏から李諧・盧元明・李業興の派遣が行われるのである。梁の武帝が即位以来一貫して目指してきた北朝との国交回復は、このようにして達成されたのである。

北朝人の帰還を許す第二の理由として、先の董紹伝には、

是より先、有司に詔して以て獲る所の衍將齊苟兒等十人を以て紹に換へんと欲す。事は司馬悦傳に在り。紹の還るに及び、世宗之を愍む。永平中、給事中に除され、仍ほ舍人を兼ぬ。紹は和計を陳説すると雖も、朝廷許さず」（『魏書』巻七九　董紹伝）

とあり、董紹の帰国が北魏の捕虜となっていた齊苟兒ら一〇名との交換であったと書かれている。同時に、叛乱発生時に殺害された、豫州刺史司馬悦の首級も返還されている。しかし、これまで数多く見てきたように、亡命者や捕虜の交換がなくても、梁からの帰国が許されている。元略の帰国でも述べたように、梁が次々と帰国を許可しているのに、北魏が捕虜を抑留することは、外交的にも、国内的にも、マイナスのアピールになり得た。梁の武帝は北朝人の帰国に際して、「父母が北にいる」「二君に仕えず」など、儒教的な価値観を理由とした場合に、褒め称えて、丁重に送り届けている。これは、亡命者・捕虜の帰国を許すことが、梁が「儒教的な価値観を尊重している文明国である」という国際的・国内的なアピールであったことを示しているといえよう。第一章、第二章で述べたように、北朝と南朝は、軍事力の強弱だけでなく、国内外の漢族、あるいは周辺の諸民族国家に対して、自国こそが「中華」であることを宣揚し、相手国が「礼」を知らない蛮族であると強調する必要に迫られていた。捕虜の返還は、南朝が北朝に対して、儒教的な面で勝っていることを示す格好の機会であった。北魏にとっても、梁から一方

的に恩沢を施されることは、国家の面子にかかわる由々しき問題であり、南朝からの帰還に併せて、北朝が捕虜としていた南人も返却せざるを得なかったのである。

亡命者・捕虜の帰還を許した第三の理由は、北帰した彼らが、北朝の朝廷内で南朝に対して友好的な立場を取ることを期待したためである。北魏宗室の中でも、元略や元延明の墓誌では、南朝は「友邦」であり「善隣」と表現されていた。そこには、『魏書』に描かれるような「島夷」としての南朝の姿はみられない。このような梁のイメージ戦略は、「魏主」を擁立し、それを送り届けることで華北を間接的に影響下に治めようとした梁の外交戦略とも合致している。梁が元顥を「魏主」として、洛陽に迫ったとき、百官を率いて降伏したのは、元顥よりも先に帰国していた宗室の元彧であった。東西魏分裂後も、北帰した賀抜勝は、南へ向かう狩りの獲物を射たず、それによって南朝への懐徳を示した。賀抜勝とともに狩りに行った西魏の人々が、南朝に対してどのような印象を抱いたかは、想像に難くない。

おわりに

このような梁のイメージ戦略とも言うべき外交方針の成功を象徴しているのが、北魏普泰元（五三一）年に出された詔勅であろう。

（普泰元年四月）有司に詔して復た僞梁と稱することを得ざらしめ、細作の条を罷め、隣國の往還を禁ずること無からしむ。（『魏書』巻一一　前廃帝紀）

北魏において公式に、梁を「偽」と呼ぶことを禁止し、同時に細作（スパイ）の条項を撤廃、梁との国境を開放するというこの詔勅は、北魏が最も混乱した時期のものであり、この翌年には前廃帝が廃位され、孝武帝が即位しているため、どれだけ実効性を持ったのか疑問ではあるが、少なくとも北魏における梁のイメージが、敵対国ではなくなっていたことを如実に示しているであろう[42]。

ただし、このような南朝のイメージの改善は、一方で、北魏において南朝的なものを排除し、純粋に北魏的な要素を守ろうとする反動を生んだ。先行研究でも述べられている、孝武帝路線―反孝文帝路線（岡田のいうところの「代体制」）のうち、孝文帝の路線を継承しようとする側には、霊太后を筆頭として、北魏宗室の中核集団や、亡命者集団などがおり、彼らは南朝に対して比較的友好的であった。反面、元叉に代表される宗室疏族、于烈、爾朱榮ら北族は、自分たちの特権を奪った孝文帝の改革路線には納得せず、それを支持する南朝的文化の担い手を憎悪していた。その結果が、于忠の矯詔による咸陽王元禧の排除や、亡命貴族裴植の殺害であり、元叉による元懌、元熙らの殺害であり、爾朱榮による河陰の変であるといえる。これらの事件では、北魏の亡命者集団が弾圧される側としてかかわっていた。

爾朱榮を倒した高歓は、鄴へ遷都するとともに、孝文帝の路線を継承し、南朝との関係も改善しようとした。しかし、これらの政策も、弾圧によって衰退しつつあった亡命者集団の復権には繋がらなかった。それはなぜか。羊侃や張景仁の事例で見たように、梁の人々にとって、数世代前に華北に渡った「元南朝人の子孫」は、既に自分たちの同類ではなく、「虜」の一部であった。南朝に滞在し、その文化を見聞した後、華北に戻った北朝人は、南朝に親近感を覚えたかもしれないが、それがそのまま、南朝から帰参した人々の子孫への評価には繋がらなかったのである。

亡命と帰還が容易に行われ、両国間の往来が自由になったことで、外交使節や亡命者を介さずとも、北朝貴族社会の中には、南朝からの情報が簡単に入ってくるようになる。これによって外交使節、亡命者の北魏貴族社会内での重要性が低下するのも無理のないことであった。東魏・北斉期に南朝への使者となった人物には、皇甫亮や陽休之のように、南朝に滞在したことのある人物が含まれており、彼らが東魏・北斉期に、南朝との橋渡しとして機能していたことは、第三章で述べた通りである。

さらに、北魏の宗室の力が弱まったことで、郷里との関係が希薄な亡命氏族は、後ろ盾を失うことになる。一方で、第五章で見た司馬氏のように、郷里との関係を復活させた氏族は、華北の漢人社会に溶けこんでいくことができたが、それができなかった氏族――例えば瑯琊王氏など――は河陰の変で大きな痛手を負い、そこから回復することはなかった。華北漢族と同化するか、北魏宗室とともに没落するか、いずれにしても、孝文帝期以前から存在した亡命者集団は、孝文帝の改革を経て、集団としての政治的なプレゼンスを失っていったのである。

【注】

（1）窪添慶文『魏晋南北朝官僚制研究』（汲古書院、二〇〇三）第二部第二章「北魏後期の党争と意思決定」（初出『唐代史研究』二、一九九九）、第三部第一章「河陰の変小考」（初出『榎博士頌寿記念東洋史論叢』汲古書院、一九八八）、第三部第二章「北魏の宗室」（初出『中国史学』九、一九九九）参照。

（2）張金龍「領軍将軍与北魏政治」（『北魏政治与制度論稿』（甘粛教育出版社、二〇〇三）所収、初出『中国史研究』一九九五―一）。

（3）岡田和一郎「北斉国家論序説――孝文体制と代体制――」（『九州大学東洋史論集』三九、二〇一一）。

（4）谷川道雄「北魏末の内乱と城民」（『隋唐帝国形成史論』（筑摩書房、一九七一）第Ⅱ編第三章、初出『史林』四一―三、五、一九五八）。

（5）榎本あゆち「帰降北人と南朝社会――梁の将軍蘭欽の出自を手がかりに」（『名古屋大学東洋史研究報告』一六、一九九一）

（6）前掲注（3）岡田論文参照。

（7）「元願達、亦魏之支庶也。祖明元帝。父樂平王」（『梁書』巻三九 元願達伝）。ただし、『梁書』によれば元願達は大同三（五三七）年に五七歳で死去している。逆算すると、生年は四八一年になる。しかし、楽平王元丕は『魏書』巻四下 太武帝紀によれば、太平真君五（四四四）年には死んでいる。したがって、元願達と元丕が親子である事はありえず、子孫であると考えられる。しかし、元丕の爵を継いだ元抜も太安五（四五九）年に死を賜っており、楽平王国は除かれている。その後、爾朱氏政権の下で爾朱世隆が楽平王となるまで、史料上からは楽平王となったものは確認できない。

（8）『梁書』巻三 武帝紀下、『南史』巻七 武帝紀下では、同時期に「魏北青州刺史元世儁」が州を挙げて降ったとある。元世儁という人物は、『魏書』巻一九中に列伝が見られ、孝荘帝即位直前に青州刺史となっている。しかし、『魏書』『北史』中には南朝へ降ったという記録は見られず、『梁書』『南史』にも本紀以外に登場しないことから事跡は明らかではない。また『魏書』には北青州なる地名は登場しない。

（9）清河王（元）懌死後、（元）叉黜（元）略爲懷朔鎭副將。未及赴任、會（元）熙起兵、與略書來去。尋値熙敗、略遂潛行、自託舊識河內司馬始賓。始賓便爲荻筏、夜與略俱渡盟津、詣上黨屯留縣栗法光。法光素敦信義、忻而納之。略舊識刁雙時爲西河太守、略復歸之。停止經年、雙乃令從子昌送略潛遁江左。蕭衍甚禮敬之、封略爲中山王、邑一千戸、宣城太守。

（10）刁雙の族兄である刁宣の妻が、元略の姉であった。

（11）正光初、中山王熙之誅也、熙弟略投命於雙、雙護之周年。時購略甚切。略乃謂雙曰「我兄弟屠滅已盡、唯我一身漏刃相託。卿雖厚恩、久見容蔽、但事留變生、終恐難保。脱萬一發覺、我死分也、無事相累卿。若送吾出境、便是再生之恵、如其不爾、輒欲自裁」。雙曰「人生會有一死、死所難遇耳。今遭知己、視死如歸、願不以爲慮」。略後苦求南轉、雙乃遣從子昌送達江左。

（12）肅宗詔光祿大夫刁雙境首勞問、又敕徐州賜絹布各一千匹。除略侍中、義陽王、食邑一千戸。還達石人驛亭、詔宗室、親黨、內外百官先相識者、聽迎之近郊。賜帛三千匹、宅一區、粟五千石、奴婢三十人。其司馬始賓除給事中、領直後、栗法光本縣令、刁昌東平太守、刁雙西兗州刺史。其略所至、一餐一宿之處、無不霑賞。

（13）相州刺史、中山王熙在鄴起兵、將誅元叉等。事敗、傳首京師、熙之親故莫敢視。整弟婦即熙姊、遂收其屍藏之、後乃還熙所親。叉聞而致憾、因以熙弟略南走蕭衍、誣整將叛、送整與弟宣及子恭等幽繫之。頼御史王基、前軍將檢事使魏子建理雪、獲免。……（中略）……元略曾於整坐泣謂黄門王誦、尚書袁翻曰「刁公收斂我家、卿等宜知」。

(14)『魏書』巻六三 王誦伝。
(15)『魏書』巻五七 袁翻伝。
(16)『北史』では李琰之に作る。李琰之と李神儁は並べて称されることがある（『魏書』巻五二 段承根伝など）ので、おそらく李琰之が正しいのであろう。
(17) 始（元）熙之鎭鄴也、知友才學之士袁翻、李琰（之）、李神儁、王誦兄弟、裴敬憲等咸餞於河梁、賦詩告別。
(18)『梁書』では「楽平郡公」とするが、『南史』では「楽平郡王」となっている。『梁書』の編纂時期が古いため「楽平郡公」に従うが、なぜ李延壽が「楽平郡王」としたのか検討の余地が残る。
(19) こちらも『梁書』では「始安郡公」とするが、『北史』『南史』では「始安郡王」となっている。つまり『北史』『南史』では北魏の亡命した宗族には全て王爵が与えられているのである。前掲注（18）と同じ理由で「始安郡公」に従う。
(20) 元羅については、『梁書』に記載がなく、『北史』は「南郡王」、『南史』は東郡王とする。『南史』の東郡王は、同時期に蕭謍が就任しているため、誤記である可能性が高いが、前掲注（19）にあるように、『北史』は亡命した宗室の爵位を全て「王」としているので、判断を保留する。
(21) 時方事招攜、撫悦降附、賜法僧甲第女樂及金帛、前後不可勝數。法僧以在魏之日、久處疆埸之任、每因寇掠、殺戮甚多、求兵自衞。詔給甲仗百人、出入禁闥。
(22) 衍亦先聞名、深相器待、見彧於樂遊園、因設宴樂。
(23) 魏孝武西遷、欑從大都督元斌之與齊神武戰於成皐。兵敗、遂與斌之奔梁。梁主待以賓禮、後得逃歸。
(24) 自前後奔叛、皆希旨稱魏爲僞、唯彧上表啓、常云魏臨淮王。衍體彧雅性、不以爲責。
(25) 樹年十五奔南、未及富貴。每見嵩山雲向南、未嘗不引領歔欷。初發梁、覩其愛妹玉兒、以金指環與別、樹常著之。寄以還梁、表必還之意。朝廷知之、俄而賜死。
(26) 孝武初、其兄樹見禽。坦見樹既長且賢、慮其代己、密勸朝廷以法除之。樹知之、泣謂坦曰「我往因家難、不能死亡、寄食江湖、受其爵命。今者之來、非由義至、求活而已、豈望榮華。汝何肆其猜忌、忘在原之義、腰背雖偉、善無可稱」。坦作色而去。樹死、竟不臨哭。
(27) 正光之初、元昆作蕃、投杼横集、濫塵安忍、在原之應、事切當時、遂潛影去洛、避刃越江、賣買同價、寧此過也。僞主蕭氏、雅相器尚、等秩親枝、齊賞密席。而莊寫之念、雖榮願本。渭陽之戀、偏楚心自。以孝昌元年、旋軸象魏。元略墓誌は一九一九年洛陽出土、趙万里『魏晋南北朝墓誌集釋』、趙超『魏晋南北朝墓誌彙編』他に著録。現在の所蔵は遼寧省博物館。

(28) 既覩泥莽之形、実深宗祏之慮、方借力善隣、討茲君側。而江南卑濕、地非養賢、隨賈未歸、忽焉反葬。以梁中大通二年三月十日薨於建康。元延明墓誌は一九一九年洛陽出土。趙万里『魏晋南北朝墓誌集釋』、趙超『魏晋南北朝墓誌彙編』他に著録。現在の所蔵は洛陽博物館。

(29) 及知莊帝踐阼、或以母老請還、辭旨懇切。衍惜其人才、又難違其意、遣其僕射徐勉私勸或曰「昔王陵在漢、姜維相蜀、在所成名、何必本土」。或曰「死猶願北、況於生也」。衍乃以禮遣。

(30) 會(蕭)綜以城歸國、綜長史江革、司馬祖暅、將士五千人悉見擒虜。肅宗敕有司悉遣革等還南、因以徵(元)略。(蕭)衍乃備禮遣之。

(31) 元略の帰国については、梁側の記録にも「値魏主請中山王元略反北、乃放(江)革及祖暅還朝」(『梁書』巻三六 江革伝)とあり、南北朝で記録が対応している。

(32) 霊太后による中山王元熙の名誉回復と、元略の帰国について、正史と墓誌の間で日付に食い違いがある。洛陽から元熙、元誘、元誘夫人薛氏、元懌、元纂らの墓誌が発見されており、埋葬年月はいずれも孝昌元年一一月廿日となっている(趙超『魏晋南北朝墓誌彙編』)。元熙の墓誌には、「孝昌元年追復王爵、迎喪還洛陽」とあるが、『魏書』巻九 粛宗紀には孝昌二年三月の記事に「追復中山王熙本爵」とある。また「元略墓誌」には「以孝昌元年、旋軸象魏」とあるが、『魏書』本紀では孝昌二年五月に帰国したことになっている。五二五年六月に蕭綜の亡命したことは『魏書』『梁書』とも一致しており、元略の帰国はそれ以降であることは間違いない。これらの葬儀に肉親である元略を参加させるため、帰国が求められたとも考えられる。

(33) 靈太后返政、知略因雙獲免、徵拜光祿大夫。時略姊饒安公主、刁宣妻也、頻訴靈太后、乞徵略還朝廷。

(34) (元)略之將還也、(蕭)衍爲置酒餞別、賜金銀百斤、衍之百官、悉送別江上。遣其右衞徐確率百餘人送至京師。肅宗詔光祿大夫刁雙境首勞問、又敕徐州賜絹布各一千匹。除略侍中、義陽王、食邑一千戶。還達石人驛亭、詔宗室、親黨、内外百官先相識者、聽迎之近郊。賜帛三千匹、宅一區、粟五千石、奴婢三十人。

(35) 及齊獻武王既誅榮、以悅高祖子、宜承大業、乃令人示意。悅既至、清狂如故、動爲罪失、不可扶持、乃止。

(36) 佐川英治「孝武西選と国姓賜与」(『岡山大学文学部紀要』三八、二〇〇二)、前掲注(3)参照。
(37) 代表的な例として『宋書』巻四六　張暢伝(本書第二章注(14))が挙げられる。
(38) 川合安「沈約『宋書』の華夷意識」(『東北大学東洋史論集』六、一九九五)、戸川貴行「東晉南朝における天下観について──王畿、神州の理解をめぐって」(『六朝学術学会報』一〇、二〇〇九)。
(39) 楊元慎は正史に見えない人物だが『洛陽伽藍記』『酉陽雑俎』に活動が確認できる。
(40) 范遵については「先是、顥啓其舅范遵爲殷州刺史、遵以葛榮充逼、未得行。顥令遵權停於鄴。顥既懷異謀、乃遣遵行相州事、代前刺史李神、爲己表裏之援」(『魏書』巻二一上 元顥伝)とあり、元顥の舅であった。元顥の入洛に伴い、滑台を守っていたが鄭輯之に敗れ逃走したとの記事が『魏書』巻四四 鄭輯之伝にある。元悦伝の「魏の尚書左僕射」の官位は、元顥政権の時に与えられたものであろう。
(41) 賀抜勝の降伏と帰還を専門に扱った論文として、前島佳孝「賀抜勝の経歴と活動──西魏前半期の対梁外交と関連して──」(『東方学』一〇三、二〇〇二)参照。
(42) ただし、普泰元年の政治状況として、太原の高歡と洛陽の爾朱氏政権が争っており、劣勢だった爾朱氏政権にとって、梁との友好関係は維持せざるを得なかったという背景は考慮するべきであろう。

補論　『陳書』の編纂過程と隋陳関係記事

はじめに

五八一年に成立した隋王朝は、約三〇〇年にわたる中国の分裂状態を再統一したことで知られる。しかし、隋が南朝の陳を滅ぼし中国全土を統一したのは、開皇九（五八九）年のことである。二代三七年の短命政権である隋の前半一〇年間は、江南の陳王朝と並立状態であった。隋が建国直後の段階で既に華北全域と四川盆地、長江中流域までを勢力下に収めていたにもかかわらず、陳の平定まで一〇年の歳月を要したことは、当時隋の建国が不安定なものであったことに加え、最大の敵国であった陳王朝が、経済的・軍事的に決して軽視できない存在であったことを示している。

陳王朝は、四代三三年の短命王朝であり、その支配領域も江南の長江南岸に限定されていた。そのため、これまでの陳に対する認識は、『隋書』において李徳林が述べているように、「彼の陳國は、江外に盗竊す。民は一郡に少く、地は半州に減ず。受命の主に遇ひ、太平の日に逢はば、自ら土を獻じ璧を銜へ、溥天に同じうするを乞ふべし。乃ち復た喪家の疹を養ひ、顚覆の軌に遵ひ、吳、越を赼趄せしむるは、乃ち匪民爲り」（『隋書』巻四二　李徳林伝）という、弱小国家のものであり、当然のように大国の隋に併呑された、と認識されている。

しかし、隋と陳は、常に戦争状態であったわけではなく、両国の間では隋が陳を滅ぼす前年まで、ほぼ一年に一往復の形で外交使節が交換されていた。隋―陳の関係は、高句麗を初めとする朝貢国との関係と異なり、敵国の礼、すなわち対等な立場での外交であったとされる。このような南北朝の関係は、北魏と劉宋が外交関係を結んだ五世紀初頭から継続されていた。

隋による陳の平定は、単なる一王朝の滅亡を意味するだけでなく、このような「王朝間の対等な外交」の終焉をも意味していた。三国の分裂以来三〇〇年以上にわたって続いてきた分裂の時代から、隋唐の統一王朝の時代へ移り変わる転機として、隋は分裂時代である南北朝の最後の王朝としての性格と、唐へ続く統一王朝としての性格の双方を併せ持っていた。隋陳の外交関係は、この分裂の時代から統一王朝の時代への変遷を端的に表すものとして、検討される必要があるが、これまで、隋―陳の関係が正面から論じられることはほとんどなかった(1)。

本章では、その前提として、『陳書』の外交記事についての検討を行う。『隋書』に収められた李徳林の上奏文は、その文章自体も、隋の文帝に、陳征服を勧める目的で著されたものであり、大きくバイアスのかかった文章であることは言うまでもない(2)。では逆に、征服された陳の側からは、隋をどのように見ていたのだろうか。この点について、『陳書』の分析から明らかにしたい。

これまで『陳書』に関する研究はあまり多くない。従来の研究では、唐代の史書編纂事業の成果の一部として『陳書』に言及したものと、編纂者であり著名な文人であった姚察・姚思廉父子に注目したものがある。

前者の代表的な研究として、藤田純子は唐代の前代史編纂および国史編纂事業が、政治と一体化していた事を論じ(3)、浅見直一郎は、唐の武徳年間の正史編纂事業が編纂者の出身国を強く意識したものであったのに対して、貞観年間の正史編纂においては、宰相である房玄齢の監修の下、家学としての史書編纂を官に取り込むという実務的な判断が成されていたことを指摘している(4)。

姚察・姚思廉の史書編纂に対するスタンスを論じたものとしては、榎本あゆちの研究が挙げられる。榎本はまず、現行『梁書』の中に姚察が編纂した「国史」が多く含まれていることを論じる。その上で、『梁書』臨川王宏伝を取り上げ、従来「美書悪諱」と見られてきた『梁書』の記述を確認した上で、寒門出身の姚氏が梁の王室へ抱いていた感情にまで踏み込んで論じている(5)。

一　『陳書』における隋陳外交記事の欠落

南北朝間の使節を検討する利点の一つに、使節についての記述が南朝側と北朝側、二つの異なる視点から記述されているため、実態を立体的に再現できる点にある。『陳書』も例外ではなく、陳と同時代に存在した、北周・北斉の各王朝についての、王朝の外側から見た認識が記されている。

ところが、隋と陳の外交については、『陳書』には記載が欠落している。『陳書』本紀では他国から使節が訪れた際にはその国名を記し、使者の姓名は記さない体裁をとっている。その反面、自国から使節を派遣したことについては、一切記録がない。『陳書』における北朝から来た使者についての記述は『周書』『北斉書』側の派遣記録と合致している。『陳書』に記されている最後の北朝からの使節来訪の記録は、

（太建）七年……秋八月……癸卯、周遣使來聘す。（『陳書』巻五　宣帝紀[6]）

とある、太建七（五七五）年八月癸卯に陳を訪れた北周の使節についての記事である。この使節について、『周書』に対応する記事はないが、『周書』巻六　武帝紀下にはこの直前の北周の建徳七（五七五）年七月と直後の同年一二月に陳から北周へ使節が派遣された記録があり、交互に使節を送り合うという外交使節派遣の慣例に合致しており、ある程度の信憑性を持つ。このとき、北周と陳の間で頻繁に使節が交換されたのは、直前に迫った北周の北斉攻撃について、陳と連携するためのものであったとされる。

ところが、これを最後に、『陳書』には北朝との使節交換に関する記事が記載されなくなる。使節についての記載だけでなく、太建九年（五七七）の北斉滅亡、太建一三（五八一）年の周隋革命も、本紀に記載はない。

逆に北朝側の記録を見ると、『隋書』巻一文帝紀上には、周隋革命の直後から、隋が陳を滅ぼす直前まで、ほぼ一年に一往復ずつ使節が交換されたことが記されている（表1）。『隋書』の記事は、日付や使者名まで明記してあり、信用がおける。しかし、相手側となる『陳書』には、これらの使者の記事は一例を除いて書かれていない（その例外については後述する）。本紀だけでなく、列伝においても同様である。『隋書』で五八四年に陳から隋へと派遣された賀徳基は『陳書』巻三三 儒林伝に列伝があるが、そこには隋への使者となったことは記されておらず、陳から隋への最後の使者となった許善心は『隋書』巻五八に列伝があり、陳の使者となったことが記されているが、『陳書』巻三四 文学伝には学者として著名であった許亨の子として「子善心、早知名、官至尚書度支侍郎」の一文があるのみである。一方で、北斉への使者となった経緯のある傅縡の列伝には、

尋ひで本官を以て通直散騎侍郎を兼ね齊へ使し、還りて散騎侍郎、鎮南始興王諮議參軍に除され、東宮管記を兼ぬ。（『陳書』巻三〇 傅縡伝[7]）

とあり、北斉への使者となったことがはっきりと書かれている。

このように、『陳書』には北周・北斉への遣使については記録があるが、隋との外交に関する記述がほとんど残されていない。それだけでなく、両国の間で起こった軍事衝突についても、『隋書』には記載が残っており、『陳書』では全く記されていない事例が存在している。『隋書』には、開皇元（五八一）年九月に、

No.	年	月	日	史料	備考
1	581	4	辛丑	陳散騎常侍韋鼎、兼通直散騎常侍王瑳來聘于周、至而上已受禪、致之介國。	
2	581	11	丁卯	遣兼散騎侍郎爲攜使於陳。	
3	582	1	戊辰	陳遣使請和、歸我胡墅。	
4	582	6	甲申	使使弔於陳國。	
5	583	2	癸酉	陳遣兼散騎常侍賀徹、兼通直散騎常侍蕭褎來聘。	
6	583	4	辛卯	遣兼散騎常侍薛舒、兼通直散騎常侍王劭使於陳。	
7	583	11	庚辰	陳遣散騎常侍周墳、通直散騎常侍袁彦來聘。陳主知上之貌異世人、使彦畫像持去。	
8	583	閏12	乙卯	遣兼散騎常侍曹令則、通直散騎常侍魏澹使於陳。	『北史』巻11 隋本紀上では「唐令則」。
9	584	7	丙寅	陳遣兼散騎常侍謝泉、兼通直散騎常侍賀德基來聘。	
10	584	11	壬戌	遣兼散騎常侍薛道衡、通直散騎常侍豆盧寔使於陳。	
11	585	7	庚申	陳遣兼散騎常侍王話、兼通直散騎常侍阮卓來聘。	
12	585	9	丙子	遣兼散騎常侍李若、兼通直散騎常侍崔君贍使於陳。	
13	586	4	己亥	陳遣兼散騎常侍周磻、兼通直散騎常侍江椿來聘。	
14	586	8	辛卯	遣散騎常侍裴豪、兼通直散騎常侍劉顗聘于陳。	『北史』巻11 隋本紀上では「裴世豪」。
15	587	2	己巳	陳遣兼散騎常侍王亨、兼通直散騎常侍王眘來聘。	
16	587	4	甲戌	遣兼散騎常侍楊同、兼通直散騎常侍崔儦使于陳。	『北史』巻11 隋本紀上では「楊周」。
17	588	1	乙亥	陳遣散騎常侍袁雅、兼通直散騎常侍周止水來聘。	
18	588	3	甲戌	遣兼散騎常侍程尚賢、兼通直散騎常侍韋惲使于陳。	
19	588	10	辛酉	陳遣兼散騎常侍王琬、兼通直散騎常侍許善心來聘、拘留不遣。	

表1　『隋書』所載の隋陳交聘一覧表　　※出典はいずれも『隋書』巻1 文帝紀

九月……庚午、陳將周羅睺は攻めて胡墅を陷し、蕭摩訶は江北を寇す。……（二年正月）陳宣帝殂し、子叔寶立つ。……戊辰、陳使を遣はして和を請ひ、我が胡墅を歸す。（『隋書』巻一　高祖紀上[8]）

とあり、周隋革命直後に陳が北伐を行ったものの、陳の宣帝（位五六九〜五八二）の急死により講和した記録が残されている。この戦役について、『隋書』では、隋側として参戦した人物の伝では記録が残っており、相互に矛盾もない。例えば、隋初に文帝の宰相として活躍した高熲の列伝には、

開皇二年、長孫覽、元景山等は陳を伐つ。熲をして諸軍を節度せしむ。會ま陳宣帝薨じ。熲は禮に喪を伐たざるを以て、師を班さんことをを奏請す。（『隋書』巻四一　高熲伝[9]）

とあり、ここで引かれている、長孫覧・元景山の列伝でも、

明年、大擧して陳を伐つ、景山を以て行軍元帥と爲し、行軍總管韓延、呂哲を率ひて漢口に出ず。上開府鄧孝儒を遣はし勁卒四千を將ひ、陳の甑山鎭を攻めしむ。陳人は其の將陸綸を遣はし舟師を以て來援せしむ。孝儒逆擊し、之を破る。陳將魯達、陳紀は兵を以て溳口を守る。景山は復た兵を遣はして擊ちて之を走らしむ。陳人大ひに駭き、甑山、沌陽二鎭の守將は皆な城を棄てて遁く。景山の將に江を濟らんとするに、會ま陳宣帝卒し、詔有りて師を班す。景山は大ひに威名を著し、甚だ敵人の憚る所と爲る。（『隋書』巻三九　元景山伝[10]）

開皇二年、將に事の江南に有らんとし、徵して東南道行軍元帥と爲し、八總管を統べて壽陽に出で、水陸倶に

進ましむ。師の江に臨むや、陳人大ひに駭く。會ま陳宣帝卒し、覧は釁に乗じて遂に之を滅さんと欲するも、監軍高熲は禮に喪を伐たざるを以て還す。（『隋書』巻五一　長孫覧伝[11]）

とあるように、『惰書』内部では相互の記事に整合性が取れている。

一方、『隋書』本紀に陳側で参戦したとされる周羅睺・蕭摩訶については、『陳書』の本紀に全く記載がないのみならず、蕭摩訶伝においても、

（太建）十一年、周兵壽陽を寇し、（蕭）摩訶は樊毅等衆軍と與に援に赴くも、功無くして歸る。十四年、高宗（宣帝）崩。（『陳書』巻三一　蕭摩訶伝[12]）

とあり、太建一一（五七九）年の北周の攻撃以降、太建一四（五八二）年の宣帝崩御までにあったはずの、隋との交戦については言及がない。

さらに奇妙なことに、周羅睺については、

十一年、使持節、都督霍州諸軍事を授く。山賊十二洞を平げ、右軍將軍、始安縣伯に除され、邑四百戸。揚州内外諸軍事を總管檢校す。金銀三千兩を賜ふも、盡く之を將士に散し、分けて驍雄を賞す。陳宣帝深く歎じて之を美とす。出でて晉陵太守となり、爵を進めて侯と爲し、增封一千戸。太僕卿に除され、增封して前と并せて一千六百戸。尋ひで雄信將軍、使持節、都督豫章十郡諸軍事、豫章内史に除さる。獄訟庭決、吏手に關はらず、民は其の惠に懷き、碑を立てて德を頌す。至德中、持節、都督南川諸軍事に除さる。（『隋書』巻六五　周羅

睺伝[13]

とあり、『隋書』に列伝が存在するにもかかわらず、太建一一年以降、陳後主の至徳年間（五八三～五八六）に至るまで、隋との戦役の記録が書かれていない。『隋書』本紀では、周羅睺が陳側の武将として参戦していたことが書かれているにもかかわらず、本人の伝記ではその事実がまるでなかったかのように書かれているのである。

『陳書』に隋との関係が書かれるのは、

（禎明二（五八八）年二月）是月、隋は晉王廣を遣はし衆軍來伐し、巴、蜀、沔、漢自り流れを下りて廣陵に至り、數十道より倶に入る。緣江の鎮戍は、相ひ繼ぎ奏聞す。（『陳書』巻六 後主紀[14]）

陳の最末期以降のことに限られている。

以上、「記事の不在」を示すため、長々と引用することとなったが、『隋書』『陳書』を問わず、隋と陳の関係について、陳側から見た記録がほとんど残されていないことを示した。

では、なぜこのような記録の欠落が起こったのであろうか。姚思廉が編纂した『陳書』のみならず、房玄齢・魏徴の手になる『隋書』においても、陳に仕えていた将軍の記録が欠落していることは、編纂段階での方針――例えば、『隋書』と『陳書』の内容の重複を避けようとした、あるいは姚思廉が個人的に、父親が仕えた隋との関係をうやむやにしようとした――の問題ではなく、貞観年間（六二七～六九四）に参照できた史料から、隋陳関係の記録が消失していたことを示している。

ところで、陳末の外交記録が存在しないのは、隋陳関係に限ったことなのであろうか。陳末の混乱により、陳の外交記録が全て失われているのであれば、陳と隋の関係が残っていなかったとしても不思議ではない。そこで、北周からの最後の使者の記録があった五七五年以降の、陳の外交使節来訪に関する記事を抜き出してまとめたのが**表2**である。

年	月	日		出典
575	8	癸卯	周遣使來聘	『陳書』巻5　宣帝紀
577	7	己卯	百濟國遣使獻方物	『陳書』巻5　宣帝紀
578	7	戊戌	新羅國遣使獻方物	『陳書』巻5　宣帝紀
581	10	壬寅	丹丹國遣使獻方物	『陳書』巻5　宣帝紀
583	12	景(丙)辰	頭和國遣使獻方物	『陳書』巻6　後主紀
584	11	壬寅	盤盤國遣使獻方物	『陳書』巻6　後主紀
584	11	戊寅	百濟國遣使獻方物	『陳書』巻6　後主紀
585	10	己丑	丹丹國遣使獻方物	『陳書』巻6　後主紀
586	9	丁未	百濟國遣使獻方物	『陳書』巻6　後主紀
588	6	戊戌	扶南國遣使獻方物	『陳書』巻6　後主紀

表2　『陳書』所載の陳太建7（575）年以降外交記録表

北朝と陳の間に外交関係があり、しかも五七五年以降、陳の側にそれに関する記録が残っていないことは既に述べた通りだが、**表2**をみると、五七五年以降も、百済、新羅、扶南、丹丹国、盤盤国から外交使節がやってきたことが、陳が滅亡する前年まで、途切れることなく記録されている。外国からの使者は、国書を持参しており、それら外交文書については、翻訳などを鴻臚寺が取り扱っていた[15]。したがって、公式な記録が残されなかったとは考えられないのだが、外交使節を交換していた諸外国のうち、隋に関するものだけが『陳書』には記録されていないのである。

南北朝時代の外交記録については、蔡宗憲が述べているように、北朝の史書が詳細に記録している反面、南朝の史書の記録には疎漏があるといわれている[16]。しかし、『陳書』において北周・北斉については外交記録が残されているにもかかわらず、隋との関係だけが見当たらない理由にはならない。

では、なぜ隋陳関係の記録だけが、『陳書』には載せられていないのだろうか。そのことを明らかにするため、節を改め『陳書』の編纂経緯とその流伝について検討したい。

二　『陳書』の成書と流伝

前節で述べたような史料の欠落が、なぜ起こったのかを明らかにするため、まずは『陳書』の成書過程を確認してみたい。『陳書』の成立過程について劉知幾『史通』では以下のように述べている。

（一）『陳書』の成書

陳史、初め呉郡の顧野王、北地の傅縡有りて各々の撰史學士と爲る。其の武、文二帝紀は即ち顧、傅の修する所。太建の初め、中書郎陸瓊は諸篇を續撰するも、事は煩雜に傷む。姚察就きて删改を加へ、粗ぼ條貫有り。江東の守らざるに及び、持ちて以て入關す。隋文帝嘗て梁、陳の事迹を索ぬるに、察は毎に續奏を成篇する所を以て具らかにするも、依違すること荏苒、竟に未だ絶筆せず。

皇家貞觀の初、其の子思廉は著作郎と爲り、詔を奉じて二史を撰成す。是に於ひて其の舊稿に憑き、加ふるに新録を以てし、彌よ九載を歴し、方に始めて功を畢ゆ。定めて『梁書』五十巻、『陳書』三十六巻を爲り、今並びに世に行はるる。（『史通』外篇・巻二　古今正史　陳書[17]）

国史編纂は、陳の建国初期から顧野王、傅縡らによって進められてきた。宣帝の太建年間には陸瓊が史書編纂の担当となり、陳末には姚察が史官の任にあった。その後はよく知られているように、陳末に姚察が梁、陳の史書を撰していたものの、完成させる事ができなかった。姚察は子の姚思廉に完成を委ね、思廉は武徳・貞観の史書編纂に際して、相次いで『梁書』『陳書』の担当となり、父の遺志を継いで『梁書』『陳書』を完成させたとされる。『旧唐書』巻四六 経籍志上には、

陳書三巻 顧野王撰
又三巻　傅縡撰
又三十六巻 姚思廉撰

とあり、姚思廉が『陳書』を編纂するとき参照したとされる顧野王・傅縡の史書がこの時代にも残っていたことが知れ、劉知幾の文章を裏付けている。

一方、陸瓊『陳書』は、『旧唐書』経籍志には見えない。ただし、『隋書』巻三三 経籍志二には、「『陳書』四十二巻　訖宣帝、陳吏部尚書陸瓊撰」とある。『隋書』の編纂は『陳書』の編纂とほぼ同時期であり、貞観の国史編纂事業に参加した劉知幾が内容を知って「事傷煩雑」と評していることから、姚思廉が『陳書』を完成させる時に見ることができたと考えられる（逆に、貞観年間には間違いなく存在したはずの顧野王・傅縡の『陳書』がなぜ『隋書』経籍志から漏れているのかは不明である）。

さらに詳細に、『史通』に挙げられている陳の国史編纂担当者である顧野王・傅縡・陸瓊・姚察について、それぞれどの時期に国史編纂を担当していたかを検討する。

まず顧野王だが、『陳書』巻三〇 顧野王伝には、

天嘉元（五六〇）年、勅もて撰史學士に補され、尋ひて招遠將軍を加ふ。光大元（五六七）年、鎭東鄱陽王諮議參軍に除さる。太建二（五七〇）年、國子博士に遷る。後主の東宮に在るや、野王は東宮管記を兼ね、本官は故の如し。六（五七四）年、太子率更令に除され、尋ひで大著作、掌國史、知梁史事を領し、東宮通事舍人を兼ぬ。時に宮僚に濟陽の江總、吳國の陸瓊、北地の傅縡、吳興の姚察有り、竝びに才學を以て顯著たり。論者推重す。黃門侍郎、光祿卿に遷り、五禮事を知し、餘官は竝びに故の如し。十三（五八一）年卒、時に年六十三。（『陳書』巻三〇　顧野王伝[18]）

とあり、五六〇年に撰史学士に補せられ、五六七年に鄱陽王の鎮東府諮議参軍となっている。ただし、後でみる『陳書』巻三〇　傅縡伝にあるように、王府の参軍になっていても撰史の官を帯び続けている事例があるので、このときに撰史からはずれたとは言い切れない。顧野王はその後、五七四年から遠くない時期に、大著作、掌国史、知梁史事となり、正史編纂の責任者となっている。このときの東宮の同僚として、史書編纂に関わった陸瓊・傅縡・姚察が三人とも挙げられているのは興味深い。当時の東宮は後の後主であるが、顧野王は東宮通事舍人、陸瓊は太子中庶子、姚察は東宮学士であり、国子博士の傅縡は東宮管記の職を兼ねていた。また、ここで名前の挙がっている江総は太子詹事であり、東宮が一種の学術サロンとして機能していた様子をうかがい知ることができる。

顧野王の後、撰史の官となった傅縡は、

（王）琳敗るるや（五六〇）、琳將孫瑒に隨ひ都に還る。時に世祖は顏晃をして瑒に雜物を賜はしめ、瑒は縡に託して啓謝せしむ。詞理は優洽にして、文は加點無し。晃還りて之を世祖に言ふ。尋ひで召して撰史學士と爲す。司空府記室參軍に除され、驃騎安成王中記室に遷り、撰史は故の如し。……（中略）……尋ひで本官を以て通直散騎侍郎を兼ね齊に使し、還りて散騎侍郎、鎭南始興王諮議參軍に除され、東宮管記を兼ぬ。（『陳書』巻三〇　傅縡伝[19]）

とある。陳王朝の成立に対して、梁の皇族を擁して抵抗していた王琳が陳軍に敗れて北斉に逃れたのが五六〇年のことである。[20]傅縡はそれからそれほど遠くない時期に撰史学士に就任しており、安成王（のちの宣帝）の参軍に引かれた後も、撰史学士を兼任していた。安成王陳頊が驃騎将軍に任じられるのが天嘉三（五六二）年のことであるので、おそらく顧野王と同時期に撰史学士となっていたと考えられる。その後、先に見たように、大著作、掌国史、知梁史事となった顧野王の宮僚であったとされる。

陸瓊については、

太建元年、重ねて本官を以て東宮管記を掌る。太子庶子に除され、通事舍人を兼ぬ。中書侍郎、太子家令に轉ず。長沙王の江州刺史と爲るや、法度に循はず、高宗は王の年少なるを以て、瓊に長史、行江州府國事を授け、尋陽太守を帶びしむ。瓊は母の老なるを以て遠出を欲さず、太子も亦た固く之を留めんことを請ひ、遂に行かず。給事黄門侍郎に累遷し、羽林監を領す。太子中庶子に轉じ、歩兵校尉を領す。又た大著作を領し、國史を撰す。後主即位するや、中書省に直し、詔誥を掌る。俄に散騎常侍を授け、度支尚書を兼ね、揚州大中正を領す。至德元年、度支尚書に除され、詔誥を參掌し、幷せて廷尉、建康二獄事を判ず。（『陳書』巻三〇　陸瓊伝[21]）

とある。長沙王陳叔堅が江州刺史であった期間は太建四（五七二）年から七（五七五）年のことなので、陸瓊が「大著作を領し、國史を撰」じたのは、それ以降、おそらく太建一三（五八一）年に顧野王が死去する前後の事であろう。陸瓊は至徳四（五八四）年に五〇歳で死去している。それ以降、陳の国史編纂を担ったのが姚察であった。

俄に起ちて戎昭将軍と爲り、撰梁史事を知し、固辞するも免れず。後主の業を纂ぐや、勅もて東宮通事舎人を兼ねしめ、將軍、知撰史は故の如し。又た勅もて專ら優冊謚議等の文筆を知す。至徳元（五八三）年、中書侍郎に除され、太子僕に轉じ、餘は竝びに故の如し。……尋ひで忠毅将軍を以て起ちて東宮通事舎人を兼ぬ。察志は喪を終るに在り、頻りに陳譲有るも、竝びに抑へて許さず。……俄に勅もて著作郎の事を知し、服闋り、給事黄門侍郎に除され、著作を領す。……又た詔もて祕書監を授け、著作を領すること故の如し、乃ち累ねて進譲するも、竝びに優荅して許さず。察は祕書省に在りて大ひに加刪正し、又た奏して中書表集を撰す。（五八八年）散騎常侍を拜し、尋ひで度支尚書を授けられ、旬月にして吏部尚書に遷り、著作を領すること竝びに故の如し。（『陳書』巻二七　姚察伝[22]）

ただし、史書をみる限り、姚察は知撰梁史事および知著作郎事となっているだけで、顧野王や陸瓊のように大著作となっているわけではない。おそらく、陸瓊亡き後、実質的な国史編纂の中心人物として、『陳書』の編纂に当たっていたのであろう。

顧野王伝にあるように、宣帝末年の東宮には、史書編纂にかかわった顧野王・陸瓊・傅縡・姚察が宮僚として集まっていた。顧野王と傅縡については、国史を編纂していた時期も重なっており、それゆえ劉知幾は「其武、文二帝紀即顧、傅所修」と武帝・文帝紀が二人の著作であると述べているのであろう。『史通』に従うならば、その後、陸瓊が宣帝までの史書を四二巻にまとめたが、「事傷煩雜」であったため、姚察が添削したとされる。とすると、陸瓊の『陳書』は現行の『陳書』と同じく紀伝体であったのであろう。

次に、このように、姚察の手によって整理された『陳書』の原稿が、その後どのように唐代まで残ったのかについてみてみたい。

（二）『陳書』の流伝

五八九年、隋は陳の都である建業を陥落させ、陳王朝は滅亡した。陳に仕えていた官僚の多くは関中へ連行され、隋に仕えることを求められた。姚察もその例外ではなく、秘書丞を授けられた。隋の文帝は姚察に対して勅を下し、陳王朝時代に引き続き、梁・陳二代の歴史を編纂するように求めたという。[23]

これをみると、『陳書』の草稿は一貫して姚察の手元にあったようにみえるが、『隋書』姚察伝の別の箇所には、

（姚）察の撰する所の梁、陳史は雖れ未だ功を畢らず。隋文帝開皇の時、内史舎人虞世基を遣はして本を索め、且く進上あり、今は内殿に在り。（『隋書』巻二七　姚察伝[24]）

とあるように、隋の文帝が虞世基に捜索させ、発見されたものであった。この虞世基という人物は、『隋書』巻六七に伝があり、梁・陳の文人である虞荔の子、唐太宗のブレーンとなった虞世南の兄にあたる。陳から隋に入ると礼楽の整備を担当し、隋煬帝の側近として権勢を誇ったが、隋の滅亡に際し、煬帝とともに江南で殺害された。

虞世基も姚察と同様、陳から隋へ仕えた身であったが、既に文人、史官として名声のあった姚察と異なり、まだ年若かった虞世基の入隋した直後の生活は苦しいものであった。

陳の滅ぶに及び歸國し、通直郎と爲り、内史省に直す。貧にして産業無く、毎に傭書して親を養ひ、快快として平ならず。嘗て五言詩を爲り以て意を見すに、情理悽切たり、世以て工作なる者と爲し、吟詠せざる莫し。

（『隋書』巻六七　虞世基伝[25]）

とあるように、通直郎となったものの、家は貧しく、傭書をしながら親を養っていたという。その後、隋文帝によって内史舎人に抜擢され、とんとん拍子に出世して行くのであるが、その最初の仕事が江南に残された姚察『陳書』の回収であった。

虞世基自身も、幼い頃、顧野王から学問を学んでいた[26]。虞世基・世南兄弟が顧野王に就いていたのは、父の虞荔が天嘉年間に（五六〇～五六六）死去する前後であるから、ちょうど顧野王が史官となっていた時期と重なる。内史舎人となった虞世基はその後、秘書令の牛弘の下で、姚察・許善心ら陳出身の官僚とともに礼楽の改定に従事した。煬帝が即位した翌年、大業二（六〇六）年に姚察が『梁書』『陳書』の編纂の途中で死去すると、

大業初、内史侍郎虞世基は（姚）思廉をして踵ぎて梁、陳二代史を成らしめんと奏す。爾自り依頼し、稍く補續に就く。（『陳書』巻二七　姚察伝[27]）

とあるように、子の姚思廉にその事業を継がせるように上奏しており、隋代の『梁書』『陳書』の編纂を推進する立場にあったと考えられる。

その後、隋末の動乱の中、虞世基は煬帝に従い江南に逃れ、そこで隋の滅亡と運命を共にした。一方、姚思廉は隋の代王（後の恭帝）侑に仕え、唐の建国者である李淵が長安を陥とすと、秦王（後の太宗）李世民の文学となっ

た。隋末の動乱によって多くの史料が失われたらしく、唐代の初めに正史編纂を奏上した令孤徳棻は、

「竊に近代已來を見るに、多くは正史無し。梁、陳及び齊は、猶ほ文籍有るも、周、隋に至りて大業の離乱に遭ひ、多く遺闕有り」（『旧唐書』巻七三 令孤徳棻伝[28]）

と述べ、梁・陳および北斉の時代には記録がある程度残っていたものの、北周、隋のときに文献が散逸してしまったと述べている。このように多くの史料が散逸した中で、北斉の記録が残されていたのは、家学として『北斉書』の編纂を続けていた李徳林・百薬父子の功績によるものであり、梁・陳の記録が保存されていたのは言うまでもなく姚察・姚思廉父子による正史編纂によるものである。

さて、ここのように『陳書』の成書と流伝の過程を見た上で、前述のような『陳書』から対隋関連の記事が抜け落ちている理由としてどのようなものが考えられるだろうか。

『陳書』だけでなく『隋書』にも、陳側からみた隋陳関係の記事が欠落していることは、貞観年間に史書編纂を行う際に、既に姚察の未完成版『陳書』の記事が存在していなかったことを示している。とすれば、（1）陳で編纂された「国史」に、最初から隋との関係を記録していなかった、あるいは（2）姚察『陳書』には記載があったにもかかわらず、唐王朝に伝わってくる過程で隋陳関係の記事だけが消失した、という二つの可能性が考えられる。（2）の場合、戦乱による消失や散逸によって、隋陳関係の部分だけが都合良く欠落することは考えにくいので、どこかの段階で、誰かの作為があったと考えることになる。

まず、（1）の可能性について考えてみたい。

厳密にいえば、『陳書』に記載されている最後の記録は宣帝太建七（五七五）年のもので、その後太建一一（五七

九）年、一二（五八〇）年にも北周からの使節が訪れている。隋の文帝の即位直後に訪れた陳の使節は、元々太建一二年の北周からの使節に対する返礼の意味で訪れており、そのため、陳の使者であった韋鼎は遜位した元の北周の皇帝に国書を呈じている。

これら北周末年の陳への使節についても、『陳書』は記載していない。したがって、『陳書』の原記録に問題があったとするならば、この太建七年から一一年までの間に、陳王朝の史書編纂の上で何らかの方針変更があったはずである。この時期の史官は、王瓊と姚察であった。王瓊が編纂した『陳書』は宣帝末年までのものとされ、それ以降の歴史は姚察の手になるものである。宣帝紀の大半の部分には、北朝との関係が綿密に書かれているのであるから、もし、国史に最初から隋との関係を書いていないのであれば、王瓊から姚察へ史官が代わったときに、何らかの変化があったことになる。

正史に外交記録を残さない理由としては、その外交が非常に屈辱的であった場合が考えられる。陳と隋の関係が、陳にとって一方的に屈辱的なものであれば、姚察が敢えて記録に残さず、陳王朝の名誉を守ろうとした可能性はある。

ところが、『南史』には、

初め隋文帝は周の禪を受け、甚だ隣好を敦くするも、宣帝は尚ほ侵掠を禁じず。太建末、隋兵大擧するも、宣帝の崩ずるを聞き、乃ち命じて師を班し、使を遣して赴き弔はしめ、敵國の禮を修め、書に姓名頓首と稱す。而るに後主益々驕ろ、書末に云へらく「彼の統內の如宜を想ふ、此の宇宙は清泰なり」と。隋文帝は說ばず、以て朝臣に示す。淸河公楊素は以て主辱と爲し、再拜して罪を請ひ、襄邑公賀若弼は並びに奮ひて討を致すを求むるに及ぶ。後に副使袁彥の隋に聘するや、竊かに隋文帝の状を圖して以て歸る。後主之を見、大ひに駭きて曰く「吾此人に見ゆるを欲せず」と。間諜を遣す毎に、隋文帝は皆な衣馬を給ひ、禮もて遣りて以て歸す。

（『南史』巻一〇　陳本紀下[29]）

という記述があり、少なくとも隋側の認識としては、陳との関係を悪化させないよう、丁重な対応に終始していたと書かれている。国書の体裁や間諜への対応などの部分で、『南史』の記述がある程度史実を反映しているのであれば、屈辱的な外交をもって、姚察が隋との外交記録を敢えて記録しない理由とするのは難しい。

さらに、

梁、陳二史は本多く是れ察の撰する所、其の中の序論及び紀、傳は闕く所有る者なり。臨亡の時、仍ち體例を以て子の思廉に誡約し、撰續を博訪す。思廉泣涕して奉行す。（『陳書』二七巻　姚察伝[30]）

とあるように、姚察自身も臨終の際に『梁書』『陳書』が不完全であることを悔いて、息子の姚思廉に編纂を続けることを遺嘱しており、敢えて記述に欠落を作ることがあったとは考えにくい。

では、（2）の伝本の過程で欠落した可能性についてはどうだろうか。姚察の未完成の『梁史』『陳史』は、隋の陳征服後に、虞世基によって宮中に運ばれ、このとき、姚察の本には「序論および紀、伝」に欠けている部分があったと記されている。これが、姚察が陳にいるときに完成させられなかったという意味であるのか、それとも陳のときにあったはずの序論、紀、伝の一部が欠けてしまったという意味であるのかは考える必要があるだろう。伝本の過程で改変されたとすれば、それが可能だったのは、その後に編纂を続けていた姚思廉しかあり得ない。この疑問に答える素材として、『陳書』に唯一記載されている隋陳外交の記録、「阮卓伝」を確認したいと思う。

三　『陳書』阮卓伝にみる隋陳関係

『陳書』巻三四 文学伝に収められる「阮卓伝」には、『陳書』の中で唯一、隋へ遣使した記録が残されている。阮卓は陳留尉氏の人。梁の元帝から陳に仕え、文人であるとともに、交阯郡の夷獠の招慰や隋への使者など、外交でも活躍した。陳の滅亡後、隋に入る途中で病を得、五九歳で死去した。

この阮卓伝のなかに、

尋ひで通直散騎常侍を兼ね、王話に副して隋に聘す。隋主夙に卓の名を聞き、乃ち河東の薛道衡、琅邪の顔之推等を遣はし、卓と與に談醼賦詩せしめ、賜ひて加禮を遣る。(『陳書』巻三四 阮卓伝[31])

とあり、短い文章であるが、阮卓が隋に使いした記録が残っている。王話・阮卓が使者として隋を訪れたことは、『隋書』にも開皇五(五八五)年のこととして記載されている。

文章中では、隋の文帝が阮卓の名を知っており、薛道衡、顔之推といった著名な文人に対応させ、さらに礼物を贈ったことが記されている。この記事からも、隋と陳の外交関係が、陳にとって一方的に屈辱的なものではなかったと知れる。また、この記事はこれまで、『顔氏家訓』の著者である顔之推の、隋での活躍を示す史料として取り上げられることが多かった。

しかし、ここで注目したいのは、隋の文帝の呼称である。阮卓伝では「隋主」という表記が用いられている。しかし、『陳書』中で一般的には「隋文帝」の表記が用いられており、阮卓伝の表記だけが例外となっている(表

3）[32]。なお、『南史』巻七二阮卓伝も全く同じ文章であるが、「隋主」が「隋文帝」に置き換えられている。

この「隋主」という表記は『陳書』以外に『旧唐書』にもみられる。

太宗嘗て従容として房玄齢に謂ひて曰く「蕭瑀は大業の日、進みて隋主を諫め、出でて河池郡守と爲る」と。（『旧唐書』巻六三　蕭瑀伝[33]）

竇建徳は號を僭し、之を引用せんと欲す。（崔）信明の族弟敬素は建徳の鴻臚卿と爲り、信明に説きて曰く「隋主無道にして、天下鼎沸す。衣冠禮樂、地を掃ひて餘無し。兄は下僚に遁跡し、收用を被らず、豫譲の范中行に報ひるを以てする所は、衹の衆人を以て我に遇ふ者なり」と。（『旧唐書』巻一九〇上　文苑伝　崔信明伝[34]）

注目すべきは、どちらも会話文の中で使われていることである。『旧唐書』は地の文では隋の皇帝を謚号（文帝・煬帝）で表記している。

「隋主」という表記は史書にほとんど見られない用例だが、「国号＋主」という表記は、南北朝時代の史書のいずれにもみられる

	表記	巻数	
1	隋主夙聞卓名	巻34	阮卓伝
2	隋文帝以其叛己、命斬于建康	巻7	皇后伝後主沈皇后
3	韋洸帥兵度嶺、宣隋文帝敕云…	巻14	陳方慶伝
4	萬頃之在周、深被隋文帝知遇	巻14	鄭萬頃伝
5	隋文帝義之	巻21	蕭允伝
6	隋文帝聞其名行	巻26	徐孝克伝
7	隋文帝開皇之時	巻27	姚察伝
8	隋文帝竝配于隴右及河西諸州	巻28	世祖九王伝陳君範
9	隋文帝坐于廣陽門觀	巻28	高宗二十九王陳叔文
10	隋文帝聞其敏贍	巻29	蔡徵伝

表3　『陳書』所載の隋文帝表記一覧

表記である。

明旦、（拓抜）燾又た自ら戯馬臺に上り、復た使を遣はし小市門に至らしめて曰く「魏主意を安北に致す。安北暫し門を出ずる可し、安北と相ひ見へんことを欲す……（『宋書』巻五九 張暢伝(35)）

上虜の獻馬稱はざるを以て、（王）融を使はして問はしめて曰く「秦西冀北は、實に駿驥多し。而して魏主の獻ずる所の良馬は、乃ち駑駘之に若かず。名を求めて事を檢むるに、殊に未だ孚ならざるを爲す。將に旦旦に信誓し、時有りて爽ふ。駉駉之牧、復た嗣ぐ能はざるや」と。（『南斉書』巻四七 王融伝(36)）

冬十月丁亥、魏の北海王元顥を以て魏主と爲し、東宮直閤將軍陳慶之を遣はして衞りて北へ送還す。（『梁書』巻三 武帝紀下(37)）

員外散騎常侍を加へられ、蕭賾に使す。賾は其の主客郎劉繪を遣はして接對し、并せて讌樂を設く。（李）彪は樂を辭す。坐に及び、彪曰く「齊主既に讌樂を賜ひ、以て行人を勞ふ」と。（『魏書』巻六二 李彪伝(38)）

（元）顥曰く「我れ江東に在り、嘗て梁主の言を聞く。初めて都に下りし日、袁昂は吳郡の爲に降らず、其の忠節を稱さる。奈何ぞ楊昱を殺さん。此れ自りの外、卿等の請ふ所に任す」と。（『魏書』巻五六 楊昱伝(39)）

二年春正月……丁未、陳主弟頊儔頊を以て柱國と爲し、江南に送還す。（『周書』巻五 武帝紀上(40)）

多くの場合、「国名＋主」は会話文や手紙文の中で、相手国の君主を呼ぶ時に用いられている。たとえば、『南斉書』王融伝では、馬を贈った北魏の皇帝（宣武帝）を魏主と呼んでいる。また、傀儡政権を作るため帝位を名乗らせるときも、史書では「主」と表記している。梁が北魏宗室の元顥や元法僧に皇帝を名乗らした事例（二一五頁）や、北斉が梁の宗室である蕭荘を支援した場合に、彼らは「魏主」「梁主」と表記されている。[41]

これに対して、地の文では『魏書』『宋書』『南斉書』では他国の皇帝を本名で呼んでおり、唐代に編纂された『周書』『陳書』では、一部の例外を除いて諡号で書かれている[42]（上で挙げた『周書』の事例は、『周書』唯一の「国名＋主」の表記である）。諡号というのは皇帝が死去した後、群臣が決定するものであり、姚察が国史を編纂していた時の陳の記録に、「隋文帝」の語が存在することはあり得ない。また、敵対していた北周や北斉の皇帝を、尊称である諡号で書いていたということも考えにくい。

では姚察によって書かれていた『陳書』では、北朝の皇帝をどのように表記していたのだろうか。先にみたように、「国名＋主」という表記は、他国の君主に呼びかける場面で用いられていることが多く、また、まだ生存している人物に対しても用いることができるものであった。おそらくは、姚察以前の陳の史官による記録は、全て「国名＋主」の形で書かれており、隋との関係についても、もし、記事が存在したとすれば「隋主」と書かれていたであろう。

したがって、現行の『陳書』で「隋文帝」と書かれている箇所は、隋文帝の死去以降に、姚思廉の手によって加筆あるいは改稿されたものである。南北朝時代の史書のうち南北朝時代に完成した、『魏書』『宋書』『南斉書』には、相手の君主を諡号で呼んでいる事例はなく、唐代に編纂された『北斉書』『周書』『梁書』『陳書』にのみ、諡号と「国名＋主」の二通りの表記が混入していることは、君主の呼称を諡号へ書き換えたのが貞観の史書編纂期であった傍証となりうる。

「隋主」が「隋文帝」に書き換えられる可能性はあるが、逆に原史料に「隋文帝」とあった記事を「隋主」に書き換えることは起こりえない。したがって、現在『陳書』で、「隋文帝」と書かれている箇所は、全て姚思廉の手を経ていることは疑い得ない。

とするならば、この阮卓伝の記事にのみ「隋主」という記述があることをどう理解すればよいのだろうか。榎本あゆちは同じく姚察・姚思廉父子によって編纂された『梁書』に、姚察が編纂した「国史」の原文が多く残されていることを指摘している。[43]『陳書』においても、陳代の「国史」の断片が編入していることは容易に推測できる。この阮卓伝が、姚思廉が手を入れる以前の姚察の手による部分である可能性が考えられる。

なぜこの阮卓伝だけが、唐代、姚思廉による改稿を免れたのか。そこに、姚思廉の意図が込められているのか、という問題が残る。これについては、『梁書』をみると、体裁の不一致が多く、「(建武)四年、魏帝自ら大衆を率ゐて雍州に寇す。明帝は高祖をして赴援せしむ。十月、襄陽に至り、詔して又た左民尚書の崔慧景を遣はして諸軍を總督せしめ、高祖及び雍州刺史曹虎等は並びに節度を受く。明年三月、慧景は高祖と鄧城へ進行し、魏主は十萬餘騎を帥いて奄至す。慧景色を失ひ、引退せんと欲するも、高祖固く之を止め、従がはず、乃ち狼狽して自ら抜く」(『梁書』巻一 武帝紀上)のように、「魏帝」と「魏主」が同一記事内で併用されていることもあれば、「癸未、魏宣武帝従弟翼は其の諸弟を率ゐて來降す」(『梁書』巻二 武帝紀中)のように謚号で書かれていることもあるなど、体裁の統一が十分になされていない。今のところ、『陳書』もまた、これと同様に、姚思廉の校閲が十分ではなかったのではないかとしておきたい。

『陳書』中には、隋以外の国との外交記録は残されているが、隋との外交に関する記述は阮卓伝の一例しか存在しておらず、その部分には「隋主」という、陳代にも使われえた表記があり、姚察の手によるものと考えられる。一方、それ以外の部分で隋の文帝を指す場合には全て「隋文帝」と表現され、唐代の史書編纂時に姚思廉によって書き換えられた表記となっている。

これらのことから、『陳書』における隋陳関係記事の欠落は、当時の史官であった姚察の不作為によると考えるよりも、姚思廉による整理の過程で何らかの理由によって削除された可能性が高いと言えるのではないか。

最後に、このような記事の削除がなぜ行われたかについて考えておきたい。唐の劉知幾は貞観の史書編纂について、

梁、陳より已降、隋、周に往くまで、諸史は皆な貞観年中に羣公の撰する所、近古は悉くし易く、情僞は求むる可し。朝廷の貴臣の如きに至りては、必ず父祖に傳有り、其の行事を考するに、皆な子孫の爲す所なり。而して彼の流俗を訪ね、諸の古老に詢ね、事は同じからざる有り、言は多く實に爽ふ。（『史通』巻一五　曲筆）[44]

とあり、子孫が述べる事跡と、「流俗」「古老」が伝える事実が食い違うことが多かったと述べている。

推測に推測を重ねることになるが、姚思廉が姚察によって残されていた隋陳関係記録を削除した原因も、同様のものであったのではないだろうか。すなわち、『隋書』で描かれる陳王朝は、冒頭で挙げた李徳林の言にみられるような、地方の弱小政権であったが、陳側から見た史料には、それと異なる隋陳関係が描かれており、それが隋の権力者たちには不興を買いうる内容だったのではないか。

この傍証として、隋からの使者だけでなく、太建一一（五七九）年、一二（五八〇）年に訪れた北周の使者についても、『陳書』に記載がない事が挙げられる。

なぜ、周隋革命の直前のこの二年間の記録が、隋代と同じように失われているのだろうか。陳の太建一一年は、北周の大象元年に当たる。この年は、

大象元年春正月癸巳……初めて四輔官を置く、以て上柱國、大冢宰、越王盛を大前疑と爲し、相州總管、蜀國公尉遲敬を大右弼と爲し、申國公李穆を大左輔と爲し、大司馬隋國公楊堅を大後丞と爲す。（『周書』巻七 宣帝紀(45)）

とあり、隋の文帝となる楊堅が、初めて政権の枢要に参画した年であった。この年を契機として、陳と北朝の外交記録がみられなくなることは、姚思廉が隋という王朝ではなく、陳と直接国書を交わした文帝・楊堅個人に対して配慮をした傍証となり得るのではないか。

おわりに

本章で述べたことをまとめると次のようになる。

姚思廉『陳書』には、『隋書』から確認できる、陳と隋の外交関係が一例を除いて記載されていない。隋以外の国については外交記録が記載されているため、何らかの意図的操作があったのではないかと疑われた。外交記録の欠落は、陸瓊と姚察が史官であったときに起こっている。特に、その大半は姚察が史官であった時期に含まれる。

姚察によってまとめられていた陳の史書は未完成であり、姚察の死後、虞世基の推薦により、子の姚思廉が編纂を引き継いだ。唐代の史書編纂においても、引き続き編纂を担当し、現在の『陳書』を完成させた。

ところで、『陳書』に唯一残されている隋陳関係記事である阮卓伝では、隋の皇帝を「隋主」と表記してあり、他の部分で「隋文帝」と表記しているのと異なっている。これは、阮卓伝のこの部分が、姚察の手によるものであることを示している。

『陳書』には、阮卓伝以外の隋陳関係記事が存在しない。特に「隋文帝」の語を含む記事が存在しないことは、『陳書』の隋陳関係記事が姚思廉によって削除されている可能性を強く示唆するのである。

自国を美化し、周辺国を貶すのは、いかなる史書編纂においても普遍的に行われていることである。しかし、『陳書』は陳王朝の滅亡に伴い、貶していた相手の国で編纂されている。陳王朝は、隋の建国前に滅亡していた北斉や、隋に取って代わられた北周とは異なり、南北朝諸政権のうち、隋と直接外交関係を持っていた唯一の王朝であった。

その陳王朝の記録が、隋唐時代に削除されているという結論は、現存する史料から見る陳の末年の様子が、あくまで勝者である隋の側からのみ語られた、偏ったものであることを自覚させるものであるといえよう。

【注】

（1）南北朝間の外交関係については、蔡宗憲『中古前期的交聘与南北互動』（稲郷出版社、二〇〇八）参照。

（2）隋における李德林の立場については氣賀澤保規「隋代郷里制に関する一考察」（『史林』五八―四（一九七五）九五～一三三頁）参照。

（3）藤田純子「唐代の史学」（『史窓』三三（一九七五）六五～七一頁）。

（4）浅見直一郎「中国の正史編纂――唐朝初期の編纂事業を中心に――」（『京都橘女子大学研究紀要』一九（一九九二）六五～八一頁）。

（5）榎本あゆち「姚察・姚思廉の『梁書』編纂について――臨川王宏伝を中心として――」（『名古屋大学東洋史研究報告』一二（一九八七）一～二五頁）。

(6)（太建）七年……秋八月……癸卯、周遣使來聘。

(7)尋以本官兼通直散騎侍郎使齊、還除散騎侍郎、鎭南始興王諮議參軍、兼東宮管記。

(8)九月……庚午、陳將周羅睺攻陥胡墅、蕭摩訶寇江北。……（二年正月）陳宣帝殂、子叔寶立。……戊辰、陳遣使請和、歸我胡墅。

(9)開皇二年、長孫覽、元景山等伐陳、令熲節度諸軍。會陳宣帝薨。熲以禮不伐喪、奏請班師。

(10)明年、大擧伐陳、以景山爲行軍元帥、率行軍總管韓延、呂哲出漢口。遣上開府鄧孝儒將勁卒四千、攻陳甑山鎭。陳人遣其將陸綸以舟師來援。孝儒逆擊、破之。陳將魯達、陳紀以兵守涓口、景山復遣兵擊走之。陳人大駭、甑山、沌陽二鎭守將皆棄城而遁。景山將濟江、會陳宣帝卒、有詔班師。景山大著威名、甚爲敵人所憚。

(11)開皇二年、將有事於江南、徵爲東南道行軍元帥、統八總管出壽陽、水陸倶進。師臨江、陳人大駭。會陳宣帝卒、覽欲乘釁遂滅之、監軍高熲以禮不伐喪而還。

(12)（太建）十一年、周兵寇壽陽、摩訶與樊毅等衆軍赴援、無功而還。十四年、高宗崩。

(13)十一年、授使持節、都督霍州諸軍事。平山賊十二洞、除右軍將軍、始安縣伯、邑四百戸、總管檢校揚州内外諸軍事。賜金銀三千兩、盡散之將士、分賞驍雄。陳宣帝深歎美之。出爲晉陵太守、進爵爲侯、增封一千戸。除太僕卿、增封并前一千六百戸。尋除雄信將軍、使持節、都督豫章十郡諸軍事、豫章內史。獄訟庭決、不關吏手、民懷其惠、立碑頌德焉。至德中、除持節、都督南川諸軍事。

(14)是月、隋遣晉王廣衆軍來伐、自巴、蜀、沔、漢下流至廣陵、數十道倶入、緣江鎭戍、相繼奏聞。

(15)梁滿倉「南北朝通使芻議」（『北朝研究』三（大同）、一九九〇、四七～五五頁）および黎虎『漢唐外交制度史』（蘭州大学出版社、一九九八）一九一～二〇九頁参照。

(16)前掲書（1）二七二～二八一頁参照。

(17)陳史、初有吳郡顧野王、北地傅縡各爲撰史學士。其武、文二帝紀即顧、傅所修。太建初、中書郎陸瓊續撰諸篇、事傷煩雜。姚察就加刪改、粗有條貫。及江東不守、持以入關。隋文帝嘗索梁、陳事跡、察具以所成每篇續奏、而依違荏苒、竟未絕筆。皇家貞觀初、其子思廉爲著作郎、奉詔撰成二史。於是憑其舊稿、加以新錄、彌歷九載、方始畢功。定爲『梁書』五十卷、『陳書』三十六卷、今並行世焉。

(18) 天嘉元年、勅補撰史學士、尋加招遠將軍。光大元年、除鎭東鄱陽王諮議參軍。太建二年、遷國子博士。後主在東宮、野王兼東宮管記、本官如故。六年、除太子率更令、尋領大著作、掌國史、知梁史事、兼東宮通事舍人。時宮僚有濟陽江總、吳國陸瓊、北地傅縡、吳興姚察、竝以才學顯著、論者推重焉。遷黄門侍郎、光祿卿、知五禮事、餘官竝如故。十三年卒、時年六十三。

(19) 琳敗、隨琳將孫瑒還都。時世祖使顔晃賜瑒雜物、瑒託縡啓謝、詞理優洽、文無加點。晃還言之世祖、尋召爲撰史學士。除司空府記室參軍、遷驃騎安成王中記室、撰史如故……（中略）……尋以本官兼通直散騎侍郎使齊、還除散騎侍郎、鎭南始興王諮議參軍、兼東宮管記。

(20) （天嘉元年二月）景申、太尉侯瑱敗王琳于梁山、敗齊兵于博望、生擒齊將劉伯球、盡收其資儲船艦、俘馘以萬計、王琳及其主蕭莊奔于齊。……（中略）……（三月）蕭莊所署郢州刺史孫瑒擧州內附。（『陳書』卷三　世祖紀）

(21) 太建元年、重以本官掌東宮管記。除太子庶子、兼通事舍人。轉中書侍郎、太子家令。長沙王爲江州刺史、不循法度、高宗以王年少、授瓊長史、行江州府國事、帶尋陽太守。瓊以母老不欲遠出、太子亦固請留之、遂不行。累遷給事黄門侍郎、領羽林監。轉太子中庶子、領步兵校尉。又領大著作、撰國史。後主即位、直中書省、掌詔誥。俄授散騎常侍、兼度支尚書、領揚州大中正。至德元年、除度支尚書、參掌詔誥、幷判廷尉、建康二獄事。

(22) 俄起爲戎昭將軍、知撰梁史事、固辭不免。後主纂業、勅兼東宮通事舍人、將軍、知撰史如故。又勅專知優冊謚議等文筆。至德元年、除中書侍郎、轉太子僕、餘竝如故。……尋以忠毅將軍起兼東宮通事舍人。察志在終喪、頻有陳讓、竝抑而不許。……俄勅知著作郎事、服闋、除給事黄門侍郎、領著作。……又詔授祕書監、領著作如故、乃累進讓、竝優荅不許。察在祕書省大加刪正、又奏撰中書表集。拜散騎常侍、尋授度支尚書、旬月遷吏部尚書、領著作竝如故。

(23) 陳滅入隋、開皇九（五八九）年、詔授祕書丞、別勅成梁、陳二代史。（『陳書』卷二七　姚察伝）

(24) 察所撰梁、陳史雖未畢功。隋文帝開皇之時、遣內史舍人虞世基索本、且進上、今在內殿。

(25) 及陳滅歸國、爲通直郎、直內史省。貧無產業、每傭書養親、快快不平。嘗爲五言詩以見意、情理悽切、世以爲工、作者莫不吟詠。

(26) 世南性沈靜寡欲、篤志勤學、少與兄世基受學於吳郡顧野王、經十餘年、精思不倦、或累旬不盥櫛。

(27) 大業初、內史侍郎虞世基奏思廉踵成梁、陳二代史。自爾依賴、稍就補續。

(28)「竊見近代已來、多無正史。梁、陳及齊、猶有文籍。至周、隋遭大業離亂、多有遺闕」

(29)初隋文帝受周禪、甚敦隣好、宣帝尚不禁侵掠。太建末、隋兵大擧、聞宣帝崩、乃命班師、遣使赴弔、修敵國之禮、書稱姓名頓首。而後主益驕、書末云「想彼統內如宜、此宇宙淸泰。」隋文帝不説、以示朝臣。淸河公楊素以爲主辱、再拜請罪、及襄邑公賀若弼並奮求致討。後副使袁彥聘隋、竊圖隋文帝狀以歸、後主見之、大駭曰「吾不欲見此人。」每遣間諜、隋文帝皆給衣馬、禮遣以歸。

(30)梁、陳二史本多是察之所撰、其中序論及紀、傳有所闕者。臨亡之時、仍以體例誡約子思廉、博訪撰續。思廉泣涕奉行。

(31)尋兼通直散騎常侍、副王話聘隋。隋主夙聞卓名、乃遣河東薛道衡、琅邪顏之推等、與卓談醼賦詩、賜遺加禮。

(32)引用文は基本的に中華書局版『陳書』に従っている。字句の異同を確認するため、百衲本、武備殿本、和刻本を確認したが、いずれも「隋主」に作っていた。『陳書』の善本については尾崎康『正史宋元版の研究』（汲古書院、一九八九）三九五～四〇〇頁参照。

(33)太宗嘗從容謂房玄齡曰「蕭瑀大業之日、進諫隋主、出爲河池郡守」。

(34)竇建德僭號、欲引用之。（崔）信明族弟敬素爲建德鴻臚卿、説信明曰「隋主無道、天下鼎沸、衣冠禮樂、掃地無餘。兄遁跡下僚、不被收用、豫讓所以不報范中行、衹以衆人遇我者也。」

(35)明旦、纛又自上戲馬臺、復遣使至小市門曰「魏主致意安北、安北可暫出門、欲與安北相見……。

(36)上以虜獻馬不稱、使融問曰「秦西冀北、實多駿驥。而魏主所獻良馬、乃駑駘之不若。求名檢事、殊爲未孚。將旦旦信誓、有時而爽、駉駉之牧、不能復嗣」。

(37)冬十月丁亥、以魏北海王元顥爲魏主、遣東宮直閤將軍陳慶之衞送還北。

(38)加員外散騎常侍、使於蕭賾。賾遣其主客郎劉繪接對、并設讌樂。彪辭樂。及坐、彪曰「齊主既賜讌樂、以勞行人」。

(39)顥曰「我在江東、嘗聞梁主言、初下都日、袁昂爲呉郡不降、稱其忠節。奈何殺楊昱。自此之外、任卿等所請」。

(40)二年春正月……丁未、以陳主弟頊儁頊爲柱國、送還江南。

(41)ただし、この「（国名）＋主」という表記が、属国の皇帝を指すと限定できるわけではない。『北斉書』巻四 文宣帝紀には「丁巳、梁湘州刺史王琳遣使請立蕭莊爲梁主、仍以江州內屬、令莊居之。十二月癸酉、詔梁王蕭莊爲梁主、進居九派」とあり、皇帝の詔によって王がなるものであるとされる。

(42) ただし、『梁書』は後述するように、体裁の統一が取れておらず、『北斉書』は一度亡逸した部分を『北史』、『高氏小史』で補っているため、呼び名が巻によって異なる。
(43) 前掲注（5）榎本論文。
(44) 自梁、陳已降、隋、周而往、諸史皆貞觀年中羣公所撰、近古易悉、情僞可求。至如朝廷貴臣、必父祖有傳、考其行事、皆子孫所爲。而訪彼流俗、詢諸古老、事有不同、言多爽實。
(45) 大象元年春正月癸巳……初置四輔官、以上柱國大冢宰越王盛爲大前疑、相州總管蜀國公尉遲敬爲大右弼、申國公李穆爲大左輔、大司馬隋國公楊堅爲大後丞。

終章　北朝貴族の目に映る南朝

――「島夷」から「万国安和」へ

これまで述べたところを整理すると、第一章では、南北朝間の使者が選ばれる時に、誰によって、どのような基準で選ばれるかをみた。南北朝間の外交において問われる知識や技術は、儒学、玄学、文学、仏教などの学問だけでなく、弁舌、角力や射的などの武術、果ては囲碁にまで広範囲に及んでいた。南北朝は異なる文化的背景を持ち、それぞれ得手不得手があった。文学においては、南朝が北朝を圧倒していたが、北朝は敢えて文学以外の分野が得意な人物を使者にあてることで、南朝の文化に対抗しようとしていた。

続く第二章では、使節に伴って南北朝間を移動するモノについて考察した。使節は国家間の贈答品を運ぶ任務を帯びていたが、同時に相手国で私的な交易を行い、利を得る者も多かった。私的な交易では、金銀玉や典籍、薬や南海の珍しい毛皮など、単価の高く、保存の比較的容易なモノが扱われた。一方で、国家間の贈答では、馬などの動物や、柑橘類（黄甘）などの果物、酒など保存が困難で、嵩も張るものが交換されていた。しかも、単に贈る側の都合だけでなく、受け取る側の国家からの要請もあり、それは受け取る側の国を中心とした華夷思想を補強する意味を持っていた。例えば北朝が受け取った柑橘類は、南朝が「島夷」であることを象徴するものであり、南朝が受け取った馬は、その軍事的効用も当然ながら、同時に、北朝が「胡」であることを象徴していた。

第三章では、北朝の使者が帰国後、どのような知識、経験を本国で求められたのかについて、帰国後に就いた官職から検討した。使者が帰国後、宮殿の造営、禅譲の式次第、征服戦争の参謀など、南朝での知識が求められる官職に就く例がみえる。しかし、北魏前期では南朝との国境地帯の地方官となる事例が多く、南朝で得た経験を、国境地帯の統治に用いることが期待されていた。しかし東魏・北斉では一転して中央官への就官が増える。孝文帝の改革においては、南朝への外交使節を経由した知識は重要視されず、むしろ、東魏・北斉時代に入ってからの方が、使者が重用される事例が増えていた。

南北朝間の外交使節は、四九四年に中断し、五三七年に再開されるまで、約四〇年間の中断期間があったが、その間、南北朝の人の移動は完全に断絶していたわけではない。北朝は継続的に南朝からの亡命者を受け入れてきており、それは外交使節が断絶していた期間も同様であった。そこで、第四章以下では南朝からの亡命者が北朝貴族社会に与えた影響についてに着目した。

第四章では北魏における南朝からの亡命者の府佐について検討した。その結果、亡命者の府佐にはやはり亡命者が多く含まれ、逆に北族および山東貴族はほとんど含まれていないことが明らかになった。同時に、亡命者が仕えた府の府主はやはり亡命者か宗室であった。このことから、北魏の亡命者は相互に政治的に支え合う一つの集団を形成していたとした。ただし、この集団は北魏後期に入ると分裂し、次第に衰退していく。

第五章では前章の具体的な事例研究として河内司馬氏を取り上げた。北魏初期に亡命した司馬氏の待遇は、北魏の華北統一と、孝文帝の改革の二つの時期を区切りとして大きく変わる。東晋の宗室であった司馬氏の持つ名声は、南朝から人を集めるための広告塔となり得ると同時に、北魏内部の叛乱勢力を統合する象徴にもなり得た。そのような司馬氏の名声は、孝文帝期の前後には次第に失われ、北魏後期には郷里社会との結びつきを取り戻す。その結果、司馬氏は華北の漢族社会に次第に包摂され、北朝末期には城民を率いて挙兵するまでに至った。

第六章では、北魏後期の宗室の亡命を取り上げ、南北朝の外交が断絶している期間における人の移動の意義を問題とした。北魏の政争を避け、南朝に逃れた宗室や貴族の一部は、梁によって帰国を許されている。梁は平和的、軍事的双方の手段で北魏宗室の帰国を支援した。そこには亡命してきた北魏宗室や北朝貴族を帰国させることで、間接的に華北をコントロールしようとする思惑があった。同時に南朝では、華北に亡命した南朝出身者を「虜」と見なしており、それが北魏にも伝わることで、亡命者集団が持っていた「南朝人である」というアイデンティティは、南朝自身によって否定されることとなった。その結果、北魏宗室・貴族の一部には南朝に対して好意的な態度を取る者が現れるようになり、それが東魏・北斉と梁との外交使節回復へ繫がっていった。

補論では、第一章で述べた相手国の呼称に関連して、南北朝最末期の陳と隋の外交記録を取り上げた。『陳書』記載の対隋関係記事には欠落があり、しかも、それは作為的に削られた可能性が高かった。そのような作為を行う背景には、隋唐代の編纂過程で、北朝に不都合な外交内容が多く含まれていたためであろうと推測し、現在の『陳書』には、大きなバイアスが掛かっている可能性を指摘した。

従来の研究では北朝が漢族の文化を受け入れた時期を、北魏孝文帝（位四七一～四九九）の改革に見いだしている。孝文帝以前の南北朝関係は、「島夷」「索虜」と互いに蔑称で呼び合うものであった。孝文帝は南朝からの亡命者を重用し、胡族の「漢化政策」を推し進めたとされる。しかし、孝文帝の改革期に使者として南朝に赴き、その知識を北魏の洛陽宮造営に生かした蔣少游のような事例はむしろ例外的なものであり、東魏・北斉時代に入っても、南朝からもたらされる情報への要求は強く存在していた。また、孝文帝の改革ではこれまで劉昶、王肅が果たした役割を強調されてきたが、彼らの背後には、亡命者集団とも言うべき多くの南朝出身者のコミュニティが存在していた。南朝から亡命した一個人によって、孝文帝の改革が劇的に進み、東魏・北斉まで変化がなかった、と捉えるよりは、これまでみたように、劉昶・王肅に代表される南朝からの亡命者が集団として、孝文帝やその後継者の政治路線を支持しようとしたとみるほうが、より現実に即しているのではないか。

最後に、序論で述べた問題意識――北朝貴族の目には南朝がどのように映っていたのか――について、本書で示したいくつかの視点を時系列順に整理してみたい。

北魏が華北を統一する前後の時期のこととして、第二章で扱った使節にともなうモノの移動の問題や、第四章で述べた司馬氏を初めとする東晋からの亡命者の流入があった。南朝との馬と柑橘類の贈答は、国内向けに「南朝が島夷で、北朝が中華であること」を強く印象づける目的があった。司馬氏ら南朝出身者は、中央官から排除され、南辺、北辺の地方官に任じられた。彼らの南朝での名声を利用して、南人を呼び寄せようとすることが行われた一方、特に司馬氏においては南朝出身者の不満と不安をまとめるための象徴となることを恐れ、北辺に配置された。彼らを北魏の貴族社会にどのように組み込むかということは考慮の外にあり、「南朝の人々」と「北朝の人々」を明確に区別しようという意図が存在しているのがみてとれる。淮北征服時に住民を徙民して作った平斉郡も、その意図の表出といえる。

北魏における南朝出身者が南辺、北辺の地方官として配置されたように、南朝から帰還した使者もやはり、南朝との国境の地方官に任じられることが多かった。これらの事実は、いずれも北朝と南朝との差を強調し、南朝的な要素を中央から遠ざけようとする点で共通しているといえる。

このことは、第四章でみた亡命者集団の形成にも深くかかわっている。劉昶、王粛は、孝文帝の改革のブレーンとして、北魏のいわゆる「漢化」を象徴する人物とされているが、彼らが北魏で交流を持ち、幕下に招聘した人物の多くは、やはり南朝を出身母体とする人々であった。そのような風潮は、最初期の亡命者たちが相互に属官として引き立てあった時から引き継がれてきたものであった。

このように、北魏前期には、南朝出身者は、北族だけでなく、華北在住の漢人貴族からも区別されていた。南朝出身者に対するこのような疎外は、当然ながら北朝貴族が南朝という国をどのように見ていたかと密接に関連していよう。すなわち、北朝貴族にとって、南朝が文化的に優れていることや、軍事的に脅威となり得ることは理解されていたが、本質的に自分たちとは異質の存在であり、信用できる相手ではなかった。

孝文帝の改革によって、北魏貴族社会が変質したことは、既に多くの研究でいわれている。孝文帝のいわゆる「漢化」は、一つには北魏における北族的要素からの最終的な脱却を目指したものであると同時に、皇帝および近親の宗室へ権力を集中させることが目的であった。郷里社会とのつながりが薄く、北魏国家や皇帝への依存度が高い亡命者集団のような外来者は、孝文帝が爪牙として駆使するのに都合が良かった。

孝文帝との個人的な信頼を権力の基盤の一つとしていた劉昶、王粛らが、中央集権化に積極的に協力したことは、彼らの周りにいた亡命者集団全体の北朝貴族社会内部での立場を改善することに繋がった。

孝文帝にとって、北族的要素からの脱却を目指すことは不可避であった。一方で、北魏前期から王朝に協力してきた山東の漢人貴族は、崔浩の国史事件（四八〇）にみられるように、北族とは対立的な立場にある者も多く、全面的に山東貴族に依拠した「漢化」は北族から必要以上の反発を招く恐れがあった。寒門出身者、平斉民、亡命者など、華北漢人貴族の自律的秩序の外側にいた人士を登用し、改革の手足として駆使したのは、非北族、非山東貴族の主導の政治変革を孝文帝が求めたゆえであろう。そして、孝文帝によって、北族でも、山東貴族でもない、第三の政治集団として見いだされたのが亡命者集団であり、彼らによって提示されたのが、南朝的な政治制度であったと考える。

孝文帝が南朝の文化、制度を評価していたことは事実であったとしても、南朝の文物制度の模倣自体は改革の目的ではなく、それゆえ、王粛、劉昶の抜擢も、南朝観の変化とは別のより政治的な理由によるものと考える。その傍証として、第三章で挙げたように、孝文帝期に入っても、南朝から帰国後の使者の待遇が、劇的に上昇することはなかったことが挙げられる。

したがって、孝文帝期を経ても北朝貴族の南朝観が一八〇度変化したわけではない。孝文帝の死後、南人であることを理由に王粛へ警戒の目が向けられていることからも、北魏初期から続く南人に対する恐れと反感が、孝文帝の改革を経ても根強く残っていたことを看取できる。

中央集権的な孝文帝の改革路線は、宣武帝と霊太后、孝文帝に近い宗室、そして亡命者集団らによって支持されていく。特に宣武帝の初期は、王粛、裴植ら南朝出身者が朝廷で重きをなした。このことは、一方では孝文帝路線を継承しようとするグループの内部において、同様の制度を持つ南朝に対して親近感を抱かせた反面、元叉や爾朱桀ら、孝文帝の改革で排除された人々の反発を生み、北魏後期から東魏・北斉にかけて、両者の対立が政争を生むこととなる。

政争に敗れた北魏の宗室、貴族は梁へ逃れ、梁の武帝はそれを受け入れた。梁への亡命が頻発するようになるのはこの時期の特徴であるが、このことも、北魏王朝内部の政争の激しさとともに、一部に北魏宗室・貴族が南朝への親近感を持っていたことを示している。

梁の武帝は、帰国を願う亡命者を引き留めることをせず、積極的に送り返していた。このような亡命を通じての梁と北魏・東魏の人の往来は、南北朝間の外交使節の再開に繋がる。南朝へ使者となった人物が、中央官となる割合は、孝文帝改革期よりも東魏・北斉時代の方が多い。無論、中央官への就任がそのままいわゆる「南朝化」の程度を反映するわけではないが、東魏・北斉の北朝貴族社会が、もはや南朝を「島夷」とはみず、「中原の士大夫は之を望みて以て正朔の所在と爲す」(『北斉書』巻四二 杜弼伝) へと変化していたことを示していよう。

唐代の貞観年間 (六二七~六四九) に行われた史書編纂では、唐王朝の直接のルーツとなった隋、北周だけでなく、北斉、梁、陳の歴史も正史として編纂されている。それはすなわち、唐王朝にとっては、南朝、北朝はともに正史を編纂するに値する正統王朝だと認識されていたことを示している。それに対して、先行する『魏書』(北斉で編纂)、『宋書』(南斉で編纂)、『南斉書』(梁で編纂) はそれぞれ相手の王朝のことを正史の列伝に載せているが、そこには「島夷」「索虜」「魏虜」といった語で修飾されていた。

北魏初期から北斉末期までの北朝からみた南朝は、全く異質な「島夷」であった時代から始まり、最終的には互いの国書に「境内の清晏を想ひ、今萬國安和なり」(『北斉書』巻三七 魏收伝) と記しあう間柄へと変化していった。その中で、劉昶、王肅の亡命と孝文帝の改革は一つの大きな転換点ではあったが、その一事で北朝貴族の南朝観が劇的に変容するようなことはありえなかった。

ここまでで述べたように、孝文帝は単に南朝への憧憬や畏怖からいわゆる「漢化」を進めたのではなく、北族・華北漢族に対抗しうる皇帝の爪牙として、南朝の持つ「権威」や、亡命者集団を利用しようとしたと考えられる。この傾向は、途中、抑圧された北族の叛乱である六鎮の乱によって中断されたものの、北斉末まで一貫した傾向としてみることができる。

北族にも、華北漢族にも与さず、両者を統御するため、北魏宗室が南朝という権威を利用したとするならば、その南朝は「島夷」と呼ばれる野蛮な地ではなく、北朝に対抗しうる文化的に対等な国家であるとせざるを得なかったであろう。本書でみたように、北魏初期から南北朝統一に至るまで、北朝貴族の南朝に対する見方は「島夷」から「善隣の国」へ変化していく。北魏前期には北魏が柑橘類を南朝に求める事例がみられること（第二章）、南朝への使者が魏斉革命に密接に関係していること（第三章）、南朝からの亡命者の地位が孝文帝期を境に向上すること（第四章、第五章）、北魏宗室による南朝への亡命と帰還が頻発すること（第六章）といった諸々の事象は、北魏が抱える内部的要因を、南北朝並立という外的要因によって克服していこうとする動きの中で出てきたものである。それによって、結果として南北朝間の様々な差異を埋めることとなり、隋唐時代の長期的な統一へとつながっていくと考えられる。

後記

本書は二〇一三年に提出した博士論文を元に、加筆訂正を加えたものである。読み返せば読み返すだけ修正したい点が見つかるのだが、手を入れすぎると博士論文とは全く別のものになってしまうので、主に行論に影響のない範囲での修正に留めている。

なお、それぞれの章の初出は以下の通りである。

序　章　南北朝交流史の問題と展開（書き下ろし）

第一章　南北朝間の使節よりみた「文化」の多様性（『六朝学術学会報』六、二〇〇五）

第二章　南北朝間の外交使節と経済交流——馬と柑橘——（『東洋学報』八八—一、二〇〇六）

第三章　北朝の使者の帰国後（書き下ろし）

第四章　府佐属僚からみた北魏の亡命氏族（書き下ろし）

第五章　司馬氏の帰郷（「北魏における河内司馬氏」（『史学雑誌』一一九—九、二〇一〇））

第六章　北魏宗室の亡命と帰還（書き下ろし）

補　論　『陳書』の編纂過程と隋陳関係記事（『輔仁歴史学報』二八、二〇一二）

終　章　北朝貴族の目に映る南朝——「島夷」から「万国安和」へ（書き下ろし）

博士論文執筆時に既発表論文が少なく、本書の大半が書き下ろしとなったことは、自らの不勉強を恥じるほかない。だが、そのおかげで首尾一貫した内容にしやすかったことは、怪我の功名と言えるかもしれない。

博士論文審査の主査をしていただいた平勢隆郎先生には、学部生時代から一人立ちできるまで、一貫してご指導いただいた。何がしたいのかも明確でない大学院生を、それでも辛抱強く自由にさせていただいたことは、今になってみれば、とても貴重な時間をもらえたのだと理解できる。また、窪添慶文先生には、史料の読み方、研究史の調べ方など、初歩から教えていただいた。他大学から押しかけてきた大学院生の面倒を、嫌な顔一つせずに見ていただき、本当にありがとうございました。

お二人の先生の外にも、これまで数多くの先生方、先輩、友人、後輩に恵まれてきた。学部時代にゼミで手厚く指導をいただいた岸本美緒先生、修士論文の時に非常勤の講義が終わった後、修論の指導してくださった渡邉義浩先生、上海の華東師範大学へ留学するときに受け入れていただいた牟発松先生、大学院生の酸いも甘いも教えてくれた東京大学東洋史研究室の先輩方、研究会などで切磋琢磨する機会を与えてくれた友人達。みなさんのおかげで、どうにかここまでやって来ることができました。

東方書店の川崎道雄氏には、学習院の助教をしていた時代から引き続き、大変お世話になった。いつもご迷惑をおかけしてすみません。和泉日実子氏には、丁寧な編集をしていただいた。本書の読みやすい部分があれば、それは彼女の功績である。

本書は、皇學館大学出版助成金の援助を受けて刊行されている。着任三年目の若輩者にこのような得難い機会を与えていただいたことを感謝したい。

最後に、三〇歳過ぎても定職にも就かず、将来の展望も定かではなかった放蕩息子に、それでも期待をかけ続けてくれた両親に最大限の感謝を示し、本書をささげたい。

二〇一八年二月　　堀内淳一

参考文献

桑原隲蔵「歴史上より観たる南北支那」（『東洋文明史論』弘文堂書房、一九三四（初出『白鳥博士還暦記念東洋史論叢』岩波書店、一九二五））
志田不動麿「北魏末に於ける支那国内市場の成立過程」（『歴史教育』六―七、一九三一）
岡崎文夫『魏晋南北朝通史』（弘文堂書房、一九三二）
室町榮夫「南北朝支那に於ける外交使節の素質」（『歴史学研究』一―四、一九三四）
銭穆「中国史上之南北強弱観」（『古史地理論集』生活・読書・新知三聯書店、二〇〇四（初出『禹貢』半月刊三―四、一九三五））
内田吟風「魏書の成立に就いて」（『東洋史研究』二―六、一九三七）
顧頡剛、史念海『中国疆域沿革史』（商務印書館、二〇〇四（初版 商務印書館、一九三八））
濱口重国「所謂、隋の郷官廃止について」（『秦漢隋唐史の研究』東京大学出版会、一九六六（初出『加藤博士還暦記念　東洋史集説』富山房、一九四一））
仁井田陞「六朝および唐初に於ける身分的内婚制」（『支那身分法史』第五章、座右寶刊行會、一九四二）
武仙卿（宇都宮清吉・増村宏訳）「商業交通と工業」（『魏晋南北朝経済史』第四章、生活社、一九四二）
陳寅恪『隋唐制度淵源略論稿　唐代政治史述論稿』（生活・読書・新知三聯書店、二〇〇一（初版 商務印書館、一九四六））
守屋美都雄『六朝門閥の一研究――太原王氏系譜考』（日本出版協同、一九五一）
佐久間吉也「北魏の客禮について」（東京教育大学東洋史学研究室編『東洋史学論集』清水書院、一九五三）
宮川尚志『六朝史研究　政治・社会編』（日本学術振興会、一九五六）
第二章「禅譲による王朝革命の研究」（初出「禅譲による王朝革命の特質」『東方學』一一、一九五五）
第六章「北朝における貴族制度」（初出「北魏における貴族制度（上・下）」『東洋史研究』八―四、八―五・六、一九四三・一九四四）

　第八章「六朝時代の都市」（初出「三〜七世紀における中国の都市」『史林』三六―一、一九五三）
宮崎市定『九品官人法の研究――科挙前史』（同朋舎、一九五六）
矢野主税「北朝に於ける民望の意義について」（長崎大学学芸学部『社会科学論叢』六、一九五六）
山崎宏「隋朝官僚の性格」（『東京教育大学文学部紀要　史学研究』六、一九五六）
竹田龍児「門閥としての弘農楊氏についての一考察」（『史学』三一―一〜四、一九五八）
矢野主税「鄭氏研究」（長崎大学学芸学部『社会科学論叢』八、一九五八）
池田温「唐代の郡望表（上・下）」（『東洋学報』四二―三、四、一九五九）
藤川正数『魏晋時代における喪服礼の研究』（敬文社、一九六〇）
矢野主税「韋氏研究」（長崎大学学芸学部『社会科学論叢』一一〜一二、一九六一）
梁容若「南北朝的文化交流」（『東海学報』四―一、一九六二）
厳耕望『中国地方行政制度史　魏晋南北朝地方行政制度』（上海古籍出版社、二〇〇七（初版　中央研究院歴史語言研究所、一九
　六三））
矢野主税「裴氏研究」（長崎大学学芸学部『社会科学論叢』一四、一九六五）
高敏『魏晋南北朝経済史』（上海人民出版社、一九六六）
藤間生大『東アジア世界の形成』（春秋社、一九六六）
逯耀東「北魏与南朝対峙期間的外交関係」（『従平城到洛陽――拓跋魏文化転変的歴程』中華書局、二〇〇六（初出『新亜書院学
　術年刊』八、一九六六））
安田二郎「晋安王子勛の叛乱について：南朝門閥貴族体制と豪族土豪」（『東洋史研究』二五―四、一九六七）
守屋美都雄『中国古代の家族と国家』（東洋史研究会、一九六八）
　第四章「南人と北人」（初出「南人と北人」『東亜叢書』第六輯、一九四八）
谷川道雄『隋唐帝国形成史論』（筑摩書房、一九七一）
　序説「隋唐帝国の本源について」
第Ⅱ編第二章「北魏官界における門閥主義と賢才主義」（初出「北魏官界における門閥主義と賢才主義」『名古屋大学文学部十

周年記念論集』一九五九）
第Ⅱ編第三章「北魏末の内乱と城民」（初出「北魏末の内乱と城民（上・下）」『史林』四一―三・五、一九五八）
第Ⅲ編第一章「北魏後期の郷兵集団」（初出「北朝末期の郷兵について」『東洋史研究』二〇―四、一九六二）
第Ⅲ編第三章「五胡十六国・北周における天王の称号」（初出「五胡十六国および北周の諸君主における天王の称号について」『名古屋大学文学部研究論集』四一、一九六六）
第Ⅲ編第四章「周末・隋初の政界と新旧貴族」（初出「周隋革命の経緯について――周礼国家の悲劇――」『古代文化』一八―五、「高熲と隋の政界」『田村博士頌寿東洋史論叢』一九六八）
山西省大同市博物館・山西省文物工作委員会「山西省大同石家寨北魏司馬金龍墓」（『文物』一九七二―三）
勝村哲也「六朝末の三国」（『藤原弘道先生古希記念史学仏教学論集』藤原弘道先生古稀記念会、一九七三）
鈴木義雄「隋朝、官僚としての薛道衡について」（『國學院雑誌』七四―三、一九七三）
吉川忠夫『侯景の乱始末記　南朝貴族社会の命運』（中央公論社、一九七四）
氣賀澤保規「隋代郷里制に関する一考察」（『史林』五八―四、一九七五）
藤田純子「唐代の史学――前代史修撰と国史編纂の間」（『史窓』三三、一九七五）
池田末利『全釈漢文大系一一　尚書』（集英社、一九七六）
鬼頭清明『日本古代国家の形成と東アジア』（校倉書房、一九七六）
矢野主税『門閥社会成立史』（国書刊行会、一九七六）
宇都宮清吉『中国古代中世史研究』（創文社、一九七七）
坂元義種『古代東アジアの日本と朝鮮』（吉川弘文館、一九七八）
第一章「古代東アジアの国際関係」（初出『ヒストリア』四九・五〇、一九六七・一九六八）
第五章「五世紀の日本と朝鮮の国際的環境」（初出『京都府立大学学術報告・人文』二一、一九六九）
附編六「倭国王の国際的地位」（初出　竹内理三編『古代の日本』第一巻、角川書店、一九七一）
藤善眞澄「北斉系官僚の一動向」（『道宣伝の研究』京都大学学術出版会、二〇〇二所収（初出『鷹陵史学』四、一九七七））
菊池英男「総説」（『隋唐帝国と東アジア世界』汲古書院、一九七九）

谷川道雄「東アジア世界形成期の史的構造――冊封体制を中心として――」(『隋唐帝国と東アジア世界』汲古書院、一九七九)
鄭紹宗「北魏司馬興龍墓誌銘跋」(『文物』一九七九―九)
川勝義雄『六朝貴族制社会の研究』(岩波書店、一九八二)
第二部第五章「門生故吏関係」(初出「魏晉南朝の門生故吏」『東方学報』(京都)二八、一九五八)
第三部第三章「貨幣経済の進展と侯景の乱」(初出「侯景の亂と南朝の貨幣經濟」『東方学報』(京都)三二、一九六二)
唐長儒『魏晋南北朝史論拾遺』(中華書局、一九八三)
西嶋定生『中国古代国家と東アジア世界』(東京大学出版会、一九八三)
尚振明「河南省孟県出土北魏司馬悦墓志」(『考古』一九八三―三)
鎌田茂雄『中国仏教史』第四巻「南北朝の仏教(下)」(東京大学出版会、一九八四)
吉川忠夫『六朝精神史研究』(同朋舎、一九八四)
石井仁「南朝における随府府佐――梁の簡文帝集団を中心として」(『集刊東洋学』五三、一九八五)
田村實造『中国史上の民族移動期――五胡・北魏時代の政治と社会』(創文社、一九八五)
西嶋定生『日本歴史の国際環境』(東京大学出版会、一九八五)
石井仁「梁の元帝集団と荊州政権――「隨府府佐」再論――」(『集刊東洋学』五六、一九八六)
森三樹三郎『六朝士大夫の精神』(同朋舎、一九八六)
第一章「六朝士大夫の性格とその歴史的環境」(初出「六朝士大夫の精神」『大阪大学文学部紀要』三、一九五四)
第二章「玄儒文史」
榎本あゆち「姚察・姚思廉の『梁書』編纂について」(『名古屋大学東洋史研究報告』一二、一九八七)
中村圭爾「南朝における議について」(『人文研究』四〇―一〇、大阪市立大学文学部、一九八八)
長部悦弘「北朝隋唐時代における胡族の通婚関係」(『史林』七三―四、一九九〇)
長部悦弘「北朝隋唐時代における漢族士大夫の教育構造」(『東洋史研究』四九―三、一九九〇)
後藤勝「聘使交換より見た南北朝関係(一)(二)」(『聖徳学園岐阜教育大学紀要』二〇・二一、一九九〇・一九九一)
谷川道雄「六朝時代の名望家支配について」(『龍谷大学論集』四三六、一九九〇)

梁満倉「南北朝通使芻議」（『北朝研究』一九九〇―三、『漢唐間政治与文化探索』（貴州人民出版社、二〇〇〇）収録）
榎本あゆち「帰降北人と南朝社会――梁の将軍蘭欽の出自を手がかりに」（『名古屋大学東洋史研究報告』一六、一九九一）
朴漢濟 尹素英 訳「北魏洛陽社会と胡漢体制――都城区画と住民分布を中心に」（『お茶の水史学』三四、一九九一）
黎虎「六朝時期江左政権的馬匹来源」（『魏晋南北朝史論』学苑出版社、一九九九（初出『中国史研究』一九九一―一））
浅見直一郎「中国の正史編纂――唐朝初期の編纂事業を中心に」（『京都橘女子大学研究紀要』一九、一九九二）
王大良「従北魏刁遵墓志看南北朝世族婚姻」（『北朝研究』一九九二―二）
堀敏一『中国と古代東アジア世界――中華的世界と諸民族』（岩波書店、一九九三）
馬小青「司馬興龍、司馬遵業墓志銘考」（『文物春秋』一九九三―三）
劉精誠「魏孝文帝時期的南北関係」（『北朝研究』一九九三―三）
黎虎「鄭羲使宋述略」（『魏晋南北朝史論』学苑出版社、一九九九（初出『文史哲』一九九三―三））
越智重明「華夷思想の形成と展開」（久留米大学大学院比較文化研究科『比較文化年報』三、一九九四）
張承宗「魏晋南北朝時期的南北交往」（『中国史研究』一九九四―三）
川合安「沈約『宋書』の華夷意識」（『東北大学東洋史論集』六、一九九五）
渡辺信一郎『天空の玉座――中国古代帝国の朝政と儀礼』（柏書房、一九九六）
王友敏「南北朝交聘礼儀考」（『中国史研究』一九九六―三）
鈴木真「礼制改革にみる北魏孝文帝の統治理念」（『社会文化史学』三七、一九九七）
谷川道雄「総説」『魏晋南北朝隋唐時代史の基本問題』（汲古書院、一九九七）
葛剣雄『中国移民史（一、二）』（福建人民出版社、一九九七）
岩本篤志「北斉政権の成立と「南士」徐之才」（『東洋学報』八〇―一、一九九八）
川本芳昭『魏晋南北朝時代の民族問題』（汲古書院、一九九八）
第一篇第一章「五胡十六国・北朝時代における華夷観の変遷」（初出「五胡十六国・北朝期における胡漢融合と華夷観」『佐賀大学教養部研究紀要』一六、一九八四）
第一篇第二章「五胡十六国・北朝時代における「正統」王朝について」（初出「五胡十六国・北朝時代における「正統」王朝

について」（『九州大学東洋史論集』二五、一九九七）
第二篇第四章「北族社会の変質と孝文帝の改革」（初出「北魏高祖の漢化政策についての一考察――北族社会の変質との関係から見た」『東洋学報』六二―三・四、一九八一）
第二篇第五章「孝文帝のパーソナリティと改革」（初出「北魏高祖の漢化政策の理解について」『九州大学東洋史論集』九、一九八一）
第三篇第三章「胡族漢化の実態について」（初出「胡族国家」『魏晋南北朝隋唐時代史の基本問題』汲古書院、一九九七）
第五篇第一章「倭の五王による劉宋遣使の開始とその終焉」（初出『東方学』七六、一九八八）
堀敏一『東アジアのなかの古代日本』（研文出版、一九九八）
吉川忠夫「北魏孝文帝借書攷」（『東方学』九六、一九九八）
李成市『古代東アジアの民族と国家』（岩波書店、一九九八）
黎虎「魏晋南北朝鴻臚寺及其外交管理職能」（『中国史研究』一九九八―三）
黎虎『漢唐外交制度史』（蘭州大学出版社、一九九八）
川本芳昭「北朝国家論」（『岩波講座 世界歴史（九） 中華の分裂と再生』、岩波書店、一九九九）
中村圭爾「南朝国家論」（『岩波講座 世界歴史（九） 中華の分裂と再生』、岩波書店、一九九九）
西嶋定生『倭国の出現 東アジア世界のなかの日本』（東京大学出版会、一九九九）
周征松『魏晋隋唐間的河東裴氏』（山西教育出版社、二〇〇〇）
宮澤知之「魏晋南北朝時代の貨幣経済」（『鷹陵史学』二六、二〇〇〇）
矢嶋美都子『庾信研究』（明治書院、二〇〇〇）
吉川忠夫「島夷と索虜のあいだ」（『東方学報』（京都）七二、二〇〇〇）
渡辺信一郎「宮闕と園林――三～六世紀中国における皇帝権力の空間構成――」（『考古学研究』四七―二、二〇〇〇）
金子修一『隋唐の国際秩序と東アジア』（名著刊行会、二〇〇一）
川本芳昭「顔之推のパーソナリティと価値意識について」（『史淵』一三八、二〇〇一）
劉淑芬「北魏時期的河東蜀薛」（『中国史学』一一、二〇〇一）

楊光輝『漢唐封爵制度』（学苑出版社、二〇〇一）
葛剣雄『中国人口史（一）』（復旦大学出版社、二〇〇二）
川本芳昭「漢唐間における「新」中華意識の形成——古代日本・朝鮮と中国との関連をめぐって」（『九州大学東洋史論集』三〇、二〇〇二）
章義和『地域集団与南朝政治』（華東師範大学出版社、二〇〇二）
石暁軍「隋唐時代の四方館について」（『東方学』一〇三、二〇〇二）
前島佳孝「賀抜勝の経歴と活動——西魏前半期の対梁外交と関連して」（『東方学』一〇三、二〇〇二）
李文才『南北朝時期益梁政区研究』（商務印書館、二〇〇二）
北村一仁「「荒人」試論——南北朝前期の国境地域」（『東洋史苑』六〇・六一、二〇〇三）
窪添慶文『魏晋南北朝官僚制研究』（汲古書院、二〇〇三）
　第一部第四章「北魏における光禄大夫」（初出 池田温編『中国礼法と日本律令制』東方書店、一九九二）
　第一部第五章「北魏の州の等級について」（初出『高知大学教育学部研究報告』第二部四〇、一九八八）
　第一部第十章「魏晋南北朝における地方官の本籍地任用について」（初出『史学雑誌』八三—一・二、一九七四）
　第二部第一章「国家と政治」（初出 谷川道雄他編『魏晋南北朝隋唐時代史の基本問題』汲古書院、一九九六）
　第二部第二章「北魏後期の政争と意思決定」（初出『唐代史研究』二、一九九九）
　第二部第三章「北魏の議」（初出 第一回中国史学国際会議研究報告集『中国の歴史世界——統合のシステムと多元的発展』東京都立大学出版会、二〇〇二）
　第三部第一章「河陰の変小考」（初出『榎博士頌寿記念東洋史論叢』汲古書院、一九八八）
　第三部第二章「北魏の宗室」（初出『中国史学』九、一九九九）
胡舒雲『九品官人法考論』（社会科学文献出版社、二〇〇三）
徐宝余『庾信研究』（学林出版社、二〇〇三）
張金龍『北魏政治与制度論稿』（甘粛教育出版社、二〇〇三）
柏貴喜『四—六世紀内遷胡人家族制度研究』（民族出版社、二〇〇三）

李万生『侯景之乱与北朝政局』（中国社会科学出版社、二〇〇三）
王永平「北魏時期南朝流亡人士行跡考述――従一個側面看南北朝之間的文化交流」（『北朝史研究　中国魏晋南北朝史国際学術研討会論文集』商務印書館、二〇〇四）
夏炎『中古世家大族清河崔氏研究』（天津古籍出版社、二〇〇四）
川本芳昭「中国を中心としてみた漢唐間における「交流と変容」について」（『東アジアと日本　交流と変容』一、二〇〇四）
北村一仁「南北朝期国境地域社会の形成過程及びその実態」（『東洋史苑』六三、二〇〇四）
魏明孔『中国手工業経済通史　魏晋南北朝隋唐五代巻』（福建人民出版社、二〇〇四）
陶新華『北魏孝文帝以後北朝官僚管理制度研究』（巴蜀書社、二〇〇四）
張旭華『九品中正制略論稿』（中州古籍出版社、二〇〇四）
李文才「試論北周外交的几个問題」（『魏晋南北朝隋唐政治与文化論稿』世界知識出版社、二〇〇六（初出『北朝研究』二〇〇四―四））
渡邉義浩『三國政権の構造と「名士」』（汲古書院、二〇〇四）
北村一仁「論南北朝時期的〝亡命〟」（『魏晋南北朝隋唐史資料』二二、二〇〇五）
胡阿祥『六朝疆域与政区研究（増訂本）』（学苑出版社、二〇〇五）
胡志佳『門閥士族時代下的司馬氏家族』（文史哲出版社、二〇〇五）
蔣福亜『魏晋南北朝社会経済史』（天津古籍出版社、二〇〇五）
朱大渭等『魏晋南北朝社会生活史（修訂本）』（中国社会科学出版社、二〇〇五）
李金河『魏晋隋唐婚姻形態研究』（斉魯書社、二〇〇五）
崔明徳『中国古代和親史』（人民出版社、二〇〇五）
呉海濤『淮北的盛衰』（社会科学文献出版社、二〇〇五）
陳金鳳『魏晋南北朝中間地帯研究』（天津古籍出版社、二〇〇五）
夏炎「唐代門閥貴族の婚姻関係――清河崔氏を例に」（『史滴』二八、二〇〇六）
北村一仁「南北朝期「中華」世界における「蛮」地の空間性について」（『東洋史苑』六七、二〇〇六）

石曉軍「隋唐時代における対外使節の仮官と借位」（『東洋史研究』六五—一、二〇〇六）
宋傑『両魏周斉戦争中的河東』（中国社会科学出版社、二〇〇六）
室山留美子「北魏漢人官僚とその埋葬地選択」（『東洋学報』八七—四、二〇〇六）
会田大輔「蕭詧の「遣使称藩」に関する一考察——『周書』に描かれた蕭詧像をめぐって——」（『文化継承学論集』三、二〇〇七）
松下憲一『北魏胡族体制論』（北海道大学出版会、二〇〇七）
会田大輔「北斉における蕭荘政権人士」（『明日へ飛ぶ1——人文社会学の新視点——』風間書房、二〇〇八）
川本芳昭「魏晋南朝の世界秩序と北朝隋唐の世界秩序」（『史淵』一四五、二〇〇八）
蔡宗憲『中古前期的交聘与南北互動』（稲郷出版社、二〇〇八）
蔡幸娟「客死異国和落葉帰根之間的国与家：以南北朝的降人為考察中心」（『成大歴史学報』三五、二〇〇八）
稲住哲朗「周隋政権における北斉系士人再考」（『史学雑誌』一一八、二〇〇九）
会田大輔「北魏後半期の州府僚佐——「山公寺碑」を中心に」（『東洋学報』九一—二、二〇〇九）
戸川貴行「東晉南朝における天下観について——王畿、神州の理解をめぐって」（『六朝学術学会報』一〇、二〇〇九）
窪添慶文「北魏服属諸族覚書」（『立正大学大学院紀要』二六、二〇一〇）
松下憲一「北魏崔浩国史事件——法制からの再検討」（『東洋史研究』六九—二、二〇一〇）
稲住哲朗「盧思道と「周斉興亡論」について」（『九州大学東洋史論集』三九、二〇一一）
岡田和一郎「北斉国家論序説——孝文体制と代体制——」（『九州大学東洋史論集』三九、二〇一一）
榎本あゆち「南斉の柔然遣使　王洪範について——南朝政治史における三斉豪族と帰降北人」（『名古屋大学東洋史研究報告』三五、二〇一一）
戸川貴行「東晉南朝における傳統の創造について」（『東晉南朝における傳統の創造』汲古書院、二〇一五（初出『東方学』一二二、二〇一一））
牟発松『漢唐歴史変遷中的社会与国家』（上海人民出版社、二〇一一）
二「内藤湖南和陳寅恪的〝六朝隋唐論〟試析」（初出『史学理論研究』二〇〇二—三）

一三「梁陳之際南人之北遷及其影響」（初出『北朝史研究（中国魏晋南北朝史国際学術討論会討文集）』二〇〇四）
一四「旧斉士人与周隋政権」（初出『文史』二〇〇三—一）
二〇「魏晋南北朝的天下三分之局試析」（初出『歴史教学問題』二〇〇五—一）
二一「王融《上疏請給虜書》考析」（初出『武漢大学学報（哲学社会学報）』一九九五—五）
二二「南北朝交聘中所見南北文化関係略論」（初出『魏晋南北朝隋唐史資料』一四、一九九六）
二三「陳朝建立之際的合法性訴求及其運作」（初出『中華文史論叢』八三、二〇〇六）
二五「漢唐間的中日関係与東亜世界」（初出『史林』二〇〇四—六）
二六「略論唐代的南朝化傾向」（初出『中国史研究』一九九六—二）
二七「南、北朝在制度文化上的互相影響略論」（初出『高敏先生八十華誕紀念文集』（綫装書局、二〇〇六））
二八「従南北朝到隋唐」（初出『南京暁荘学院学報』二〇〇七—四）
会田大輔「北周宗室の婚姻動向北周宗室の婚姻動向——「楊文懋墓誌」を手がかりとして——」（『駿台史学』一四四、二〇一二）
張学鋒　小尾孝夫訳「六朝建康城の研究——発掘と復原」（『山形大学歴史・地球・人類学論集』一三、二〇一二）
平勢隆郎『「八紘」とは何か』（汲古書院、二〇一二）
藤野月子『王昭君から文成公主へ——中国古代の国際結婚——』（九州大学出版会、二〇一二）
川本芳昭『東アジア古代における諸民族と国家』（汲古書院、二〇一五）

著者略歴

堀内淳一（ほりうち　じゅんいち）

1977年東京生まれ。東京大学大学院人文社会系研究科アジア文化研究博士課程修了。博士（文学）。華東師範大学（上海）留学後、山梨大学教育人間科学部非常勤講師、学習院大学東洋文化研究所助教を経て、現在、皇學館大学文学部国史学科准教授。専門分野は、魏晋南北朝史、東アジア古代外交史、コンテンツ文化史など。主な著書に、『全訳後漢書』（列伝一、二）（渡邉義浩と共著、汲古書院）、「魯国か虜国か」（鈴木靖民・金子修一編『梁職貢図と東部ユーラシア世界』収録、勉誠出版）、「それぞれの正義」（窪添慶文編『魏晋南北朝史のいま』収録、勉誠出版）など。

北朝社会《ほくちょうしゃかい》における南朝文化《なんちょうぶんか》の受容《じゅよう》
——外交使節《がいこうしせつ》と亡命者《ぼうめいしゃ》の影響《えいきょう》

二〇一八年三月二〇日　初版第一刷発行

著　者●堀内淳一
発行者●山田真史
発行所●株式会社東方書店
東京都千代田区神田神保町一―三　〒一〇一―〇〇五一
電話〇三―三二九四―一〇〇一
営業電話〇三―三九三七―〇三〇〇
装　幀●三木俊一（文京図案室）
印刷・製本●（株）シナノパブリッシングプレス

定価はカバーに表示してあります

ISBN978-4-497-21809-4　C3022